菜園家族の思想

甦る小国主義日本

小貫雅男　伊藤恵子

かもがわ出版

はしがき

今や世界は憎しみと暴力のるつぼと化し、報復の連鎖はとどまることを知らない。

資本は今なお飽くなき自己増殖を繰り返しながら、新たな市場を求めて世界を蚕食し、ますます巨大化への道を突き進んでいる。

もともと資本の増殖は、モノの生産過程という媒介によってはじめて成立するものであった。しかし二〇世紀七〇年代に入ると、この「中間」媒介によるいわば古典的とも言うべき資本の増殖手法は、利殖家にとっては甚だ迂遠で非効率的と看做され、IT先端技術の発達とも相俟って、この「中間」は飛ばされ、直接、手っ取り早くしかも瞬時に、マネーが巨額のマネーを生み出す新たな回路が考案・開発されていく。そして今日、いよいよ人間を大地から引き離し、虚構と欺瞞、人間欲望の極限の世界にとことん追い遣る「経済の金融化」とも言うべき新たな恐るべき時代に突入したのである。

こうして巨万の富を加速的に蓄積した現代寡頭金融資本は、世界を席捲し、これまでには見られなかった規模で実体経済を攪乱する。やがて世界の圧倒的多数を占める民衆の生活基盤、つまり人間にとって根源的とも言うべき「家族」と「地域」、暮らしと労働の場を根こそぎ破壊していく。この社会の不条理に民衆の不満と怒りは頂点に達し、紛争の火種となって世界各地に拡散していく。決死の覚悟で蜂起した民衆の局地的紛争と戦争は、今や同時多発的に世界各地に頻発し、常態化する。

超大国はじめ先進資本主義国は、「テロとの戦い」と称して仲間同士徒党を組み、圧倒的に強大な軍事力でもってこれを制圧しようとする。世界は、人類史上未だかつて見ることのなかった憎しみと暴力のるつぼと化し、紛争と戦争は各地に激しい渦となって恐るべき液状化状態に陥っていく。暴力を暴力でもって圧殺し、暴力の連鎖をとどめようとすることがいかに愚かで恥ずべきことであるかを、大国はとくと身に滲みて知るべきである。

こうした二一世紀世界情勢のまっただ中、大国日本をひそかに夢想する安倍首相は、財界要人を引き連れ世界各国を歴訪し、国家ぐるみのトップセールスに力を注ぎ市場の拡張をはかり、片や欺瞞の「積極的平和主義」なるものを喧伝誇示する。内に向かっては、国民の声に耳を傾けようともせず、問答無用とばかりに切り捨てる。

一九九〇年代初頭、第二次大戦後の世界を規定してきた米ソ二大陣営の対立による冷戦構造が崩壊し、アメリカ単独覇権体制が成立することになる。しかしそれも束の間、アメリカ超大国の相対的衰退傾向の中、その弛緩に乗ずるかのように、旧来の伝統的大国に加え、新興大国が入り乱れる新たな地球規模での多元的覇権争奪の時代がはじまった。アベノミクスの「経済大国」、「軍事大国」への志向は、まさにこの新たな時代に現れた二一世紀型の「新大国主義」とも言うべきその本質が、直截的、具体的に現実世界に投影された姿そのものと見るべきであろう。

安倍政権はついに二〇一五年九月一九日未明、「安保関連十一法案」を一つに束ねて、一気に参院本会議にてこの前代未聞の悪法「戦争法案」なるものを強行採決した。その強引で横柄な態度には、過去に犯した侵略戦争に対する反省の念などは微塵も見られない。恐るべき時代に突入したのである。

明治維新政治史、日本近代史の研究者である田中彰氏は、小国論の視座から『特命全権大使米欧回覧実記』[※1]を検討し、その後に現れた小国主義の代表的な主張、議論を辿りながら日本近代史を描きなおした近著『小国主義 ― 日本の近代を読みなおす ―』（岩波新書、一九九九年）の結論部分で、要約以下のように述べている。

明治初年、米欧十二か国を回覧した岩倉使節団は、日本近代国家創出のモデルを求め、日本の進むべき道を模索していた。使節団副使だった木戸孝允および大久保利通が没したあとの「明治十四年の政変」は、その後の朝鮮問題とからんで日本の岐路となった。かつての特命全権大使だった岩倉具視と副使伊藤博文らによる明治政府がそこで選んだ道は、アジアにおける小国から大国への道だった。

これに対して、中江兆民は「富国強兵」を目指す明治政府の大国への道を痛烈に批判し、小国主義を対置した。当時、自由民権運動の側から出された私擬憲法、なかでも植木枝盛の草案などは、「自由」と「民権」を基調とする内容をもっていた。明治憲法を大国主義の憲法とすれば、植木らの民権派の憲法案は、まさに小国主義の憲法といってよい。

しかし、自由民権運動への徹底した弾圧によって小国主義はおしつぶされ、日清戦争の勝利によって明治天皇制は、その基盤となる思想的・社会的土壌を急速に広げ、確立していった。そして、軽工業から重工業へと、わが国の産業革命は進展していく。それに続く日露戦争は朝鮮を踏みにじり、中国への軍事侵略の足場をつくった。明治国家の大国主義路線は、これらの戦争を通して小国主義をおさえ込んでいく。

小国主義の路線は深く伏流せざるをえなかった。しかし、小国主義の主張は、社会主義思想や内村鑑三らキリスト教者の非戦・平和主義の論調として、時に表層に滲み出た。やがて、大正デモクラシーの潮流の中から顕在化したのが、石橋湛山らの「小日本主義」である。彼は、植民地放棄の論陣を張った。

だが、大正デモクラシーの潮流のなかでの「小日本主義（小国主義）」も、ふたたび大国主義による軍国主義におしのけられ、アジア太平洋戦争によって再度伏流化した。そしてついに、一九四五年八月十五日、日本は敗戦を迎えたのである。

敗戦と占領という外圧を経ることによって、戦前・戦中、苦闘を強いられ続けてきた「未発の可能性」としての小国主義ははじめて陽の目を見たのである。敗戦によるすべての植民地の放棄によって、小国主義が実現し、民権派憲法草案の流れをくんだ憲法研究会草案がマッカーサー草案を介して日本国憲法に流れこむことによって、小国主義はついに現実のものとなったのである。

明治初年さらに明治十年代から、「未発の可能性」としての小国主義は、大国主義と闘い、伏流、台頭、再伏流という長い苦難の水脈を維持しつつ、敗戦・占領という過程で、この小国主義を内包した日本国憲法として結実したのである。

そして、田中氏はこう結んでいる。

二十一世紀は、「小国主義か大国主義か」ということになろう。小国主義はアンチ大国主義・覇権主義である。それは小国主義としての主張であり、闘いである。小国主義を選択することは、日本国憲法の理念に根ざす小国主義を国民が主体的に闘いとることである。そして、その小国主義を克ちとり続けることこそが、日本近代史の苦闘の歴史の教訓を生かす道である。

それは明治以降、その理念の実現をめざして闘ってきた多くの先人の努力を受けつぐことにほかならない。日清・日露戦争以後、天皇の名においてくり返されてきた戦争に命を奪われた人びと、そして、アジア太平洋戦争にいたる数千万のアジアないし世界の犠牲者に対する、いまを生きる日本人としての責務がそこにはある。

小国主義は、国民の自主・自立のエネルギーの横溢と国家の禁欲を求め、道義と信頼に基づく国際的な連帯と共生を必要とする。そこには大国主義とのたゆまざる闘いがある。

引用が長くなったが、「押しつけ」憲法論や「国際情勢の変化」を理由に、日本国憲法の小国主義の理念を否定しようとする企みに対する闘いが、今や急を要する事態に直面しているからこそなおのこと、氏のこの論点を大切に心に留めておきたい。

こうした歴史への謙虚な姿勢をまったく忘れ去ったかのように、安倍首相は国際舞台では、厚かましくも「自由と民主主義の価値観を共有するパートナー」などと嘯き、内に向かっては、嘘と欺瞞に充ち満ちた実にこざかしい手法を弄して、「戦争法案」を強行採決するというファッショ的暴挙に出た。

強行採決しても
「いずれ国民は忘れる」
人を見下す
この国の政治
安倍政権のこの思い上がりを
主権者たる国民は決して忘れない

民意を無視し、説明責任を回避し、根拠のないまま、国民の命運を分ける重大問題を勝手に決める。それは、土壇場になって真相が露呈した二〇二〇年東京オリンピックの新国立競技場問題にしても、国民の声を踏みにじる原発再稼働の強行や、大国主導、財界主導のTPP問題、さらには強権をもってごり押しする沖縄の辺野古米軍新基地建設問題にも通底する特徴だ。

まさにそこに、この政権が日米安保条約体制、日米軍事同盟の下、アメリカにすり寄り、「経済大国」、「軍事大国」を志向する、時代錯誤も甚だしい二一世紀型新種とも言うべき「新大国主義」の特徴とその本質をまざまざと見る思いがする。目ざとく時代状況を窺いながら取り繕う狡猾さは、新種の名にふさわしいこの政権に最たるものなのかもしれない。

であるからこそなおのこと、細心の注意を払い、警戒を怠ってはならない。「陸海空軍その他の戦力」の不保持を明確に規定したはずの憲法第九条に違反し、歴代権力が戦後一貫して国民を欺き、実に巧妙に積み重ねてきた既成事実に馴らされることは、もはや許されないのである。

私たちは、日本国憲法第九条を今一度、愚直なまでに誠実に読み返そうではないか。初心に立ち返り、戦争の問題、生と死の問題、そして誠実に生きるとは何かを、根源的にとことん考えぬこうではないか。

〈日本国憲法〉

第九条　日本国民は、正義と秩序を基調とする国際平和を誠実に希求し、国権の発動たる戦争と、武力による威嚇又は武力の行使は、国際紛争を解決する手段としては、永久にこれを放棄する。

② 前項の目的を達するために、陸海空軍その他の戦力は、これを保持しない。国の交戦権は、これを認めない。

たとえ為政者が、どんなに屁理屈を並べ立て、勝手気ままに振る舞おうとも、諦めてはならない。主権者たる国民の本当の出番は、これからはじまるのだ。

一方で、私たちは、こうした蛮行をやすやすと許してきた私たち自身の弱さにも、同時に厳しく冷静に目を向けていく必要があるのではないか。

思えば、今私たちが享受している民主主義は、先人たちの長き苦闘によって勝ち得たものであった。しかし、戦後長きにわたって、あまりにも「選挙」だけに矮小化した「お任せ民主主義」に甘んじ、それでよしとしてきたのではなかったのか。このことは同時に、生産と生活の現場における私たち民衆自身の主体性と創意性の劣化を招き、民主主義の原点とも言うべき草の根の民主主義の衰退と、これを基礎におく「議会」をはじめ民主的諸制度の空洞化を極限にまで進めることになったのではなかったのか。

私たちが、主権者たる国民の本当の出番を望むのであれば、長期的に見て、民主主義の衰退を招いたその根っこにある原因を、まずしっかりと確認しておく必要があろう。その上で、私たち自身の民衆的運動の新たなあり方を同時に模索していかなければならない。

そのためにはまず、この国のあるべき未来のかたちを探究し、めざす方向をしっかりと見定めておくことであろう。そして民衆運動の具体的課題を、この新たな未来への「長期展望」のもと、私たち自身の暮らしのあるべき姿に一つひとつ引き寄せ、照らし合わせ、検証していくことではないのか。

この「長期展望」とは、とりもなおさず、新たなる時代にふさわしい、大地に根ざした人間復活の未来構想である。すなわち、わが国の国土の自然や社会的、歴史的特性、さらには経済的発展段階を踏まえた週休（2＋α）日制の独自のワークシェアリング[※2]を編み出し、近代の落とし子とも言うべき根なし草同然となった現代賃金労働者《サラリーマン》家族に、従来型の雇用労働を分かちあった上で、生きるに最低限必要な生産手段（農地や生産用具、家屋など）を再び取り戻すことによって、近代を超える新しい人間の社会的生存形態「菜園家族」を創出する。そして、社会の基礎単位である家族を抗市場免疫の自律的で優れた体質に変革していく。それは、「菜園家族」を基調とする自然循環型共生の社会をめざす未来構想※3であり、その社会の内実こそが、排外的大国主義の対極にある、思想としての小国主義が現実世界に具現するために必要不可欠な経済的・社会的土壌そのものになるはずだ。

本書では、二一世紀の未来社会構想としてこの「菜園家族」構想を提起するのであるが、ここではとりあえず、この構想のキーワードである「菜園家族」という概念の核心部分に絞って敢えて単純化し、簡潔に述べておきたい。

週休（2＋α）日制の「菜園家族」型ワークシェアリングのαを3に設定すれば、週休5日制のワークシェアリングとなる。具体的には、週のうち2日間だけ〝従来型の仕事〟、つまり民間の企業や国または地方の公的機関などに勤務する。残りの5日間は、自給目的の「菜園」の仕事をするか、あるいは商業や手工業、サービス部門など非農業部門の自営業を営む。週のこの5日間は、三世代の家族メンバーが力を合わせ、それぞれの年齢や経験に応じて個性を発揮しつつ、自家の生産活動や家業に勤しむと同時に、ゆとりのある育児、子どもの教育、風土に根ざした文化芸術活動、スポーツ・娯楽など、自由自在に人間らしい創造性豊かな活動にも励む。

つまり、週に2日は社会的にも法制的にも保障された従来型の仕事から、それに見合った応分の給料を安定的に確保し、その上で、週5日の「菜園」あるいは「匠・商」基盤での仕事の成果と合わせて生活が成り立つようにする。これは、従来型の一人当たりの週労働時間を大幅に短縮し、「菜園」あるいは「匠・

商」の家族小経営を家族の基盤にしっかり据えることによって成立する、いわば「短時間正社員」ともいうべき二一世紀の新しい働き方、つまり週休（2＋α）日制の「菜園家族」型ワークシェアリングによる新しいライフスタイルの実現と言える。科学・技術や生産力全般が高度に発達した現代において、人類にとってもともとあったはずの自己の自由な時間を取り戻す、まさに人間復活という人類悲願の壮大な営為そのものなのである。

とりわけ今日直面している具体的な課題である「戦争と平和」の問題についても、まさにこうした私たち民衆自らの創意による新たな未来構想のもとに、日本国憲法第九条の条文に則して、正々堂々と軍事費をはじめ無駄な巨大事業費を削減し、税・財政のあり方を根本から変えて、国民がもっとも必要としている育児・教育・医療・介護・年金など社会保障や、特に若年層の雇用対策、そして文化・芸術・スポーツの振興に振り向けていく。さらには、この自然循環型共生社会への壮大な長期展望のもとに、具体的には、大地に根ざした自給自足度の高い農的生活システム、つまり抗市場免疫型の家族づくり、地域づくり、国づくりの人的・物的基盤の整備・育成のための財源にまわしていくのである。

とどのつまり「菜園家族」の真髄は、燦々と降りそそぐ太陽のもと大地を耕し、雨の恵みを受けて作物を育て、その成長を慈しむことにある。天体の運行にあわせ、自然のゆったりとした循環の中に身をゆだね、子供たちも、大人たちも、年老いた祖父母たちも、ともに助け合い、分かち合い、仲良く笑顔で暮らす。それ以外の何ものでもない。

年年歳歳かわることなく、めぐり来る四季。その自然の移ろいの中で、「菜園家族」とその地域社会は、自然と人間との物質代謝の和やかな循環の恵みを享受する。ものを手作りし、人々とともに仲良く暮らす喜びを実感し、感謝の心を育む。人々は、やがて、ものを大切にする心、さらには、いのちを慈しむ心を育て、失われた人間性を次第に回復していく。市場競争至上主義の延長上にあらわれる対立と憎しみに代わって友愛が、そして暴力と戦争に代わって平和の思想が、「菜園家族」に、さらには地域社会に根づいていく。

こうした中で、憲法第九条に明らかに違反する自衛隊を、のちに第十一章で述べるように、災害大国日本にふさわしい、防災の任務に特化した世界に類を見ない優れた「防災隊」（仮称）※4に発展的に解消・再編していく。こうした具体的提案を大胆かつ積極的に提示しつつ、国民とともにこの国の未来のあるべき姿を考えぬき、希望の明日に向かって進んでいくのである。

まさにこのような未来志向の積極的姿勢と理念のもとに、日本国憲法第九条を世界のすべての人々に向かって、それこそもう一度、高らかに再宣言しようではないか。互いに敵意を持っていがみ合うのではなく、国境や民族の垣根を越えて、すべての人々との友愛と連帯を表明する。これこそが、わが国のみならず世界の平和に寄与する、まことの積極的平和主義ではないのか。

戦後長きにわたって積み重ねられてきた違憲の既成事実によって、後退に後退を余儀なくされ、いつしか原点からあまりにもかけ離れた理念なき些末な議論の隘路に陥り、混迷を重ねてきた今日の事態をすっきり清算する。そして、ごまかしのないこの確固たる平和主義のもとに、新たな世界へと再出発するのである。

戦後七〇年の節目を経た今、諦めてはならない。「戦争法案」参院本会議強行採決の日を起点にはじまる新たな民衆の闘いの高まりの中で、世界に誇る日本国憲法の「平和主義」、「基本的人権（生存権を含む）

の尊重」、「主権在民」のこの三原則の精神は、やがて人々の日常普段の暮らしの中に深く溶け込み、血となり肉となっていくにちがいない。

繰り返しになるが、先に触れた『小国主義―日本の近代を読みなおす―』の著者田中彰氏は、自身も多感な青年期に軍国主義の時代に翻弄され、陸軍士官学校最後の士官候補生として敗戦の日を迎え、戦後は日本近代史の研究に取り組んできた自らの実体験から、「二一世紀は『小国主義か大国主義か』ということになろう。小国主義を選択することは、日本国憲法の理念に根ざす小国主義を国民が主体的に闘いとることである。そして、その小国主義を克ちとり続けることこそが、日本近代史の苦闘の歴史の教訓を生かす道である」、と述べている。この先学の心からの思いを、二一世紀の今、本書の表題『菜園家族の思想―甦る小国主義日本―』に込めたいと思う。そして、日本近代史に「未発の可能性」として脈々と流れてきた思想としての小国主義を、「新大国主義」が世界を席捲しつつある二一世紀の今日においていかに実現していくのか、その可能性を経済・社会のあり方、つまり、二一世紀未来社会論の側面から探究していきたいと思う。これはひとりわが国に限らず、海図なきこの時代、希望を失い、憎しみと暴力の連鎖に苦しむ世界のすべての人々にとって、避けることのできない焦眉の課題なのである。

本論に入る前に、まず序章および第一章で、二一世紀の新たな未来社会構想が今なぜ必要とされているのか、今日の世界とわが国の現実をおさえることからはじめ、一九世紀以来長きにわたる理論の経緯を吟味し、それを超える新しい未来社会論構築の方法を模索し、「菜園家族」構想を提起する今日的意義を確認しておきたい。

その上で、二一世紀における人間の新たな社会的生存形態としての「菜園家族」とは、厳密に規定すれば一体どのような概念であり、いかなる性格のものなのか。それは人類史上いかなる位置にあって、これからの二一世紀の未来社会構想においてどのような役割を果たしていくのか。これらのすべては、本書の各章を追うごとに順次明らかになっていくであろう。

人類の目指す終点は
遙か遠い未来である
それでも、それをどう描くかによって
明日からの生き方は決まってくる

※1　『特命全権大使米欧回覧実記』（全五冊）久米邦武編集・田中彰校訂、岩波文庫、一九七七〜一九八二年
※2　本書の第四章「『菜園家族』構想とその基礎―二一世紀の『地域生態学』的未来社会論―」で詳述。
※3　本書の第四章「『菜園家族』構想とその基礎―二一世紀の『地域生態学』的未来社会論―」で詳述。
※4　本書の第十一章「近代を超克する『菜園家族』的平和主義の構築―いのちの思想を現実の世界へ―」で詳述。

目次

はしがき　1

序章　憎しみと暴力のるつぼと化した世界、そこから立ち上がる新たな理念　25

1　世界の構造的不条理への反旗 ─ 今問われているのは私たちのライフスタイルそのもの ─　25

資本主義が陥った末期的症状　25

あらためてアルジェリア人質事件を思い起こす　26

2　東日本大震災から希望の明日へ　29

あのときの衝撃を一時の「自粛」に終わらせてはならない　30

「原発安全神話」の上に築かれた危うい国　33

財界の意を汲む復興構想の末路　35

二一世紀未来像の欠如と地域再生の混迷 ─ 上からの「政策」を許す土壌　39

新たな二一世紀の未来社会論を求めて　40

第一章　二一世紀未来構想の問題意識、求められるその方法論の革新　45

1　末期重症の資本主義と機能不全に陥った近代経済学　46
　―二一世紀未来社会論のさらなる深化のために―
近代を超えて遥かな地平へ　46
新古典派から抜け出たケインズ理論　48
経済の金融化と新自由主義、マネタリズムの登場　50
暴走するマネー経済と疲弊する現実社会　54
近代経済学を超えて、草の根の二一世紀未来社会論を　56

2　一九世紀未来社会論の到達点と限界　59
人類の歴史を貫く民衆の根源的思想　59
一九世紀に到達したマルクスの未来社会論　61
一九世紀未来社会論に代わる私たち自身の二一世紀未来社会論を　64

3　二一世紀未来社会論、その方法論の革新　68
二一世紀の今日にふさわしい新たな歴史観の探究を　68

未来社会論の基底に革新的地域研究としての「地域生態学」を据える　70
――二一世紀社会構想の変革のために――

第二章　私たちは何とも不思議な時代の不思議の国に生きている　75
――いのち削り、心病む終わりなき市場競争――

1　今なぜ近代の人間の社会的生存形態「賃金労働者」を問い直すのか　77

2　生命本位史観に立脚し「家族」と「地域」の再生を探る　83
いのちの再生産とモノの再生産の「二つの輪」が重なる家族が消えた　83
高度経済成長以前のわが国の暮らし――かつての森と海を結ぶ流域地域圏《エリア》　85
森から平野へ移行する暮らしの場　86
歪められ修復不能に陥ったこの国のかたち　88
「家族」と「地域」衰退のメカニズム――干からびた細胞　89
再生への鍵――「家族」と「地域」を基軸に　91

第三章　人間はなるべくして人間になった――その奇跡の歴史の根源に迫る――　93

人間とは、「家族」とは一体何か　93
「家族」の評価をめぐる歴史的事情　94
人間の個体発生の過程に生物進化の壮大なドラマが　96
母胎の中につくられた絶妙な「自然」　98
人間に特有な「家族」誕生の契機　99
「家族」がもつ根源的な意義　102
人間が人間であるために　105

第四章　「菜園家族」構想とその基礎 ― 二一世紀の「地域生態学」的未来社会論 ―　111

生産手段の分離から「再結合」の道へ ―「自然への回帰と止揚《レボリューション》」の歴史思想　112
「菜園家族」構想の理念とその歴史的意義　115
週休（2＋α）日制のワークシェアリングによる三世代「菜園家族」構想　118
世界に類例を見ないＣＦＰ複合社会 ― 史上はじめての試み　124
ＣＦＰ複合社会の特質　128
甦るものづくりの心、ものづくりの技　131
土が育むもの ― 素朴で強靱にして繊細な心　135
家族小経営の歴史性と生命力　139

第五章　「菜園家族」構想の現実世界への具体的適用とその展開 ― 実現可能性を探る ―　143
日本の農村・農業の現実 ― 反転、そして再生へ　143
〝菜園家族群落〟による日本型農業の再生 ― 高度な労農連携への道　146
農地とワークの一体的シェアリング ― 公的「農地バンク」、その果たす役割　150
草の根民主主義熟成の土壌 ― 森と海を結ぶ流域地域圏《エリア》の再生　155

第六章　「匠商家族《しょうしょう》」と地方中核都市の形成　165
非農業基盤の家族小経営 ―「匠商家族」　165
「匠商家族」とその協同組織「なりわいとも」　169
「なりわいとも」と森と海を結ぶ流域地域圏《エリア》の中核都市　173
「なりわいとも」の歴史的意義　178
前近代の基盤の上に築く新たな「協同の思想」　181

第七章　高度経済成長の延長線上に現れた3・11の惨禍　183

高度経済成長が地域にもたらしたもの　183
今日の歪められた国土構造を誘引し決定づけた『日本列島改造論』　186
『日本列島改造論』の地球版再現は許されない　191
今こそ「成長神話」の呪縛からの脱却を　195

第八章　「菜園家族」の台頭と資本の自然遡行的分散過程　201

資本の自己増殖運動と科学技術　201
資本の従属的地位に転落した科学技術、それがもたらしたもの　203
GDPの内実を問う――経済成長至上主義への疑問　206
資本の自然遡行的分散過程と「菜園家族」の創出　208
新たな科学技術体系の生成・進化と未来社会　212

第九章　自然循環型共生社会への現実的アプローチ　217
――四つの具体的提案を基軸に考える――

二一世紀こそ草の根の変革主体の構築を――「お任せ民主主義」の限界と破綻　217

その1　原発のない低炭素社会への道、その究極のメカニズム　220
「菜園家族」の創出は、地球温暖化を食い止める究極の鍵　220
原発のない低炭素社会へ導く究極のメカニズム ― CSSK方式　223
CFP複合社会への移行を促すCSSKメカニズム　224
CSSK特定財源による人間本位の新たなる公共的事業　226
本物の自然循環型共生社会をめざして　228
その2　今こそ地域社会の本格的な実態把握を ― 新たなる未来の明日のために　**230**
アベノミクスの「地方創生」は積年の悪弊の延長にすぎない　231
一つの具体的「地域」典型から、今何をなすべきかを考える　233
市町村における地域再生の本当の鍵は、農業・農村問題の解決である　235
地域社会には、今こそ精密検査による根本的な原因療法がもとめられている　238
本物の民主主義の復権と地域の再生　240
その3「菜園家族」じねんネットワーク（SJnet）の構築、その多彩で豊かな展開　241
自然《じねん》の原理によって生まれ育つSJnet　241
SJnetの活動とその原理 ― 自主、自発の原則　242

労働組合運動の驚くべき衰退、そこから見えてくるもの　243
二一世紀の労働運動と私たち自身のライフスタイル ―「菜園家族」の新しい風を　246
多彩で自由な人間の活動 ― 底から支える力　248

その4「菜園家族」じねんシンクタンク（ＳＪＴＴ）創設の意義　250

ＳＪｎｅｔを土台に築く草の根のシンクタンク　250
草の根の叡知の結集こそが新たな時代を切り拓く　251

第十章「菜園家族」を土台に築く円熟した先進福祉大国　253
― 近代を超克する社会保障制度を探る ―

原理レベルから考える「自助、共助、公助」　253
「家族」に固有の機能の喪失とこの国破綻の根源的原因　259
スモール・イズ・ビューティフル ― 巨大化の道に抗して　262
「家族」に固有の福祉機能の復活と高次社会保障制度　263
「菜園家族」を土台に築く円熟した先進福祉大国への可能性　266
近代を超克する円熟した先進福祉大国をめざす新たな国民運動の形成　269
「家族」と「地域」の再生は不可能なのか　272

「家族」と「地域」の再生をゆるやかな変化の中で捉える ― 諦念から希望へ 274
「お任せ民主主義」を排し、何よりもまず自らの主体性の確立を 276
― そこにこそ生きる喜びがある

第十一章 近代を超克する「菜園家族」的平和主義の構築 281
― いのちの思想を現実の世界へ ―

日本国憲法の平和主義、その具現化の確かな道を求めて 283
アベノミクス主導の解釈改憲強行の歴史的暴挙 285
あらためて日本国憲法を素直に読みたい 288
アベノミクス「積極的平和主義」の内実たるや 289
「自衛」の名の下に戦った沖縄戦の結末は 290
「巨大国家の暴力」と「弱者の暴力」との連鎖をどう断ち切るか 292
憲法第九条の精神を生かす新たな提案 ― 自衛隊の「防災隊」（仮称）への発展的解消 293
非戦・平和構築の千里の道も一歩から 296
非戦・平和の運動に大地に根ざした新しい風を 297
戦後七〇年、もう一度初心にかえり世界の人々に呼びかけよう 298

第十二章　今こそ近代のパラダイムを転換する　301
―生命本位史観に立脚した二一世紀未来社会論―

未踏の思考領域に活路を探る　301
人間の新たな社会的生存形態が、二一世紀社会のかたちを決める　304
自然界を貫く「適応・調整」の普遍的原理　305
自然法則の現れとしての生命　309
自然界の普遍的原理と二一世紀未来社会　312
CFP複合社会を経て高次自然社会へ―労働を芸術に高める　316
未来社会を身近に引き寄せる「セクターC、F、Pの対立と依存の展開過程」　320
形骸化した民主主義の現状と「生産手段の再結合」　322
より高次のFP複合社会における生産手段の所有形態をめぐって　324
ここで確認しておきたいいくつかの要諦　325

むすびにかえて―自然《じねん》の思想を現実の世界へ―　331

人間社会の生成・進化を律する原理を自然界の「適応・調整」の普遍的原理に戻す　332

自然への回帰と止揚《レボリューション》、これこそが人間の本源的な歴史思想である　334
自然観と社会観の分離を排し、両者合一の思想をすべての基礎におく　336
混迷の時代だからこそ見失ってはならない未来社会への展望、そしてゆるぎない確信　338
日本国憲法のもとではじめて甦る「未発の可能性」としての小国主義　343

あとがき ―「世界でいちばん貧しい大統領」ホセ・ムヒカさんの思想との交歓 ―　347

引用・参考文献一覧　362

著者紹介　381

序章　憎しみと暴力のるつぼと化した世界、そこから立ち上がる新たな理念

1　世界の構造的不条理への反旗
—今問われているのは私たち自身のライフスタイルそのもの—

資本主義が陥った末期的症状

むやみやたらに戦争の危機を煽り、不都合な国や集団に対しては敵意をあらわにする。「仲間」と看做す国と徒党を組み、経済制裁だ、はたまた武力制裁だなどと言って懲らしめる。

しかし、どんなにもっともらしく大義名分を並べ立てようと、その言葉の背後には巨大世界市場、そして石油・天然ガスなど化石燃料・鉱物資源をめぐる欲望と利権が渦巻いている。「自由と民主主義の価値観を共有する」と言われているどの国も、またそうでないとされている国も、その支配層はいずれもこうした欲望と利権の化身そのものなのだ。

だから、国際紛争は解決されるどころか深い泥沼に陥り、戦争は長期化する。このままでは紛争と戦争は絶えることがない。世界は今や各地に紛争の火種が播き散らされ、世界大戦への一触即発の危険に晒されている。

こうした火種は鎮まるどころか、ますます勢いを増し、同時多発的様相すら呈し、慢性化していく。こ

のことは、一九七〇年代に端を発した経済の極端な金融化、さらには一九九〇年代初頭のソ連崩壊によって旧社会主義諸国をも巻き込む市場原理至上主義の新自由主義的経済が生み出した極端な貧富の格差が、全世界に加速的に拡大していることと決して無縁ではない。人々の不満や怒りは頂点に達し、それが際立った負の現象として表面に露呈したものと見るべきであろう。いよいよ資本主義は行き詰まり、末期的症状をいっそうあらわにしている。

為政者は自らの社会の深層に潜む根源的な原因には目を伏せ、民衆の不満を外にそらそうとする。絶えず国外に仮想敵をつくり、大国自身がつくり出した紛争に性懲りもなく関与していく。その内実は、相変わらず「仲間」なるものと徒党を組み、経済封鎖だの、武力行使だのと他者に壊滅的な打撃を与えること、つまり「暴力」によって対処しようとする実に浅はかな愚行なのだ。もはやそれ以外になすすべを知らない。混迷はますます深まり、紛争は激化する。それをまた口実に、民衆の血税はとことん吸い上げられ、科学技術の粋を尽くした最新鋭の軍備が増強される。際限なき暴力の連鎖。このどうしようもない現実こそが、資本主義が陥った末期的事態ではないのか。

あらためてアルジェリア人質事件を思い起こす

二〇一三年一月一六日、アルジェリア南東部、サハラ砂漠のイナメナスの天然ガス施設で突如発生した人質事件は、わずか数日のうちに政府軍の強引な武力制圧によって凄惨な結末に終わった。

その後、メディアを賑わす話題は、この種の事件の今後の対策へと収斂していく。現地住民の立場をも視野に入れた公平にして包括的な本質論は影をひそめ、もっぱら内向きの議論に終始する。こうした中、二〇一三年一月二八日、安倍首相は衆参両院の本会議で第二次安倍内閣発足後初めての所信表明演説を行った。演説の冒頭、アルジェリア人質事件に触れ、「世界の最前線で活躍する、何の罪もない日本人が犠牲となったことは、痛恨の極みだ」と強調。「卑劣なテロ行為は、決して許されるものではなく、断固として非難する」とし、「国際社会と連携し、テロと闘い続ける」と声高に叫び胸を張る。

一方的に断罪するこうした雰囲気が蔓延すればするほど、国民もわが身に降りかかるリスクのみに目を奪われ、事の本質を忘れ、ついには軍備増強やむなしとする好戦的で偏狭なナショナリズムにますます陥っていく。こうした世情を背景に、為政者は在留邦人の保護、救出対策を口実に、この時とばかりに自衛隊法の改悪、集団的自衛権の必要性を説き、憲法改悪を企て、国防軍の創設へと加速化していく。

このような時であるからこそなおのこと、センセーショナルで偏狭な見方を一転しなければならない。当該現地の民衆が置かれている立場に立って、わが身の本当の姿を照らし出し、この事件を深く考えてみる必要があるのではないだろうか。

他国の荒涼とした砂漠のただ中に、唐突にもここはわが特別の領土だと言わんばかりに、あたかも治外法権でも主張するかのように、頑丈で物々しい鉄条網を張りめぐらしたミリタリーゾーン。その中で軍隊に守られながら他国の地下資源を勝手気ままに吸い上げ、現地住民の犠牲の上に「快適で豊かな生活」を維持しようとするわが国はじめ先進諸国。一方現地では、外国資本につながるごく一部の利権集団に富は集中し、風土に根ざした本来の生産と暮らしのあり方はないがしろにされる。圧倒的多数の民衆は貧窮に喘ぎ、外国資本と自国の軍事的強権体制への反発を募らせ、社会に不満が渦巻いていく。「反政府武装勢力」、そして各地に持続的に頻発するいわば「一揆」なるものは、資源主権と民族自決の精神に目覚めたこうした民衆の広範で根強い心情に支えられたものなのではないのか。これを圧倒的に優位な軍事力によって、強引に制圧、殲滅する。

まさにこの構図は、今にはじまったことではない。アフガニスタンおよびイラク、イランをはじめとする中東問題が、再び北アフリカへと逆流し、さらには世界各地へと拡延していく。こうもしてまで資源とエネルギーを浪費し、「便利で快適な生活」を追い求めたいとする先進資本主義国民の利己的願望。それを「豊かさ」と思い込まされている、ある意味では屈折し歪められた虚構の生活意識。この欺瞞と不正義の上にかろうじて成り立つ市場原理至上主義「拡大成長路線」の危うさ。この路線の行き着く先の断末魔を、この人質事件にまざまざと見る思いがする。

はるか地の果てアルジェリアで起こったこの事件は、今までになく強烈にこれまでの私たちの暮らしのあり方、社会経済のあり方がいかに罪深いものであるかを告発している。と同時に、私たちの社会のあり方が、もはや限界に達していることをも示している。二〇一五年年明け早々から立て続けに起こったパリ新聞社襲撃事件、「イスラム国」二邦人人質事件、そしてその後も中東・北アフリカ、アラビア半島最南端のイエメンへと相次ぎ、さらには同年十一月十三日のいわゆる「パリ同時テロ」へと、この一年間だけでも絶えることなく拡大していくこれら一連の事件、その深層に渦巻く民衆の不満や「一揆」は、今日の世界の構造的矛盾とその末期的症状の深刻さそのものを象徴するものではないのか。

「拡大成長路線」の弊害とその行き詰まりが白日の下に晒され、誰の目にも明らかになった今、一八世紀イギリス産業革命以来、二百数十年にわたって拘泥してきたものの見方、考え方を支配する認識の枠組み、つまり近代の既成のパラダイムを根底から転換させない限り、どうにもならないところにまで来ている。

2　東日本大震災から希望の明日へ

思えば二〇〇一年9・11ニューヨーク・マンハッタンの世界貿易センター超高層ビルの崩落は、こうした世界的規模での不条理への「一揆」の時代のはじまりであった。突如テレビに飛び込んできたあの映像は、今も私たちの脳裏に焼きついて離れない。あれから早や十五年の歳月が過ぎようとしている。今、世界覇権の巨大なシステムは、あの時の予感が的中したかのように、自らが抱える矛盾によって崩れようとしている。そして、世界を揺るがすその根源的矛盾は、日本社会の深層にもおよび、抑えがたい地殻変動をもたらす。諦念と反転への思いが錯綜する長い苦悶の中から、人々はいよいよ覚醒の時代へと動きはじめようとしている。

戦後七〇年を振り返ると、私たちはあまりにも為政者の上からの「政策」に振り回されて来たのではなかったのか。今こそ私たちは、戦後七〇年の歴史から深く学び、与えられた上からの「政策」ではなく、自らの頭で考え、自らのすすむべき道を探り、主体的に行動し、自らの地域を自らの手で築きあげていく時代を切り拓いていかなければならない。

底知れぬ

深い闇に沈む
閉塞の時代
私たちはあまりにも日先の瑣事
その場凌ぎの処方箋に惑わされ
そこから一歩も抜け出せずにいる。
いま私たちにもっとも欠けているものは
元々あったはずの人間の素朴さであり
確かな意志をもって
遠い不確かな未来へ挑む
繊細にして強靱な精神なのではないか。

あのときの衝撃を一時の「自粛」に終わらせてはならない

二〇一一年三月十一日、東北・関東を襲った巨大地震と恐るべき巨大津波、そして、東京電力福島第一原子力発電所の大事故は、私たちが日常に安住し抱いてきたこれまでの幸福感や人生観、さらには自然観や社会観をはじめ、科学・技術のあり方に至るすべての観念をもことごとく打ち砕いた。

一八世紀イギリス産業革命にはじまる近代とは、成長を前提にした時代である。したがって、実に長きにわたって多くの人々の心を捉えていたものは、「成長はいいこと」、「ゼロ成長などとんでもない」、ましてや「脱成長なんてあり得ない」という考えであった。

3・11は、この近代の成長神話を根底からくつがえす、実に衝撃的な出来事であった。まさに私たちは、3・11によって近代文明終焉への大きな分水嶺に立たされた。これまでの価値観の大転換なしには、もはや生き延びることができない時点に差しかかっていることを知らなければならない。今となっては、せめてこの自覚が、そして自粛の念が一時的なものに終わらないことを切に願う。

ところがどうしたものか、一ヵ月も経つか経たないうちに、すべてを忘れ何もなかったかのように、テレビにはお馴染みの商魂たくましい派手なコマーシャルが早々と復活する。人々の欲望をこれでもかと掻き立て、購買欲を煽り立てる。そして、大震災に真剣に向き合い、被災地の状況を伝え、支援の手を差し伸べようと努力する報道の一方で、しばらく休止されていたかつての番組が旧態依然たる姿のまま頭をもたげはじめ、瞬く間に勢いを増していった。被災地では依然として苛酷な状況が続く中、多くの人々の癒されぬ苦しみや悲しみを尻目に、相も変わらぬ低俗なバラエティー番組が息を吹き返し、四六時中、日常の暮らしの中に這入り込んでくる。今どき何がそんなにおかしいのか、たわいもないことにおどけ、ニヤニヤ、ゲラゲラ、馬鹿騒ぎに興じ浮かれている。

こうした番組の合間を縫うように、ワイドショーでは、代わり映えのしない有識者や学者や評論家が登場し、復旧・復興を語る。いかにももっともらしい口調で、「過度な自粛は経済を停滞させ、企業活動を衰退させることにつながるので、被災地の支援にはならない」と、偏狭な市場理論もどきを振りまわし、まことしやかに実に巧妙な手口で、震災前の「成長戦略」なるものの軌道に引き戻そうとするのである。そこには、時代への根源的な問いかけや省察は微塵も見られない。

はたまた政治・経済・社会問題を題材にした討論形式のバラエティー番組では、似たり寄ったりの面々がずらりとゲストに招かれ、不真面目きわまりないふざけた態度で時評や政治談義にうつつを抜かし、意図的に一方的な考え方を茶の間に垂れ流す。おどけを入り混ぜながらの実に巧妙な手口で、世論を操作、誘導する。電波のもつ公共性など、もはや眼中にない。報道の公正・中立はすっかりかなぐり捨て、無責任に好き勝手したい放題である。そうこうしておいて、いざ選挙である。

やがて結果が出ると、候補者は「民意」を得たとばかりに傲慢になる。住民自治の精神からはほど遠い何の縁もゆかりも無い実に怪しげな「地域主権」を振りかざし、上から目線の「大阪都構想」なるものに従わない者はすべて敵に仕立てる。独裁統治をカモフラージュするために、「決定できる民主主義」をと、がなり立てる。対話と称しながら、人には発言の暇《いとま》すら与えず、一方的に遮二無二まくし立て押しまくる。果てには市長の業務命令だと、市職員全員を対象に、憲法第一九条が保障する「思想・良心の自由」をも踏みにじる「アンケート調査」を強要し、自分の命令に従わない者には「処分」をちらつかせ、威嚇する。これだけでもファシストの資質躍如たるものがある。束の間の人気旋風にあやかろうと、どいつもこいつもすり寄っていく。何と哀れでおぞましい光景か。今や代議制民主主義の根幹は揺らぎ、地に落ちた。これほどまでに堕落した政治風土も、メディアも、世界でもめずらしいのではないだろうか。いつからこんなことになったのか。暗い時代への逆行を憂える。

私たちが3・11を機にあらためてこうした放送番組の異常さに気づいたとすれば、それ以前の私たちとは、一体、何だったのであろうか。私たちは、実に恐ろしく歪められた情報の氾濫に自己を見失い、思わぬ方向に誘導されていたのではなかったのか。

大震災の瓦礫に圧し潰され、津波の不気味な濁流に多くのいのちが、家が、一瞬のうちに押し流された。放射性物質拡散の不安と恐怖の底知れぬ深い闇に、すべてが沈んでいった。なおも懸命に生きようとする被災地の人々の姿が、脳裏から離れない。おそらく全国各地の多くの人々がこうした心境の中、自問を繰り返しながらこれまでの暮らしのあり方や人生観を深く反省し、あらためようとしているのではないだろうか。決して一時の「自粛」に終わらせてはならない。

あれから五年が過ぎた。あの悲惨なあまりにもむごい災難を忘れたかのように、あるいは、あらゆる巧妙な手を弄して忘れさせようとしながら、またもや市場原理至上主義「拡大経済」の奥底に潜む得体の知れない巨大な妖怪が息を吹き返し、頭をもたげ蠢《うごめ》きはじめている。こうした動きに打ち克ち、一人ひとりが自らの意識を変え、いかにその状況に対抗する基軸を確立できるのか。新たな理念のもとに、被災地の真の復旧・復興ができるかどうか、そしてさらには、日本のこの現実を変えることができるかどうかは、長い至難の道のりではあるが、このこと如何に大きくかかっていると言ってもいいであろう。つまり、被災地復興の問題は、被災地の当事者だけに限られたことではなく、まさに私たち自身の未来のゆくえを真剣に考えることとなのである。

誠実な心から、きっと希望の明日は見えてくる。

「原発安全神話」の上に築かれた危うい国

私たちはこれまで市場原理至上主義アメリカ型「拡大経済」の延長線上に、化石エネルギーとそれに代わる「夢のエネルギー」原子力に下支えされた文明にしがみつき、経済の発展とよりよい暮らしを際限なく追い求めてきた。しかしそれは、ことごとく裏目に出た。長い歴史の中で培われてきた人間の絆は分断され、地域コミュニティは衰退し、「無縁社会」という実に人類史上まれに見る異常事態を現出させた。人間にとって本源的な農林漁業を衰退させ、農山漁村の超過疎・高齢化とともに、都市部への人口集中と巨大都市の出現を許し、それを放置してきた。

今や東京への一極集中に対する不安と恐怖も、いよいよ現実のものになってきた。今回の大震災時に発生した首都圏での交通麻痺や「計画停電」、放射能の拡散、水・食料・その他生活必需品の買い込みによる混乱状況からも、多くの人々がその恐ろしさをひしひしと実感したはずだ。首都圏直下型や東海、東南海、南海地震が起きたら、そのパニック状態だけをとっても計り知れないものがある。

経済成長の日陰となった僻地に原発を集中させ、遠隔地の大工業地帯や巨大都市の電気需要を賄う電力供給システムは、「原発安全神話」を喧伝し、住民を欺きながら構築されてきたものである。このたびの巨大地震と津波と福島原発による複合災害は、東北地方に広がる農林漁業の基盤に壊滅的な打撃を与えたばかりでなく、家族を引き裂き、人間のいのちに、そして長い歴史の中で培われてきた人間の絆と地域のコミュニティの息の根に、最後のとどめを刺しかねないものとなっている。

そればかりではない。憂慮すべきは、原発に下支えされた市場原理至上主義「拡大経済」は、人間の心をとことん麻痺させ、恐るべき精神の退廃へと追い遣っていくということなのだ。財界や為政者たちや「科学者」たちは、「原発は安全です」と人を欺き推進し、これほどの大惨事を引き起こしておきながら、その舌の根の乾かぬうちに、今度はもっともずる賢く「経済成長のためには」、「国家国民のためには」と人を欺きながら、他国に原発を輸出し、金儲けをしようというのである。それを恥じようともしない。どこまで精神が病み、落ちぶれたら気が済むのであろうか。この精神の退廃は、ごく限られた原発推進者にとどまらない。やがて広く人々の心を蝕んでいく。その意味でこれは、大多数の国民にとって決して無縁などとは言っていられない、実に根深い問題なのである。

財界の意を汲む復興構想の末路

日本経済の復活・再生に向けた民主導の競争力強化のためのアクションプランとして経団連の『サンライズ・レポート』がまとめられ公表されたのは、二〇一〇年十二月のことであった。それは、一九八〇年代、アメリカが国内製造業の大苦戦を強いられる中で、自国産業の国際競争力を回復するためのプランとしてまとめた『ヤング・レポート』の取り組みをヒントに、財界主導でかなり以前から準備されてきたものであろう。東日本大震災直前に菅内閣によって打ち出され（二〇一〇年六月一八日閣議決定）、野田内閣に引き継がれた「新成長戦略」なるものの本質も、もとを正せば実は財界主導のこうした動きの中で、その意を受けて出されてきたものであると言える。こうした事情を含めてこれらを「新成長戦略」と呼ぶならば、大震災後の民主党政権の一連の動きも、震災以前の旧態依然たるこの「新成長戦略」に、何の反省もなくただひたすら追従しようとするにすぎないものではなかったのか。震災後ただちに発表された『文藝春秋』（二〇一一年五月特別号）誌上での米倉弘昌経団連会長（当時）の発言は、大震災後もこの「新成長戦略」を変更することなく推進する決意を、あらためて表明したものにほかならない。

その後二〇一二年十二月に政権復帰した自民党安倍内閣が、大震災による時代転換の重大な歴史的意味を深く認識することなく、震災以前につくられた財界主導の方針にただただ追従し、相も変わらずこうした成長戦略路線のもとに被災地の復興を性急に上から押しつけていくならば、取り返しのつかない大きな誤りを犯すことは目に見えている。

特に東北地方は、戦前からも、そして戦後七〇年の歴史の中でも、たえず大都市部へとヒトとモノを送り出し続けてきた結果、農山漁村地域の過疎・高齢化がもっとも進んだ地方の一つである。長きにわたって続けられてきた過去の政策のツケに加え、この大震災によって最後のとどめを刺されかねない事態に陥っていることを忘れてはならない。東北被災地の復旧・復興の困難さは、天災のみならず、人災、しかも今の一時期ではなく歴史的に蓄積されてきた様々な要因による複合的な人災によるものなのである。

効率的であるからといって、周縁の広大な農山漁村と切り離した形で都市機能を中心部に集約し、快適なコンパクトシティーを急ごしらえする発想は、これまで人工的な巨大都市で贅沢な生活を享受し、農林漁業のなりわいやその多様な機能・意義を肌身で知らないごく一部の都市エリートによる、財界の意を汲んだ思いつきでしかない。それは、決して東北地方の人々のために考えられたものではない。大切なのは、戦後一貫して経済成長の犠牲となり、放置され見過ごされ、未解決の大きな問題を抱えたまま取り残されてきたこの広大な東北の農山漁村をどのようにして再生していくのか、という課題意識のもとに、そもそも地域とはいかにあるべきかを今こそ根本から考えなおすことなのではないか。東日本大震災からの復興にあたって、地域づくり、街づくりのあり方を論ずるのであれば、少なくともこうした考察を抜きにしては考えられない。それは、全国各地の地域についても言えることである。

かつて高度経済成長の時代に、地方の農山漁村から大都市への人口移動が急速にすすむ中、時代の要請に即応するかのように、大都市郊外の農地や林野を開発して、大規模な宅地造成をし高層アパート群を建て、その地域のもともとのなりわいや伝統とは切り離された形で続々と巨大ニュータウンを建設していった。大阪の千里ニュータウン（一九六二年入居開始）、東京の多摩ニュータウン（一九七一年入居開始）がその代表的な典型である。高度成長の波に乗って地方から出てきた若者は、やがて家庭を持ち、甘い夢を抱いて住みついていった。

あれから半世紀が経った今日、かつて最先端の街であったこのニュータウンも、急速に進む少子・高齢化の波の中で実に奇妙な街へと変貌を遂げた。人口の年齢構成は過疎地並みとなり、高齢者の単身世帯も増加している。生活を営む人々にとって、当初から住みやすいとは言えないものであったこの近代的都市は、今や高齢住民の医療・介護問題、経済的困窮化、「孤独死」、さらには建物やインフラの一斉老朽化など、新たに深刻な問題を抱え、「都市の限界集落」と揶揄されるにまで至っている。わずか半世紀の歴史的変貌である。長期展望のないままコストや効率といった近視眼的で偏狭な経済的側面にとらわれ、人間らしい営みや近所同士の関わりあい、家族の成熟や世代継承などを軽視し、地域の自然に根ざしたなりわいとは隔絶した形で極めて人工的に急ごしらえする都市開発が、いかに危険きわまりないものなのかを、この事例からも学ぶ必要があろう。

大震災から一〇ヵ月が過ぎた二〇一二年一月三〇日、国立社会保障・人口問題研究所は、五〇年先の二〇六〇年までの『日本の将来推計人口』を公表した。これは、公的年金、医療、介護など社会保障の財政見通しをはじめ、さまざまな政策立案の基礎データとなるものである。それによると、日本の総人口は、二〇一〇年の一億二八〇六万人をピークに減少し、五〇年後の二〇六〇年には三割減の八六七四万人まで減るという。二〇一〇年が高齢者一人を現役世代二・八人で支えるいわば「騎馬戦型」社会とすれば、驚くべきことに二〇六〇年には現役世代一・三人で支える「肩車型」社会に変わるという。

政権担当者は、こうした「予測される事態」を前にしても、このデータを逆手にとって、このままではわが国の財政は破綻し、ギリシャのようになると問題をそらし、「社会保障と税の一体改革」なるものを唱える。巨大資本、富裕層優遇の今日の不公正税制には手をつけようともせずに、それが庶民、中小・零細企業いじめになろうとも、とにかく消費税増税なのだと血眼になって訴える。さらには社会保障の給付水準の引き下げ等々に至っては、事の本質を見究め、今日の社会の行き詰まりの根源に迫ろうとする姿勢はまったく見られず、まさに財界言いなりのその場凌ぎの対症療法に終始する。

この『将来推計人口』が予測するこの事態は、決して不可抗力の自然災害などによるものではない。少なくとも戦後七〇年の長きにわたって私たち自らがつくりだしてきた、いわば人災というべき積年の積み重ねの結果にほかならない。なぜわが国の社会は、このデータが示す事態を招くような体質に陥ってしまったのか。まさにその原因の究明こそが問われているのだ。

カネと現物給付のみに頼る政府の少子化対策にしても、それはその場凌ぎの当面の救済措置になりえても、この『将来推計人口』が予測する絶望的とも言える「人口世代構成の歪み」の深刻さからすれば、それだけでは決して根本的な解決にはならないのではないか。この「予測される事態」には、大地から引き離され、本質的に不安定で脆弱な根なし草同然の現代賃金労働者《サラリーマン》という今日の人間の社会的生存形態を歴史的にどう位置づけ、どう評価するかという問題に端を発して、生産と暮らしのあり方、それに規定される家族や地域のあり方、さらには社会構造全体にまでおよぶ実に根源的な問題が横たわっているのである。

今こそ私たちは、あらためて戦後史七〇年を振り返り、なぜこのような絶望的とも言える深刻な「人口世代構成の歪み」を生み出す脆弱な社会的体質に陥ってしまったのか、この国の家族や地域のあり方にまでおよぶ社会の深部のメカニズムとその歴史にしっかり向き合い、温存に温存を重ねてきた積年の構造的矛盾とその原因を明らかにし、それを根本的に解決するためには何をなすべきなのか、そして社会そのもののあり方を今後どのように変えていくべきなのかを、真剣に考えなければならない時に来ている。

私たちは、自然や歴史への根源的なまなざしと長期的な展望に立ってものごとを考える力を、今こそ取り戻さなければならない。

二一世紀未来像の欠如と地域再生の混迷 ― 上からの「政策」を許す土壌

3・11を機に政府や財界をはじめ、大手シンクタンク、コンサルタント、有識者などから出される見解や提言の特徴は、エネルギーや資源の無限利用と経済の際限のない拡大を前提にした、従来型の経済成長路線の延長上にあらわれた地域構想であり、社会構想であるという点にある。

このような上からの構想が出てくるのも、無理もないことなのかもしれない。こうした上からの「政策」に対し、科学的に批判し、かつ批判にとどまることなく、さらにその対抗軸となりうる透徹した包括的な未来への展望と、それに基づく有効で具体的な対案を提示し得ずにいるのは、それを導き得る理論的大前提となるべき二一世紀における新たな未来社会論の探究とその深化が、平時の普段からあまりにも不活発で不十分であったことによるものであろう。わが国においてはマスメディアをはじめ論壇や言論界は、欧米などと比べても、あまりにも「経済成長」の枠内での細部の差異にこだわる議論を繰り返し、その時々の目先の施策に終始したものであった。つまり、こうした狭い枠組みを超えた、まさに未来を展望し得る根源的な論究は、極力避けられてきたように思う。「ゼロ成長」とか「脱成長」とか「ベーシック・インカム」といった社会構想にしても、ほとんどがたまたま欧米から輸入される翻訳書の紹介程度にとどまるのである。それすらも単発的な紹介記事に終わり、継続してさらに議論が深められることはほとんどない。ましてやわが国の現実から出発し、そこから未来への新たな可能性を独自に見出していこうとする気風や土壌は、あまりにも欠如していたのではなかったのか。

この欠如こそが今、大震災からの復興をはじめ、わが国の将来を長期ビジョンのもとに描くことを困難にしている。それは、二一世紀を長期的展望に立って見通すことができる、しかもわが国の現実から出発した地道な議論が、一九九〇年代初頭のバブル経済崩壊以降、「失われた一〇年」とか「失われた二〇年」などと繰り返し騒がれながらも、その間、実に長きにわたって封印されたまま、今日に至るまでなされてこなかったこと、つまり、私たち自身の二一世紀未来社会論の不在に遠因があると言わざるを得ない。この現状をまずしっかり自覚しておく必要があろう。

冒頭でも敢えてテレビ番組を例に触れたように、由々しきことは、国民を3・11以前の意識状況に引き戻そうとする得体の知れない大きな力が絶えず体系的かつ系統的に働き、それがますます強まってきているという現実である。いわば経済成長論の枠組みから一歩も外へ出ようとさえしない内輪の議論が、文明史の流れを分けるとまで言われているこの未曾有の非常事態を体験してもなお、延々と繰り返されているのには、それなりの根深い理由があると見なければならない。

新たな二一世紀の未来社会論を求めて

３・11から早や五年の歳月が経った。私たちは、文明史の一大転換期としておそらく後世に記憶されるであろうこの東日本大震災の惨禍の耐え難い体験を通して、まさにこの渦中からこれまでのものの見方、考え方を支配してきた認識の枠組み、つまり近代の既成のパラダイムを根本から変えるよう迫られている。

原発がこれほどの脆さと危うさを露呈した今、エネルギー政策を根本から変えなければならない。いかなる弁解ももはや必要ではない。原発廃絶を明確に定め、現存のすべての原発の再稼働ゼロを厳守し、国内新設も海外輸出も禁止しなければならない。原子力ビジネスの国際競争の激化と大国の軍事力学的思惑の中で、核燃料の原料ウラン鉱の開発によって大地を荒らされ、核廃棄物の貯蔵・最終処分を押しつけられるモンゴルのような「世界の辺境」の人々を思えばなおさらのことである。同時に、太陽光、太陽熱、風力、地熱、小水力、バイオマスなど、地域に適した小規模かつ再生可能な自然エネルギーを生み出し、それを「地産地消」する地域分散型のエネルギーシステムへの転換を計っていくことが急務である。

しかし、ここで忘れてはならないことは、これまでの生産と消費と暮らしのあり方をそのままにして、それに必要とされるエネルギーや資源（レアメタル・レアアースを含む地下鉱物など）の消費総量の削減を一切問わずに、ただ単にエネルギー源を新エネルギーに転換しさえすればそれで済む、という問題では決してないということだ。人間の欲望のおもむくままに際限なく生産を拡大し、エネルギーと資源の消費量の増大を野放図に放置しておく今日の経済社会の仕組みのままでは、この慢性的エネルギー不足病も、資源開発が生む自然破壊と社会問題も、どこまで行っても解決されない。あまりにも大地からかけ離れ、市場原理に翻弄されてきた今日の私たち自身の暮らしを深く省みて、家族に農ある暮らしを組み込むことによって、自らの体内に市場原理に抗する免疫力を高め、後に第四章以降で詳しく述べることになる新しいライフスタイルを創出し、それを地域社会の基底にしっかりと据えることができるかどうか。時代のこの転換期にあって、今このことが厳しく問われているのである。

このことを抜きにして、大量生産・大量消費・大量破棄型のこれまでの市場原理至上主義「拡大経済」下の生産と消費と暮らしのあり方は、根本から変えることはできないであろう。それは、生産手段（自給に必要な最小限の農地と生産用具など）から引き離され、根なし草同然となった賃金労働者という人間の社会的生存形態を前提とする、一八世紀産業革命以来の近代社会のあり方からの脱却にほかならない。生産効率が多少下がろうとも、モノが少なくなろうとも、再び家族に自立の基盤を取り戻し、大地に根ざしたよりおおらかで精神性豊かな自然循環型共生の暮らし、つまりグローバル市場原理に抗する、原発のない「免疫的自律世界」を時間がかかっても着実に築きあげていくことにこそ、希望があるのではないか。

私たちは今から十六年前の二〇〇〇年に、二一世紀の未来社会論として「菜園家族」構想を初めて公表した。二〇〇一年からは、滋賀県の琵琶湖に注ぐ犬上川・芹川の最上流、鈴鹿山中の限界集落・大君ヶ畑《おじがはた》に里山研究庵Ｎｏｍａｄという拠点を定め、彦根市・多賀町・甲良町・豊郷町の一市三町を含むこの森と湖を結ぶ流域地域圏《エリア》を地域モデルに、農山村地域とその中核都市の調査・研究に取り組んできた。こうした地域の現実を組み込みつつ、理論的にもこの「構想」をより深めながら数次にわたって検討を加え、その都度改訂を重ね今日に至っている。これら一連の著作（第四章の末尾に列挙）は、自然と人間、人間と人間との関係を深く見つめ、二一世紀の人間のあるべき社会的生存形態を根源から問い直し、「家族」や「地域」を新たな視点から捉え直しつつ、目指すべき日本社会の未来像について探究した論考である。それは、二一世紀未来社会論へのささやかな試論となっている。

本書は、３・11を機に近代文明終焉の分水嶺に立たされたまさに今、この「菜園家族」構想の意味するところをあらためて吟味し、今日の新たな時代状況を組み込みながらまとめたものである。これまでにも言及し、本書の中でも展開している時代認識や二一世紀未来社会構想の核心部分は、私たちが直面している被災地の復興においても、そして二一世紀社会の再生のためにも、その基本理念、基本原理として生かされなければならない、という思いを今あらためて強くしている。

市場原理至上主義アメリカ型「拡大経済」が破綻に瀕し、これまでの経済社会体制がいよいよ終末期を迎えようとしているまさに今、私たち自身の社会が、そして人類がイギリス産業革命以来、近代のパラダイムに囚われそこから脱却できずに長い間抱え込んできた思想的・理論的負の遺産にも、いよいよ本格的に目を向け、それを清算し、そこから二一世紀未来への確かな手がかりをつかまなければならない時に来ている。私たちは今ここであらためて、少なくとも一九世紀近代に遡り、人類が資本主義をいかに超克しようと努力してきたのか、その足跡を辿ることによって、今日の事態の解決への手がかりを探り当てなければならないと思っている。

前著『グローバル市場原理に抗する　静かなるレボリューション ― 自然循環型共生社会への道 ―』（御茶の水書房、二〇一三年）では、近代の胎動とともに現れてきたさまざまな思潮を辿り、経済学原論としての『資本論』の現代的意義を確認するとともに、今から百数十年前の一九世紀半ばという、いわば時代的制約のもとで構想されたマルクスの未来社会論の限界についても指摘してきたところである。この一九世紀未来社会論の限界を今日の視点からより厳密に吟味するならば、後世においてしばしば論争の的になってきた資本主義超克としての未来社会論、なかんずく目指すべき未来社会に至るプロセスをめぐる議論の混迷の原因がいよいよ明らかになってくるであろう。今日までなされてきた大方の議論は、実に長きにわたって、経済学原論としてのマルクスの卓越した学問的理論体系と、そこから論理的に導き出される未来社会論との両者を峻別することなく、むしろ敢えて混同することによって、マルクス未来社会論の時代的制約による理論的限界を曖昧にしてきたのではなかったのか。

本書では、一九世紀未来社会論の優れた側面を継承しつつも、その理論的限界を克服し、自由な発想のもとに、特に3・11後の二一世紀世界の現実を組み込み、かつまたわが国自身の地域の現実に立脚した生命本位史観とも言うべき新たな歴史観に基づき、二一世紀の私たち自身の新たな未来社会論を展開していくことになろう。それは、3・11という近代文明の一大分水嶺に立たされたまさに今、少なくとも近代の淵源に立ち返り、もう一度、人間が、なかんずく人間の精神が、そして社会の基層を成す家族と地域がなぜこうも衰退してしまったのか、この根源的な問いに同時に答え得るものでなければならない。そして、一九世紀の未来社会論に代わって、どのような私たち自身の新たなる二一世紀の未来社会論を構築し得るのか。またその展望のもとに、より現実的、具体的な指針となるべき地域構想をどのように描くのか。読者は本書とともに模索していくことになるであろう。

こうする中で、今日の地域の混迷や絶望的とも言える「人口世代構成の歪み」の真の原因とその本質も、その意味するところも、そして何よりも今日の社会の閉塞状況を打開する糸口も、歴史の長いスパンの中で明らかになってくるに違いないと思っている。この至難の営為の中にこそ、人間の本源的とも言える絶えざる探求心と創造の喜び、生きる力を見出すに違いない。

第一章

二一世紀未来構想の問題意識、求められるその方法論の革新

今から一一〇年ほど前、二〇世紀をむかえて間もない一九〇四年二月、日本はロシアに宣戦布告、日露戦争がはじまった。そして二一世紀一〇年代の今もなお、世界では醜い利権をめぐる凄惨な戦争は絶えることがない。

たしかに二〇世紀は戦争ではじまり、無惨な殺し合いに明け暮れた時代であった。しかし、それでも二〇世紀は、戦争と革命の世紀ともいわれているように、絶望一色に塗りつぶされていたわけではなかった。イギリス産業革命の進展にともなう人々の新たな苦悩の中から、一九世紀、人類は近代資本主義を超克するという人間解放の壮大な理念と目標を見出し、それを理論と思想にまで高めた。二〇世紀、人々が貧困の苦しみと戦争の惨禍に喘ぎながらも何とか生きていけたのは、一九世紀後半、人類が到達したこの崇高な理念と目標があったからではないだろうか。

しかし、二〇世紀末のソ連社会主義体制の崩壊によって、人類のこの崇高な夢への実験は挫折し、夢ははかなくも破れ去った。そして二一世紀をむかえた今、私たちは、人類普遍の理念と目標不在の、海図なき時代を生きていかなければならなくなったのである。

人間が明日を失った時、それがどんなに惨めなことになるかは、私たちが生きている二一世紀初頭の今日の時代を見るだけでも十分に頷けるはずだ。人々は、欲望のおもむくままに功利を貪り、競い、争い、

果てには心を傷つけ合う。国家も「正義」の名において戦争を煽り、多くのいのちを奪う。その醜い争いや残虐極まりない自己の行為を隠蔽し正当化するために、個人のレベルでも、国家のレベルでも、虚偽と欺瞞が世の中に蔓延していく。そして、この倫理喪失のスパイラルはとどまることを知らず、人間を苦しみのどん底の深い闇の中へと沈めていく。これほど大がかりに、しかも構造的に人間の尊厳が傷つけられ貶められた時代も、ほかになかったのではないだろうか。

今、幼い子供たちは、その小さな心を痛め、声にもならない悲痛な叫びをはりあげ必死にシグナルを発している。

1 末期重症の資本主義と機能不全に陥った近代経済学
―二一世紀未来社会論のさらなる深化のために―

近代を超えて遥かな地平へ

わが国は二〇一一年三月十一日、巨大地震と巨大津波、そして福島第一原発事故という未曾有の複合的苛酷災害に直面した。

この近代文明終焉の分水嶺とも言うべき歴史の一大転換期に立たされた今なお、相も変わらず大方の評者、なかんずく主流派を自認する経済学者やエコノミストは、広く市井の人々を巻き込む形で、従来型の金融・財政上の経済指標や経済運営のあれこれの些細な操作手法に固執、埋没し、目先の利得に一喜一憂する実に狭隘な議論に終始している。

まさにこうした昨今の憂うべき時流にあって、マクロ経済学について門外漢である著者としては軽率との誹りは免れようもないが、敢えて本論に入る前に、最近出版された金子貞吉著『現代不況の実像とマネー経済』（新日本出版社、二〇一三年）などを参照しつつ、自分なりに近代経済学の辿った歴史の展開過程とその性格を見極め、整理しておくことにした。このことによって同時に、アベノミクスの淵源とその本質も自ずから明らかになってくるはずである。

この作業を通じて、これまで以上に今日のアベノミクスなるものが、近現代史のグローバルな視野からも明確に位置づけられ、その本質も自ずと明瞭になってくるだけではなく、実は、二一世紀未来社会論を今後深めていく上でも、それは避けてはならない大切な作業の一つになってくることに気づかされる。この作業は、今、緒についたばかりの初歩的な段階にとどまっているが、今後あらためて機会を得てさらに進めていきたい。

近代経済学の理論とその手法の特徴は、ごく限られた幾つかの経済指標によって予定されるいわば極端に矮小化された「経済的虚構」なるものとの照合によってのみ、社会の現実の動向を検証しようとしてきたところにある。この方法では、今日の社会の構造的矛盾の実態を明らかにすることは不可能であろう。今もとめられているものは、まさに人間社会そのものの全一体的《ホリスティック》でリアルな「社会的実体」との直接的照合・検証の方法の模索である。まさにこの新たな方法とは、本章の「3　二一世紀未来社会論、その方法論の革新」で述べる革新的「地域研究」としての「地域生態学」が意味するところのものである。この方法によって、二一世紀の時代の要請に応えうる未来社会論構築の新たな糸口も見えてくるはずである。その具体的内容とその拠って立つ思想は、本書の各章によって逐次、明らかにされていくことになろう。

新古典派から抜け出たケインズ理論

二〇世紀に入っても不況、恐慌は繰り返され、働きたくても雇用がないという事態が相変わらず続いていた。一九二九年の世界大恐慌を経験したケインズは、マーシャルらケンブリッジ学派(新古典派)の伝統的な経済学では失業の発生は説明できないし、その対策も出てこないと考え、新しい経済理論をつくり上げることになった。

一九三六年に出版されたケインズの主著『雇用・利子および貨幣の一般理論』は、その中で経済学の「パラダイム」を示した。後にこれが「ケインズ革命」と呼ばれることになるのであるが、経済全体を総量的に捉え、雇用、生産、消費、投資、政府支出、貨幣供給量といった集計された量を変数として、その相互関係、因果関係を考え、モデルを作り、そこからある変数を動かせば、どんな効果が生ずるか、したがって「どんな政策をとればよいか」についての明快なノウハウを示してくれるマクロ経済学を構築したということが、「ケインズ革命」の主な中身になっている。

ケインズはこうしたモデルから、政府が財政支出を増やすことで総需要を拡大する政策が有効だという結論を引き出している。ケインズ理論では、不況は需要不足にあるとみる。不況下では、生産設備や労働力は余っているのだから、供給面ではなく、需要不足に対処しなければならないとする。需要不足という時には、需要は消費財需要と資本財(投資財)需要であるが、投資財不足に主眼をおく。したがって、需要を増やすのは、投資需要を増やすことである。政府が赤字国債を発行してでも公共事業を起こし、投資財を購入することとしている。そこに雇用が増えて、乗数効果(派生的な需要拡大)が作用して消費も増える。このように、不況対策として、消費を直接拡大するのではなく、財政出動をもって遊休の投資財を公共事業に使い、フル稼働すればよいとしたのである。

資本主義は、病気になることもある。治療を誤れば、命取りになることもある。一九三〇年代の大不況は、そのことを教えてくれた。人体（経済）のメカニズムについて正しい知識を持ち、その上で治療法を編み出さなければならない。……これがケインズの立場であった。そしてケインズは未来を予測して、「大きな戦争も人口のきわだった増加もなければ、百年以内（筆者註、二〇三〇年頃まで）に経済的問題は解決されてしまうか、あるいは少なくとも解決のめどが立っているだろう。このことは、未来のことを考えてみると経済上の問題は人類にとって永遠の問題ではないことを意味している」とも述べている。これは、あまりにも楽観的に過ぎる見解と言うほかない。ここにも資本主義そのものを永遠不変のものと見ているケインズの歴史観が垣間見られる。

ところでケインズは、新古典派の「貨幣数量説」を脱するために、「流動性選好説」を考え出した。貨幣を「貨幣数量説」のような単に実物経済の流れの仲介役と見るのではなく、実物から離れて動く独自の機能を持つものという新たな知見を加えた。それは債券の売買という債券市場の発達が背景に現れたからである。

ケインズは、「貨幣数量説」から抜け出て、投資は資本の限界効率（投資が将来どれだけの収益を生むかの利益率）と資金調達コストである利子率とが等しくなる水準で決まる、とした。これが新古典派から抜け出した新しい視点であり、ケインズの現実認識の優れた点であると言われている。二〇世紀になると株式や債券等の債券市場が発展して、そこで利子率が独自に動いていた背景を直視したからである。過剰資本が形成されて資金が実物投資に回されるだけでなく、債券市場に回り、その市場における資金の需給によって利子率が決まると考えた。まさにこの安易で手っ取り早い収益の新回路の発達が、今日恐るべき勢いで「経済の金融化」を押し進め、実物経済を撹乱し破綻へと追い込んでいる元凶なのである。

経済の金融化と新自由主義、マネタリズムの登場

一九六〇年金相場が暴騰し、ドルは事実上暴落する。西欧諸国は金を選好し、アメリカからは金が流出する。アメリカ自体も実体経済が落ち込んで、輸出競争力を失い、貿易収支を赤字化する。こうした経過を辿って、一九七一年ニクソン大統領が一方的に金・ドル交換の停止に踏み切った。これをきっかけに各国通貨は変動相場制に移行していく。こうして金融主軸の経済が成立するのは一九七〇年代であるが、貨幣が本来の姿から脱皮して管理通貨となり、信用通貨が膨張する土壌が成立したからである。各国通貨は相対的な価値評価を受けて存立するだけで、信用通貨のこの不安定性が新たに矛盾を生み出すことになる。

国際通貨が変動相場制に転換し、オイルショックに遭い、世界中で景気が後退するのに物価が上昇するという、これまでに見られなかったスタグフレーションに見舞われた。不況なのにインフレーションという相反する二つの要素が同時に起きる未経験の時代である。戦後の繁栄がこのスタグフレーションによって崩れる中、第二次世界大戦後の安定に役立っていたケインズの有効需要政策に疑問が呈されることになる。ケインズ政策をとる政府の介入は経済の活性化をなくし、物価上昇を招いたとする批判である。ケインズ経済学にとって代わってアメリカで勢力を得たのが、いずれも同根であるが新自由主義、構造改革派、サプライサイド・エコノミクス、マネタリズム等々である。

新自由主義は、市場原理主義あるいは構造改革派とも言われ、ケインズが否定した新古典派経済学への復帰である。それは政府の経済関与を否定する考え方であり、市場に任せよと「大きな政府」に反対し、自助努力、規制緩和や民営化を主張する考え方である。失業は需要不足にあるとするケインジアンの考え方とは逆に、供給サイドに起因すると考える。新規の経済分野を開拓するために規制緩和をすれば、雇用が増えて経済が復活するという考えである。日本にも一九八〇年代から広がり、民営化、規制緩和が次々実施されてきた。

マネタリズムは、スタグフレーションが発生したのはケインズ主義の失敗であるとみる。政府が不況対策の名のもとに財政肥大化を起こし、通貨膨張になったとみる。そこで、インフレを退治するために通貨の発行量を調節するという方策を採る。その中心人物で、後にノーベル経済学賞を受けたフリードマンが主張した。そのもととなっているのは、古典派経済学の「貨幣数量説」で、その装いを替えて当時の経済的混乱に対処しようとした理論である。

マネタリズムが一挙に広がったのは、当時のアメリカの国内産業が衰え、経済が金融化したことを背景にしている。事実、一九七〇年代半ばからアメリカで新しい金融商品が開発される。長期金利と短期金利の差額から収益をつくり出す金融派生商品（デリバティブ）が広がる。それらはもともとリスク回避策であるが、同時に金融的利益の手段となり、ＩＴ技術の発展と組み合わされてアメリカの新たな収益構造をつくり上げてきた。

貨幣が金から切り離されて、信用通貨あるいは管理通貨となったので、貨幣が自由に供給できる仕組みが発達してきた。そういう通貨を自由に発行できる環境で、アベノミクスのブレーンは「貨幣数量説」を復活させて、リフレ派と自称するように、不況は通貨現象であると主張してインフレに持ち込もうとしている。

二〇世紀末になると、世界が金融膨張を続けた結果、金利が低下して、金利操作による経済政策が効果を持たなくなる時代が出現する。一九九〇年頃、ポール・クルーグマンが登場する。彼は「流動性の罠」という状態に日本は陥っているから、そこから抜け出すことがデフレ対策であると主張する。クルーグマンはこの「罠」の視点で日本の長期不況状況を解き明かす。その対策として大々的な金融緩和を提案したので、日本の経済学者やエコノミストに信者が増えて、今やアベノミクスの論拠となった。「流動性の罠」とは、利子率が極限までに下がって一定水準以下になり、通貨が滞留する状態を言う。一般には、利子率が低下すると、民間投資や消費が増加すると言われてきたが、極端に低下すると投資の利子率弾力性も低下（投資量が変動しなくなる）してしまい、金融緩和の効果が見られなくなる。利子率がゼロ近辺まで下がり、「流動性の罠」にはまると、金利がそれ以下に低下しないので、人々は低利子に魅力をなくして貨幣のままで保有しようとして、流動性選好がなくなるという。この「罠」に入ると、証券類は収益がないか低すぎるので、貨幣を証券に投資する意欲をなくし、デフレスパイラルから抜け出せなくなると指摘する。そこでクルーグマンは、名目金利を引き下げることができないのであるから、実質金利を引き下げるしかない。国民に「将来、インフレが起きる」と確信させることができれば、「流動性の罠」から抜け出すことができると主張する。

この提案の原形は、「実質金利＝名目利子率－期待物価上昇率」というフィッシャー効果の考えにある。期待インフレ率が上がれば、この式では実質金利を下げることができる。実質金利という現存しない将来値なら、マイナスにすることができるという妙案である。物価上昇率が大きくなれば、確かに実質金利はマイナスになる。要するに、インフレになると誰も思うようになれば、保有する貨幣価値が将来は下がることになるので、貨幣を放出するようになるだろう。貨幣を保有しようという動機が低下し、ものを買うようになるので、デフレを脱することができると考える。

さらにクルーグマンは、実施案として日銀の買いオペを推奨する。「日本銀行が従来とは異なる資産を買い入れるオペを行うことだ。それによって、さらに追加的な流動性（資金）を市場に注入するのである」「日本銀行は外貨や長期国債を買い入れ、インフレターゲットと為替相場のターゲットを設定し、……日本銀行が取りうる手段は、すべて取るべき」と言う。黒田日銀総裁の就任会見も、そっくりの口ぶりであった。つまり要約すれば、インフレ状態にすれば手持ちの資金が吐き出されて証券投資に向かう。そのために、日銀に積極的に買いオペをさせて通貨を増やし、通貨価値を下げる。そうすればインフレになり、デフレ脱却になると断言している。

クルーグマンは著書『恐慌の罠』（二〇〇二年）で「インフレターゲット論」を主張して、日本経済分析の第一人者ということで影響力が大きく、日本に信者が多いと言われている。ただし彼は単純なマネタリストではない。アメリカでの国民健康保険制度の導入に賛成し、失業対策にも積極派である。ケインズ的な財政出動にも賛成派であり、いわゆる「大きな政府」も認めている。そして、こちこちの市場論派とは違って、規制を一定程度認めている。しかし、日本の現状についてどこまで全体像を掴んでの提案か疑問である。二〇〇六年まで日銀が量的緩和をしてもデフレ脱却できなかった事実や、アメリカやEUでの金融破綻の実態には直接責任を持つとまでは言えないにしろ、アベノミクスの理論的支柱となれば、今度は日本の事実によって、彼の理論の本質は完膚なきまでに検証されることになるであろう。

暴走するマネー経済と疲弊する現実社会

今日では金融資産が驚くほど肥大化している。一般に不況過程では実物資産の増加は停滞するのであるが、金融資産は今なお増大している。高度経済成長までは、実物資産と金融資産とは同量の増加傾向をとっていた。それが二〇一一年度では金融資産が約六〇〇〇兆円に達し、実物資産の約二倍強になっている。ここにも「経済の金融化」が示されている。

二一世紀はマネーに狂奔する時代となった。株式、投資信託、不動産投資信託等々、何とも多くの金融商品が出回っている。これらの利益はすべて金融的変動の下で形成される。そして、新たな買い手を登場させなければ、新しい空気を供給しなければ、自らは窒息してしまう。一九九〇年代は日本のバブル崩壊であり、一九九七年タイの通貨暴落からはじまるアジアの通貨危機、二〇〇七、二〇〇八年にアメリカのサブプライムローンを抱えて破綻したリーマンショック、二〇一〇年ギリシャのカントリーリスクによるEUの金融危機、これらの経済的崩壊現象は、すべて地球規模で「経済の金融化」を極度に押し進めてきた当然の帰結であった。

わが国では一九六二年、国土を総合的に利用・開発・保全し、産業立地の適正化を図るという総合的かつ基本的な計画として、「全国総合開発計画」が策定された。今、「五全総」の時代であるが、もはや開発機能も再生機能も失っている。この状態を五〇年以上続けてきたのであるが、一九九〇年のバブル崩壊後、国家財政の厳しさと国民による公共工事批判の声に押されて、公共工事は縮小されていく。地方経済が公共事業に依存する体質を長年にわたってつくりあげてきたのであるから、カンフル剤が減らされると地方が急速に疲弊していくのは当然の成り行きであった。

小泉構造改革のもとで、二〇〇二年「三位一体改革」が提案されて、新自由主義路線に沿って公共事業の縮小、社会保障の増額抑制、「小さな政府」にする方策がとられた。財政出動は無駄な公共工事を増やすだけで、景気刺激効果はないという見解であった。いわゆるケインズ政策批判である。小泉政権は公共事業の経済効果がなくなり、財政が行き詰まったので、やむなくこれを縮小する方向をとったものの、それは代替策のない地方の切り捨てであるから、これまでにも増して地方経済を悪化させてしまった。

もともと地方で雇用を吸収する産業は、農林水産業のような第一次産業の家族小経営であり、その他非農林水産業基盤の自営業や、中小企業の製造業、生活密着型の流通・サービス業である。高度経済成長以来、これらの産業を育成する政策は放置して、公共事業による土木・建設業をもって地方経済を変質させてきた。そこへ小泉構造改革は追い討ちをかけるようにして産業の空洞化を促進させ、これら多種多様な中小・零細の雇用産業を衰退させ、若者が住める場所を地方から奪ってしまった。地方都市では大型店舗の進出によって、商店街は見るも無惨にさびれていった。

この間、雇用の不安定化が進行し、今や非正規雇用は就労者の四割に達し、特に若者世代では半数にもおよぶ。正社員の平均年収四一〇万円に対して非正規雇用の平均年収は一一〇万円となり、何とその格差は三〇〇万円にもなっている。正社員であっても、国際的な産業構造の変化に伴い、もはや安泰とは言えない不安に苛まれている。一方、福祉・年金・医療・介護など、庶民の最後の砦ともいうべき社会保障制度は、機能不全に陥り、破綻寸前にある。競争と成果主義にかき立てられた過重労働、広がる心身の病。自殺者が一四年連続年間三万人を超える現実。家族や地域は崩壊し、子どもの育つ場の劣化が急速にすすんでいる。雇用破壊は実に深刻な問題を人間精神と社会の根深いところにまで広げている。

高度経済成長と一九七〇年代からはじまった「経済の金融化」の過程で、日本の国土の産業構造と社会の体質は根底から大きな変質を遂げていったのである。

近代経済学を超えて、草の根の二一世紀未来社会論を

この際、古典派、新古典派、ケインズ理論、新自由主義に至る百数十年間の経済学の歩みを一括して近代経済学として捉えるならば、まさにそれは、マルクス経済学とは異なり、人類史的長期展望に立った歴史観の欠如を特徴としている。したがって、資本主義経済を所与のものとして捉え、その本質を問わず、その下での原因結果の「精密科学」を志向しようとするために、部分に埋没して総体を見失い、今日の体制を無批判的に受け入れるという致命的な弱点を持っている。そしてそれは、金融および財政の枠内での分析手法とあれこれの処方操作に特化した、実に狭隘な市場経済論に収斂して行かざるを得ない宿命を背負わされている。その結果、極端なまでの「経済の金融化」を許し、それを増長させてきたこれら近代経済学の根底に流れる思想は、プラグマティズムの思想とも言うべきものであり、人間欲望の絶対的肯定である。これに深く根ざしたこの経済理論は、結果的には人間の欲望を無限に肥大化させ、人間精神をことごとく荒廃へと導き、果てには世界を紛争と戦乱の液状化へと陥れていく震源地にほかならない。このことは、今日の世界の現実を直視さえすれば頷けるはずだ。

ここでは、近代経済学を特にケインズ理論とその批判として現れてきた新自由主義を中心に、その特徴をきわめて大づかみに概観してきた。なかでも、近年顕著に日本経済への提言を行ってきたポール・クルーグマンの最近の一連の著書（『恐慌の罠』、『世界大不況からの脱出』、『そして日本経済が世界の希望になる』）

を吟味するならば、その主張の主な内容は、デフレスパイラルに陥っているのであれば、国民に「将来、インフレが起きる」と確信させ、実質金利を下げることによって、「流動性の罠」からの脱出は可能であるとしている点に集約される。新古典派、ケインズ理論等すでに使い古された金融・財政上のあらゆる手法をない交ぜにして、装いも新たに登場してきた考えであることが読み取れる。そこには、近代経済学の行き着く先の結末が暗示されているとともに、その本質と性格が如実にあらわれている。

ここで一括して概観してきた近代経済学は、その時々の対症療法的処方箋を一時凌ぎに提示し得たとしても、経済・社会そして政治的側面をも全一体的《ホリスティック》に捉え、経済・社会の構造的矛盾を歴史的に分析し、そこから次代の萌芽を発見し、そこに依拠しつつ未来社会を展望する理論にまで昇華することは、その本質から言ってもあり得ないことであった。むしろ資本主義を永遠不変の社会と見なし、それを矛盾の運動体として捉えようとはしないのである。そして現実社会が「末期重症」に陥っていても、自らはこの「永遠不変」の幻想を抱き続け、ひたすら対症療法的延命策に熱中し、社会の体質そのものを根本から変える原因療法を飽くまでも避けようとする。そして、多くの人々にも資本主義の永遠不変性への期待と幻想を振り撒き、主観的意図はともかく、客観的には社会を断崖絶壁の淵へと誘うはなはだ危険な役割を演じ続けてきたと言うほかない。まさにそこに、近代経済学の階級的性格と、そこから来る本質的な限界をみる思いがする。

と同時に、近代経済学が今なお大手を振って罷り通り、その拠って立つ思想が、経済学者やエコノミスト、そして為政者や経済界のみならず、市井の生活の中にまで深く滲透し、人々の日常普段の思考と行動規範を著しく歪めている現状をみるに、冒頭の小見出しにも掲げたフレーズ「近代を超えて遥かな地平へ」、つまり近代を超克する自然循環型共生社会への構想それ自体を阻む私たち自身の足下の思想的土壌が、いかに分厚く、根深いものであるかを思い知らされるのである。

今後、近代経済学を経済思想史的側面からも学説史的に整理・考察し、その限界を明らかにすることは、きわめて大切な課題であると感じている。「末期重症の資本主義と機能不全に陥った近代経済学」という視点からのさらなる作業と考察は、あらためて別の機会を得て、現実社会の具体的な歴史過程と照合しながら検証していきたい。こうした中で、二一世紀未来社会論は、何よりも自然を基底に据え、政治、経済、社会、文化、科学技術、そして思想をも全一体的に捉えたいっそう精緻な理論に深められ、あるべき未来社会への具体的アプローチのプロセスも、より精巧なものになっていくにちがいないと思っている。

☆参考文献

金子貞吉『現代不況の実情とマネー経済』（新日本出版社、二〇一三年）
J．M．ケインズ『雇用・利子および貨幣の一般理論』（東洋経済新報社、一九九五年）
ポール・クルーグマン『恐慌の罠 ―なぜ政策を間違えつづけるのか』（中央公論新社、二〇〇二年）
クルーグマン『世界大不況からの脱出 ―なぜ恐慌型経済は広がったのか』（早川書房、二〇〇九年）
クルーグマン『そして日本経済が世界の希望になる』（ＰＨＰ新書、二〇一三年）
新野幸次郎・置塩信雄『ケインズ経済学』（三一書房、一九五七年）
高橋伸彰・水野和夫『アベノミクスは何をもたらすか』（岩波書店、二〇一三年）

2　一九世紀未来社会論の到達点と限界

人類の歴史を貫く民衆の根源的思想

イギリス産業革命が進行し、近代資本主義が形成される中で生まれてきたロバート・オウエンなどのいわゆる空想的社会主義といわれる一連の思想や、今日では高校の教科書にも記述されている社会主義とか共産主義という用語の根底に流れる思想は、はたして近代に限られた近代の産物であったのであろうか。決してそうではない。

それは、近代以前の古代からも人類史の中に脈々として伝えられ、人々の心を動かし、時には民衆による支配層への激しい抵抗や闘いをよびおこし支えてきた、根源的な思潮ともいえる。それは、私利私欲に走るあさましさ、人間が人間を支配する不公正さ、抑圧される人々の貧困や悲惨さへの憤りに発する思想でもあり、人間の協同と調和と自由に彩られた生活を理想とする人類の根源的な悲願でもあり、したがって、おのずから繰り返し生まれてくる思潮にほかならない。

キリスト教も「貧しきものは幸いなり」とし、私利私欲を堕落とみなし、少なくともその初期には、共有財産による共産主義的教団生活を理想としていた。中世においても、キリスト教の教父たちやスコラ哲学の信奉者たちの中には、人類始原の自然状態における人々の自然権は、私有財産による貧富の差別をともなわず、すべてのものの共有にもとづく公正で自由で平等な生活を実現するものであったと考え、この理想的自然状態を、私有財産成立後の人間の腐敗堕落の状態と対比して発想する人たちが、少なからずいた。

こうした思潮の伝統は、中世末期から、農民一揆を支える思想として、現実的な影響力を示していた。神や仏の前に、人間は本来、平等であり、財産や身分による差別は不当であり、来世での救済だけではなく、この世においても公正で共同的な生活を実現する世直しがなされなければならない、という思想は、ヨーロッパだけではなく、世界各地の宗教の内にあらわれ、時には激しい農民の一揆や反乱を支えた。

日本でも、一五世紀後半から一〇〇年にもおよび、近畿・北陸・東海に広がった浄土真宗門徒による一向一揆、さらには、江戸時代を通じて各地に展開した農民一揆などに、こうした思想が色濃く認められる。江戸中期に『自然真営道』を著した安藤昌益（一七〇三～一七六二）は、自然の営みと「直耕」の人々の生産活動を基本として、共有、皆労、平等の共同生活を「自然世《じねんのよ》」として実現することを呼びかけている。彼の考えは自然生的ではあるけれども、世界史的にも先駆的で独創的な共産主義思想に到達したものであるとして、評価されている。

近代に先だってあらわれた、これらの先駆的な自然権的共産主義思想は、おおくの場合、人類始原の自然状態における、差別や抑圧のない共同的で平等な生活を理想とする見地に立っていた。このような見地から、私有財産とそれをめぐる私利私欲は、身分的な支配隷属関係とともに、人間の腐敗や堕落をもたらすものとして、批判されている。

現存社会の荒廃や抑圧や不公正が、人間の本来あるべき原初の姿と対比して、不自然で歪んだ社会状態であると批判するこの思想は、人間の根源に根ざす普遍的な思想であるだけに、今日までたえず繰り返しあらわれてきたし、これからも繰り返しあらわれてくるにちがいない。そして、その自然権的思潮は、その時代時代の社会と思想の到達水準に照応した新たな内容を盛り込み、新しい形式をととのえて再生されることになる。

太古の人間社会の共有、平等、自由の自然状態を歪めてきたものは、何であり、誰であるのかの疑念が深まれば深まるほど、やがてその考えが科学に転化していくのは、自然の成り行きでもあった。商品経済による有産階層の権利を自然視する啓蒙主義的思想で代替して済まされるものではなかったのである。むしろ、人間に本来的な基本的人権とは何か、自然と人間、人間と人間との関係を律すべき根源的な原則とはいかなるものなのか、資本主義的商品経済のもとでの人間の疎外や自然の荒廃の原因は何なのか、その究明へとむかっていくのである。

マルクスやエンゲルスたちの新たな思想とその理論も、まさにこうした人類史の基底に脈々として流れる自然権にもとづく民衆の根源的な思想を受け継ぎ、さらに一九世紀三〇年代以降のイギリス資本主義の新たな発展と、それに内在する対立・矛盾とを組み込む形で、必然的にあらわれてきたものであるといわなければならない。

一九世紀に到達したマルクスの未来社会論

マルクス・エンゲルスの最大の功績は、徹底した唯物論哲学を基礎に、人類の始原から近代資本主義に至る人類の全史を見通して総括しうる唯物史観を確立し、これを「導きの糸」として、経済学の研究によって資本主義の内的矛盾とその運動を解明し、資本主義経済学の原理論を確立した点にある。

これにひきかえ、意外に思われるかもしれないが、マルクスやエンゲルスの膨大な著作の中には、未来社会についての具体的で詳細な体系的プランはなく、ごく簡単にしか示されていない。マルクス以前のロバート・オウエンやサン・シモン、フーリエなどによるユートピア的社会主義が、未来社会の詳細な設計図を描いていたのに比べ、あまりにも叙述が少ないことについては、これまでにもしばしば指摘されてきたところである。このことは、マルクスやエンゲルスの研究の目的・課題の焦点が、当時の状況においてどこにあったのかということにも、おおいに関連しているように思われる。それは、マルクスにとっては、ヘーゲルの観念論哲学とその社会観の批判からはじまって、さらに、それに対置する唯物史観を確立し、それを「導きの糸」として経済学の本格的な研究に取り組み、資本主義の運動法則を徹底的に解明することが最大の目的であり、またその時代がマルクスに要請した最大の課題でもあったからである。

それから、もう一つの理由は、今から百数十年前の一九世紀の後半には、すでに資本主義は確立していたものの、まだ発展途上にあったということである。マルクス自身の理論からしても、社会革命は資本主義に内在する法則にしたがい、生産力の一定の高まりによって生産関係が変革されること、また変革主体としての労働者階級の質と量の一定の発展水準を待たなければならないこと、こうした諸条件が具体的に把握できていない段階で、未来社会の具体的プランや見取図を詳細に提示すること自体、慎重であるべきだという考えに基づいていたのである。

たしかにマルクス・エンゲルスは、人類史を総括し、資本主義社会の運動法則の解明を通じて、社会主義・共産主義への移行の必然性を明らかにすることによって、資本主義にかわる未来社会への壮大な展望を示すことができたのであるが、未来社会についての具体的で詳細な設計図やプランの提示には、今述べたような理由から極めて慎重であったのは確かである。しかし、未来社会の問題に全く触れていなかったわけではない。

マルクスとエンゲルスの共同執筆による初期の歴史的文書『共産党宣言』（一八四八年）の中には、資本主義にかわる未来社会についての大まかではあるが比較的まとまった叙述がある。

その中では、まずはじめに、今日までのあらゆる社会の歴史は、階級闘争の歴史であるとおさえた上で、労働者革命の第一歩は、労働者階級を支配階級にまで高めること、民主主義を闘いとることであると述べている。そして労働者階級は、資本家から次第にいっさいの資本をうばいとり、いっさいの生産用具を、国家すなわち支配階級として組織された労働者階級の手に集中し、生産諸力の量をできるだけ急速に増大させるために、その政治的支配を利用するであろうと述べている。

もちろんこのことは、はじめは所有権と資本主義的生産諸関係への専制的な規制を通じてのみ、おこなわれるものであり、したがって、これらは経済的には不十分で、長もちしえないように見えるが、運動がすすむにつれて自分自身をのりこえて前進し、しかも全生産様式を変革する手段として不可欠であるような諸方策によってのみおこなわれるのである、としている。

これらの方策は当然、国によって色々であろう。しかし、最もすすんだ国々では、次のような諸方策がかなり全般的に適用されるであろうとして、一〇項目の方策を具体的に挙げている。

その後も、マルクスは断片的ではあるが、未来社会論に触れて自身の見解をさまざまな形で述べているが、「生産手段の社会的規模での共同所有を基礎におく、社会的規模での共同管理・共同運営」によって、資本主義の根本矛盾を克服し、未来社会を展望するというこの『宣言』の基本線は崩していないと見るべきであろう。

ところで、「上からの統治」の思想は、古代奴隷制にはじまり、中世農奴制、近代資本主義、そして今日においてもそうなのであるが、人類が長きにわたって引き継いできた根強い負の思想的遺産である。それはもともと支配層に固有の思想でありながら、民衆の心の中にも深く浸透し、その時々の時代相応の内容を組み込む形で強化され、支配、被支配層双方が相俟って、古い支配体制を実に執拗に繰り返し再生産してきたのである。残念ながら一般民衆もいつしかそれに馴らされてしまい、今や当たり前の常識にすらなってしまった。一九世紀の未来社会論、特にマルクス・エンゲルスの初期の著作にあたる『宣言』は、母胎とも言うべき近代からの訣別を意図しながらも、前代からのへその緒を依然として引きずり、「上からの統治」の思想を払拭しきれずに、その母斑を色濃く留めていると言わざるを得ない。

近代社会の本質は資本と労働の対立構図にあり、近代を超克するとは、最終的には資本と賃労働の両者を克服し止揚することなのであるが、結局、一九世紀の未来社会論においては、前近代からの負の遺産であるこの「上からの統治」の思想を完全に払拭しきれずに、専制的独裁への契機を孕む「生産手段の社会的規模での共同所有を基礎におく、社会的規模での共同管理・共同運営」という道を不覚にも導入することを許し、まさにそれに依拠した「上からの資本の廃絶」を先行させるものになっている。その結果、それがその後の二〇世紀の現実の社会主義形成期においても、民主主義の欠如と専制的独裁体制を生み出す理論的根拠ともなり、やがて体制崩壊へと導く重大な契機ともなった。

一九世紀未来社会論に代わる私たち自身の二一世紀未来社会論を

一九世紀、マルクスやエンゲルスたちにとって、歴史観の探究とその構築（人類史総括としての歴史学研究）は、経済学研究の導きの糸であった。その意味で歴史観の構築と経済学の研究は、紛れもなく車の両輪となっていた。

こうした包括的で全一体的《ホリスティック》な研究の成果から自ずと導き出された一九世紀のマルクス未来社会論（生産手段の社会的規模での共同所有に基礎をおく共同管理・共同運営によって、資本主義の根本矛盾を克服し、未来社会を展望する）は、一九世紀から二〇世紀に生きる人々にとって、それがその後どんな結末をもたらしたかは別にしても、時代の行く手を照らし出す光明となって、確かにある時期までは夢と希望と生きる目標を与え、現実世界をも動かす原動力となっていたことは間違いのない歴史的事実であろう。

しかし、二〇世紀末のソ連、東欧、モンゴルをはじめとする社会主義体制の崩壊という歴然たる事実によって、そして何よりもマルクス未来社会論が提示されてからおよそ一七〇年という歳月を経た世界と社会の大きな変化によって、資本主義超克としての一九世紀未来社会論の理論的限界は、一気に露呈することになった。

その原因は、先にも述べたように、前近代からの負の遺産とも言うべき「上からの統治」の思想を払拭しきれなかった「生産手段の社会的規模での共同所有を基礎におく、社会的規模での共同管理・共同運営」という、一九世紀未来社会論の核心そのものに胚胎していたと言えよう。端的に述べるならば、家族小経営を軽視し、人間のいのちの再生産に最低限度必要な土地や生産用具、つまり生産手段を人間から切り離したまま、根なし草同然の賃金労働者の大群を一国規模のピラミッドの土台の底部に据えおいた状態で、社会的規模での共同所有を重視するあまり、それを優先・先行させること自体に問題があったと見るべきである。自立の基盤を失い、自己鍛錬と自己形成の小経営的基盤を失った人間は、個性の多様な発達の条件をも奪われ、長期的に見れば人間の画一化の傾向を辿らざるをえない。こうした社会的土台は、中央集権的専制支配を許す土壌に転化する危険性を当初から孕んでいることになる。

本書で提起することになる二一世紀未来社会論を貫く問題意識は、まさにこの点に刮目したところにある。つまり、今ではすっかり常識となった、近代の落とし子とも言うべき根なし草同然の賃金労働者という人間の社会的生存形態そのものから問い直すよう迫られているのである。二一世紀の今求められているのは、専制的独裁への契機を孕む「生産手段の社会的規模での共同所有を基礎におく、社会的規模での共同管理・共同運営」を性急に導入し、それに依拠して「資本の上からの廃絶」を先行させる道ではなく、あくまでも「労働主体そのものの下からの変革」を先行させることによって、「資本と労働の対立構図」を止揚し、未来への展望を切り開くことなのである。

すなわちそれは、賃金労働者と生産手段（生きるに必要な最低限度の農地と生産用具と家屋等々）との再結合を果たすことによって、根なし草同然の賃金労働者そのものを変革し、抗市場免疫の新たな自律的な人間の社会的生存形態（「菜園家族」）へと止揚すること。これによって、社会の基層に沈滞し、崩壊寸前にある地域コミュニティの再生を現実のものとし、その潜在能力の最大限の発揚を可能にする。これこそが、民衆自身による近代超克の社会変革にとって、避けてはならない主体形成の過程なのである。

この過程を閉ざした遠因は、一九世紀未来社会論の先の核心部分にあると言っていい。これは、今日の世界にも通底する問題でもある。近代の悪弊とも言うべき「お任せ民主主義」を助長し、草の根民主主義の芽をことごとく摘み取り、なかんずく先進資本主義国の今日の民主主義の衰退と堕落を生み出した遠因もここにある。

二〇世紀も終わり二一世紀初頭の今、私たちは、3・11の巨大地震と巨大津波、東京電力福島第一原子力発電所の苛酷事故という未曾有の大災害を境に、社会が大きく転換する時代の奔流のまっただ中に立たされている。精彩を失ったかつての一九世紀未来社会論に代わる二一世紀の私たち自身の新たな未来社会論を今なお探りあぐね、人々は、不確定な未来と現実の混沌と閉塞状況の中で、明日への希望を失っている。まさに今日、二一世紀全時代を貫き展望するに足る未来像の欠如こそが、東日本大震災の被災地の復興のみならず、日本のすべての地域再生の混迷にさらなる拍車をかけ、そこに生きる人々を諦念と絶望の淵に追い遣っている。この地域の現実と労働の現場に気づかなければならない。私たちは、いつ止むとも知れぬ暴風雨の荒れ狂う大海を羅針盤なしで航海を続け、さ迷っているといってもいい。

手をこまねきそうこうしているうちに、現実は容赦なく進行していく。市場原理至上主義「拡大経済」のもと新自由主義的思潮の奔流に巻き込まれ、生命の源ともいうべき自然は破壊され、人間生活の基盤となる家族と地域はいよいよ土台から揺らぎ、ついには崩壊の危機に晒されていく。生産力至上主義のもと科学技術と市場原理主義が手を結ぶ時、人間社会は止めどもなく暴走し、結局その行き着く先は人類破滅の恐るべき結末になるのだということを、何よりもフクシマは決してあってはならない自らの惨状をもって、私たちに警告したのではなかったのか。今こそ一刻も早く近代の「成長神話」の呪縛から解き放たれ、やがて来る未来のあるべき姿を確かなものにしなければならない。

かつての一九世紀未来社会論の優れた側面を継承しつつも、その限界を克服し、イギリス産業革命以来の近代を超克する二一世紀の未来社会論としても同時に成立し得る私たち自身の「二一世紀の社会構想」をいよいよ深めていかなければならない時に来ている。そのためには何よりもまず、今日の日本社会と世界の行き詰まったこのどうしようもない現実そのものに向き合い、これまでの思考と方法を根源的に問い直すことから再出発するよう迫られているのである。

3　二一世紀未来社会論、その方法論の革新

二一世紀の今日にふさわしい新たな歴史観の探究を

こうした時代認識に立つ時、二一世紀の新たな未来社会論の構築に先立って、今、何よりも切実に求められているものは、一九世紀近代の歴史観に代わる新たな歴史観の探究であり、確立であろう。それはとりもなおさず、大自然界の摂理に背く核エネルギーの利用という事態にまで至らしめた少なくとも一八世紀以来の近代主義的歴史観に終止符を打ち、二一世紀の時代要請に応えうる新たな歴史観を探究することであろう。そして、新たに構築されるこの歴史観と、そこから自ずと導き出される「革新的地域研究」に裏打ちされた新たな「経済学」とを両輪に、二一世紀の未来社会論は確立されていく。

大自然界の摂理に背く核エネルギーの利用に手を染め、恐るべき惨禍を体験するに至った私たちは、自然と人間、人間と人間の関係をあらためて捉え直すよう迫られている。それにしても、大自然界と人間社会をあらためて統一的に捉え直そうとするならば、宇宙、地球、そして生命をも包摂する大自然界の生成・進化を貫くきわめて自然生的《ナチュラル》な「適応・調整」（＝自己組織化）の原理（本書の第十二章で詳述）が、私たち人間社会にも、その普遍的原理として基本的には貫徹していることに気づかされるのである。

しかし、人類は大自然の一部でありながら、ある時点からは他の生物には見られない特異な進化を遂げ、ある歴史的段階から人間社会は、自然界の生成・進化を貫く原理、すなわち「適応・調整」の普遍的原理

とはまったく違った異質の原理、つまり「指揮・統制・支配」の特殊原理によって動かされてきた。人間社会の業の深さを思い知らされるのである。

今こそ広大無窮の宇宙の生成・進化の歴史の中で、あらためて自然と人間、人間と人間の関係を捉え直し、私たち人間の社会的生存形態を根源から問い直す必要に迫られている。そして、市場原理至上主義「拡大経済」下の今ではすでに常識となっている現代賃金労働者《サラリーマン》という人間の社会的生存形態とは、一体いかなるものであるのか、生命の淵源を辿り、人類史という長いスパンの中でもう一度、その性格と本質を見極め、その歴史的限界を明らかにしなければならない。賃金労働者という人間の社会的生存形態を暗黙の前提とする近代の思想と人間観が、当初の理念とは別に、現実生活において結局は人々をことごとく拝金・拝物主義に追いやり、人間の尊厳を貶め、人間の生命を軽んじてきたとするならば、今こそそれを根本から超克しうる「生命本位史観」ともいうべき二一世紀の新たな歴史観の探究に着手しなければならない時に来ている。それはまた、人間社会を壮大な宇宙の生成・進化の歴史の中に位置づけ、それを生物個体としてのヒトの体に似せてモジュール化して捉えるならば、「社会生物史観」（本書の第十二章の項目「自然界の普遍的原理と二一世紀未来社会」に詳述）とも言うべきものなのかも知れない。

この新たな歴史観に基づく未来社会論の探究は、まさに諸学の革新の大前提となるべき学問的営為であるが、その研究状況は、時代が求める切実な要請からはあまりにも遅れていると言わざるをえない。しかし、この営為を抜きにしては、今日求められている本当の意味でのパラダイムの転換はありえないであろう。特に時代の大転換期においてはなおのこと、社会理論の再構築は、具体的現実から出発し、抽象へと向かうものでなければならない。専ら抽象のレベルから抽象へと渡りながら、抽象レベルでの概念操作 ― 概念間の連関性や整合性のみの検証に終始し、それを延々と繰り返すいわば訓詁学的手法だけでは、新たな時代に応えうるパラダイムの転換も、それに基づく新たな理論も生まれるはずがない。

今こそ二一世紀の具体的現実世界に立ち返り、そこから再出発し、何よりもまず二一世紀の新たな歴史観の探究と構築に努め、それを導きの糸に、新しい時代の要請に応えうる広い意味での「経済学研究」、そして「革新的地域研究」にあらためて取り組まなければならない。こうした努力の延長線上に、わが国の現実に立脚した、まさに二一世紀私たち自身の草の根の未来社会論は再構築されていくにちがいない。

こうした問題意識のもとにここ一六年来提起してきたのが、本書で述べることになる二一世紀の草の根の未来社会論としての「菜園家族」構想、つまり抗市場免疫の「菜園家族」的自律世界の構築であり、自然循環型共生社会への道なのである。

未来社会論の基底に革新的地域研究としての「地域生態学」を据える
― 二一世紀社会構想の変革のために ―

ところで、私たちが生きている現代社会は、分かり易く単純化して言うならば、「家族」、「地域」、「国」、「グローバルな世界」といった具合に、多重・重層的な階層構造を成している。最上位の階層に君臨する巨大資本が、あらゆるモノやカネや情報の流れを統御支配する。そしてそれは、それ自身の論理によって、賃金労働者という根なし草同然の人間の社会的生存形態を再生産するとともに、同時に社会のその存立基盤そのものをも根底から切り崩しつつ、この巨大システムの最下位の基礎階層に位置する「家族」や「地域」の固有の機能をことごとく撹乱し、衰退させていく。このことが今や逆に、この多重・重層的な階層システムの巨大な構造そのものを土台から朽ち果てさせ、揺るがしている。まさにこれこそが、機能不全に陥った近代経済学と治療の術を失った末期重症の現代資本主義の姿ではないのか。これが今日のわが国社会の、そして各国社会の例外なく直面している現実である。

人間社会の基礎代謝をミクロのレベルで直接的に担うまさにこの「家族」と「地域」の再生産を破壊する限り、人間社会のこの巨大な構造は、決して安定して存在し続けることはあり得ない。そうだとすれば、社会の大転換の時代にあってはなおのこと、経済成長率偏重のこれまでの典型的な「近代経済学」の狭い経済主義的分析では、こうした現代社会の本質をより深層からトータルに把握し、その上で未来社会を展望することは、ますます困難になっていくにちがいない。

私たちは今、このことに気づかなければならない。二一世紀未来社会論構築のためには、こうした時代の変革期に差しかかっているからこそなおのこと、現代社会のこの巨大な構造の最下位の基礎階層に位置する「家族」や「地域」から出発して、それを基軸に社会を全一体的《ホリスティック》に考察する、今日の時代に応えうる「革新的地域研究」が、いよいよ重要不可欠になってくる。

では、そもそも「地域」とは、そして二一世紀の今日の時代が求めている「革新的地域研究」とは一体何なのであろうか。今、あらためて考え直さなければならない時に来ている。

「地域」とは、自然と人間の基礎的物質代謝の場、暮らしの場、いのちの再生産の場としての、人間の絆によるひとつのまとまりある最小の地理的、自然的基礎単位である。この基礎的「地域」は、いくつかの「家族」によって構成され、多くは伝統的な少なくとも近世江戸以来のムラ集落の系譜を引き継ぐものである。人間社会は、「家族」、基礎的「地域」（＝ムラ集落）、さらにはその上位の町、郡、県などいくつかの階梯を経てより広域へと次第に拡張しつつ、多重・重層的な地域階層構造を築きあげている。したがって、この基礎的「地域」は、現代社会を総合的かつ深く研究するために、不可欠にして重要な基本的対象となる。

人間とその社会への洞察は、とりとめもなく広大な現実世界の中から、任意に典型的なこの基礎的「地域」を抽出し、これを基軸地域モデルに設定し、多重・重層的な地域階層構造全体の中に絶えず位置づけながら、長期にわたり総合的に調査・研究することによってはじめて深まる。

現代は、世界のいかなる辺境にある「地域」も、いわゆる先進工業国の「地域」も、グローバル市場原理至上主義の世界構造の中に組み込まれている。こうした時代にあって、自然と人間という二大要素からなる有機的運動体であり、歴史的存在でもあるこの基礎的「地域」を、ひとつのまとまりある総体として深く認識するためには、(1)「地域」共時態《シンクロニック》、(2)歴史通時態《ダイアクロニック》、(3)「世界」場《グローバルな》という、異なる三つの次元の相を有機的に連関させて、具体的かつ総合的に考察することがもとめられる。こうすることによってはじめて、社会の構造全体を、そして世界をも、全一体的《ホリスティック》にその本質において具体的に捉えることが可能になってくる。やがてそれは、社会経済の普遍的にして強靱な理論に、さらには二一世紀世界を見究める哲学にまで昇華されていく。地域未来学とも言うべきこの「革新的地域研究」は、こうして、二一世紀の未来社会をも展望しうる方法論の確立にむかうものでなければならない。

こうした主旨からすれば、本来、二一世紀の「革新的地域研究」としての地域未来学は、諸学の寄せ集めの単なる混合物であるはずもない。だとすれば、それはまさに時代が要請する壮大な理念のもとに、自然、社会、人文科学のあらゆる学問領域の成果の上に、事物や人間や世界の根源的原理を究める諸科学の科学、つまり、二一世紀の新たな哲学の確立と、それに基づく歴史観を導きの糸に、相対的に自律的な独自の学問的体系を築く努力がもとめられてくる。こうして確立される「革新的地域研究」、つまり地域未来学は、二一世紀未来社会を見通し得る透徹した歴史観を新たな指針に、混迷する今日の現実世界に立ち向かっていくことになろう。

グローバル経済が世界を席捲し、「家族」をそして「地域」を攪乱し、破局へと追い込んでいる今こそ、グローバル市場化への対抗軸として、何よりもまず、私たちの生命活動を直接的かつ基礎的に保障している「家族」と「地域」を市場原理に抗する免疫力に優れた自律的な「家族」と「地域」に甦らせ、人間にとって本来あるべき民衆的生活圏の再構築を急がなければならない。そのために今、何をなすべきかが問われている。新たなパラダイムのもと、包括的で新しい地域未来学の確立と、「地域実践」の取り組みがもとめられている所以である。それは、「近代経済学」を乗り越えた、時代のこの大きな転換期にふさわしい新たな「経済学」をも包摂した「革新的地域研究」、つまりそれはより厳密かつ分かりやすく簡潔に定義するならば、生活者としての民衆的生活世界に着目し、あくまでもそれを基軸に据えた、二一世紀における近代超克の新たな時代要請に応えうる「地域生態学」とも言うべき新しい研究分野の開拓であり、確立でもある。この「地域生態学」によってはじめて、二一世紀を見通し、あるべき社会の未来の姿を提示し、しかもそのあるべき姿にアプローチするより具体的な道筋をも明確に示すことが可能になるのではないか。それはすなわち、二一世紀の「地域生態学」的未来社会論ともいうべきものなのである。

この探究の道のりは、たやすいものではないが、自然、社会、人文科学の諸分野の垣根を越えた真摯な対話によって、道は次第に拓かれていくにちがいない。本書は、まさにこの「地域生態学」的方法を貫き、それをベースに現実世界を分析し、未来への透視を試みた試論となっている。これまでの一六年にわたる「菜園家族」構想研究をあらためて総括し、こうした新たな研究方法の自覚のもとに、今、私たちが直面している3・11後、そして資本主義が末期重症に陥ったこの時代に応えようとするものである。

第二章
私たちは何とも不思議な時代の不思議の国に生きている
―いのち削り、心病む終わりなき市場競争―

投機マネーに翻弄される世界経済。「百年に一度」とも言われる未曾有の世界同時不況。この機に乗じて「エコ」を声高に叫び、なおも「浪費が美徳」の経済を煽る姿に、やるせない思いがつのる。

一方、容赦なく迫りくる地球温暖化による異常気象と、世界的規模での食料危機。国内農業を切り捨て、農山村を荒廃させ、食料自給率四〇パーセントに陥った日本。

この恐るべき事態をよそに、テレビ画面には相も変わらず大食い競争やグルメ番組が氾濫する。現実世界とのあまりにも大きな落差に戸惑いながらも、一体これは何なのだ、と首をかしげるばかりである。輸入してまで食べ残すこの不思議な国ニッポンに、はたして未来はあるのだろうか。

こんな飽食列島の片隅で、ついには生活保護からも排除された北九州の独り暮らしの病弱な男性（五二歳）。「おにぎり食べたい」と窮状を訴えるメモを残して餓死し、ミイラ化した状態で発見された事件は、記憶に新しい（二〇〇七年七月）。

今、失業者、日雇いや派遣などの不安定労働、「ワーキングプア」が増大し、所得格差はますます拡大している。非正規雇用は今や勤労者の四〇％（二〇一四年）に達し、特に若者世代では半数にもおよぶと言われている。正社員であっても、二〇〇八年秋以来、急速に経済が失速する中、操業短縮による一時帰休やリストラが現実のものとなり、もはや安泰とは言えない不安に苛《さいな》まれている。

一方、福祉・年金・医療・介護など、庶民の最後の砦ともいうべき社会保障制度は、機能不全に陥り、破綻寸前にある。競争と成果主義にかき立てられた過重労働、広がる心身の病。弱肉強食の波に呑まれ、倒産に追い込まれる弱小企業や自営業。明日をも見出すことができずに、使い捨てにされる若者たちの群像。自殺者が一四年連続（一九九八〜二〇一一年）年間三万人を超える現実。家族や地域は崩壊し、子どもの育つ場の劣化が急速にすすんでいる。

どれひとつとっても、私たちの社会のあり方そのものが、もはや限界に達していることを物語っている。あれからもう何年経ったであろうか。「働き過ぎ社会に警鐘」という見出しで、いわゆる過労自殺をめぐり、最高裁が企業の責任を認めたはじめての判決が大きく報じられていた。「まじめで責任感が強く、きちょうめんで完ぺき主義」と評価された青年が、なぜ自ら命を絶つ道を選ばなければならなかったのか。二審判決は、こうした性格ゆえに仕事をやりすぎたとして、死の責任の一端を青年本人に求めたが、この日の最高裁の判決は、安易な過失相殺で個人に責任を転嫁することは許されない、とする姿勢を明確に示した。

どんなにモノが溢れていても、人間が人間らしく生きることができなければ、何の意味もない。人間が巨大な機械の優秀な一部品となって、どんなにモノを効率よく大量につくり出し、身のまわりにどんなにモノを溢れるようにしたところで、この部品は所詮人間ではなく、ただの部品にすぎないのである。私たち現代人は、人間性を根こそぎ奪われ、ついには巨大な機械の一部品にされてしまった。使いに使われ、さんざんな目にあって摩耗し、ついには役に立たなくなったら捨てられてしまう。

過労死・過労自殺とともに、最近、不眠やうつ症状に悩む人が急増し、大きな社会問題になっている。

多くの人々が苦しみ、長いトンネルから抜け出す方法を必死で探しているこうした心の病。その多くは結局、個人の心の持ち方のみで解決できるようなものではなく、人間の存在をあまりにも簡単に否定し、経済的存立基盤を奪い取り、人間の尊厳をズタズタに傷つけて憚らない、徹底した効率主義・成果主義の無慈悲な思想が働く現場の人々の心の奥底にまで浸み入り、精神を追いつめているのが、根本的な原因なのではないだろうか。

毎日、働いて働いて、ちょっとだけ休みたくても、そんなことをしようものなら、成果主義の競争の中では、誰かに先を行かれて、即、首を切られてしまうのではないか。そうなったら、この過剰雇用の時代、もう二度と職を得ることができないかもしれない……。体力そのものの限界と、そんな恐怖と不安のはざまでどうにもならなくなり、ついには心を病んでいく。

こんな心病む社会が、人類のめざす発展した社会、豊かな社会だったのであろうか。生産性が多少とも下がろうと、モノが多少、少なくなろうとも、大切なことは、人間が生き生きと暮らせる、心が育つ社会でなければならないということなのではないか。

1　今なぜ近代の人間の社会的生存形態「賃金労働者」を問い直すのか

今からおよそ十三年前の二〇〇三年九月一六日ことであった。午後一時すぎ、テレビの画面に突然、ニュースが飛び込んできた。

激しい爆音とともにビルの窓から炎が噴き出し、間もなく激しい黒煙が上がった。場所は、名古屋市東区のオフィスビルで、刃物を持った男性がガソリンのようなものをまき、人質を取って立てこもったこの事件は、発生から約三時間後に、その男性を含む三人が死亡、四〇人以上が負傷する惨事となった。

十三年前の過去のあまりにも凄惨なこの事件を、ここで今敢えて取り上げるのはなぜか。順風にのり、経済成長たけなわの一時期、現代資本主義の本性はすっかり影を潜めたかのように見えていた。しかし、二一世紀に入ってまもなく起きたこの事件をもう一度生々しく思い起こし、その背景を垣間見る時、近代初期資本主義の粗暴で露骨な搾取とは違い、真綿で人の首を絞めるような陰湿、狡猾な手口で現代賃金労働者を苦しめ、貧困のスパイラルへと追い遣っていく仕組みが、現代日本社会の隅々にまで頑強に張りめぐらされていることにあらためて驚かされる。そして、現代資本主義が表面ではすっかり変わったかのように見えながら、実はその本質は近代初期資本主義以来、一向に変わっていなかったどころか、むしろより巧妙かつ大がかりに、社会を地域を根こそぎ衰退させ、果てには人間の精神をもとことん蝕み、社会を混迷の深い闇に落とし入れていることに気づかされるのである。

さて、この男性は、立てこもった後、そこにいた支店長に軽急便の本社に電話をかけさせ、「七、八、九月の未払い分の給与二五万円を振り込め」と委託運送代金の振り込みを要求。同社によると、契約料は二ヵ月後に支払う約束で、男性には七月分を九月一九日に支払う予定だったという。黒煙とともに窓ガラスや書類が飛び散ったあの光景は、今でも鮮明に脳裡に焼きついて離れない。

新聞報道によると、押し入って死亡したこの男性（当時五二歳）は、中学校を卒業、建具会社に一五年間勤めた後、運送会社など四社を転々としていた。その後、食品会社では配達業務を担当。同僚の社員は、「仕事はきっちりまじめだった」と話している。前に勤めていた運送会社の社長（当時五一歳）も、「無断欠勤ゼロで有休もほとんど消化せず、まじめ一筋」と評している。近所の方は、事件の一年ほど前、この男性の妻から、「貯金を食いつぶしたから、私もパートで働く」と聞いたという。

事件の数ヵ月前に、この男性は軽急便の会社と委託契約を交わし、経費込みで約一〇五万円の配達用バンを購入。頭金六〇万円を払い、残り四五万円を六〇回払いで返済している途中だった。実際には事件のあった年の三月末ごろから働き始め、六月までに支払われた委託運送料は月平均一〇万円程度、周囲の人には給料が安いと愚痴をこぼしていたという。高校生の娘さんと息子さんと妻の四人暮らし。名古屋という大都会のただ中で、この収入では一家四人がとても生活できるものではなかった。困り果てたこの男性は、早朝に新聞配達もはじめたという。

少しでもましな別の仕事口があったとしても、今の会社に借金で縛られている身では、職を変えようにも変えられない。どうにも身動きできない窮地に追い込まれた挙句の事件であったようだ。借金返済のためだけに労働を強いられる「債務奴隷」という制度が、経済大国を誇る高度に発達したこの現代の日本社会にもあったことが、白日のもとに晒されたのである。日本の社会は、一国の首相ともあろう者が、「人生いろいろ、社員もいろいろ」などと、そんな呑気なことを言っていられるような状況ではない。

この事件は、たまたま起こった特殊なケースとは思えない。今流行《はやり》のパート、フリーター、派遣労働者。そのどれひとつとっても、これでは使い捨て自由、取り替え自由の機械部品同然ではないか。これほどまでに人間を侮辱し貶めたものもない。完全失業者三八五万人、フリーター四一七万人、自殺者年間三万四四二七人（数字はいずれも二〇〇三年事件当時）の現実から、起こるべくして起こった事件であったと言わざるを得ない。

この事件が新聞やテレビで報道されたのは、事件当日を含めてわずか二日間であった。あとは何事もなかったかのように、街の賑わいは日常に戻り、人はそ知らぬ顔でまた急ぎ足に歩きはじめる。茶の間のテレビのチャンネルも、いつものように、何がそんなにおかしいのか、四六時中、つまらぬギャグに空《から》笑いの大騒ぎである。

特に現代の若者の大半は、時給いくらのアルバイトに慣らされながらも、「賃金労働者」という社会的存在については、あまり突き詰めて考えることもないようだ。人類史上、遠い昔から今に至るまで、現在の「働き方」が永遠不変のものとして存在し続け、これから先もいつまでも続くごく当たり前のものとして、何の疑問もなく見過ごされているのだ。そこへもってこの事件は、あらためて「賃金労働者」という人間の社会的生存形態が、大地から遊離した根なし草のように本質的にいかに脆く不安定なものであり、いかに非人間的で惨めな存在であるかをあらためて気づかせてくれたのである。

「賃金労働者」は、資本主義形成の初期の段階とは違って、高度に発達した現代資本主義の今日では、賃金の格差や職階制による待遇の様々な違いによって、階層分化がすすみ、その内実は単純ではなく、複雑な様相を呈している。したがって、今日、社会の圧倒的多数を占める都会の勤労者を、一口で「賃金労働者」という概念で捉えがたいことも事実である。しかし、今日の世界経済の構造的変化と行き詰まりの下で、パートや派遣労働者など不安定労働者の比率がますます増大し、比較的恵まれ安泰であると思われてきた大企業の正社員であっても、突然のリストラによっていとも簡単に職を奪われてゆく現実に直面すると、「賃金労働者」という概念の本質が、今ほどあからさまな形で露呈した時もないのではないかと実感される。

この事件は、私たちに極めて強烈な形で、「現代賃金労働者」という人間の社会的生存形態の問題をあらためて歴史を遡って根源的に捉え直すよう迫っている。二百数十年前の昔、産業革命によって社会が激動していた時代に、私たちの先人たちが真剣に考え取り組んだように、二一世紀初頭の今、私たちは、あらためて人間とは一体何なのか、そして、人類史上、人間はどのような社会的生存形態を辿り、さらに未来へむかってどこへ行こうとしているのか。このことについて、現代社会の圧倒的多数を占めるこの「現代賃金労働者」に焦点を当て、いよいよ真剣に考えなければならなくなってきたのである。

ところで、終戦を青少年期にむかえた世代は、ほとんどの人々がそうだったのであるが、戦後の廃墟と飢えと漠然とした不安の中で、未来へのほのかな希望を胸に、心の奥底から込み上げる何かに突き動かされるように、中・高・大学などでの学校教育あるいは独学に励み、精神的にも何か手応えのあるものを求めて学んできたように思う。今から思えばそれは、一国にしか通用しないあの偏狭で忌々しい思想の呪縛からの脱却であり、壮大な人類史的視野に立つ世界の普遍的な知の遺産を、戦後日本の歴史学や経済学研究が引き継ごうとしたものであったのかもしれない。

そしてそれらは、学問の世界ではいざ知らず、世間一般、とくに今日の若い世代には、はるか過去のものとして忘れ去られてしまった。しかし､それらを今、あらためて謙虚にここでのテーマに則して振り返ってみると、意外にも新鮮な形で甦ってくるのに気づく。と同時に、今、私たちが生きているこの現代資本主義社会が、あらためて人類史の全過程の中に、首尾一貫した透徹した論理でくっきりと浮かび上がってくるのに気づくのである。そして今、私たちが突き当たっている状況とその課題が何であるのかも、いっそう明瞭になってくる。古臭いと烙印を押され、洗い流されてしまった数々の理論的諸命題が、イギリス産業革命以来、二百数十年におよぶ人類の苦渋に満ちた数々の闘いと現実の実践的経験を組み込みながら、修羅場にも似た現代の行き詰まった状況の中で、あらためて「否定の否定」として生き生きと活力ある新たな命題に甦り、あらわれてくるのを感じるのである。

それは、旧ソ連邦の崩壊とともに高らかに謳いあげられた資本主義勝利の大合唱が、その後の世界の事態の進展によってまたたく間に色褪せ、しかも一八世紀以来、人類が身をもって苦闘し明らかにしてきた資本主義そのものに内在する運動法則が、かえってこの法則自体によって導かれ陥っていく現実によって、皮肉にも検証される結果に終わろうとしていることと無関係ではない。

古いと断罪され烙印を押されたこれらいくつかの諸命題、なかんずく人間の社会的生存形態としての「賃金労働者」という概念は、本書で探究する二一世紀未来社会論構築の決定的な鍵になってくる。この「賃金労働者」という人間の社会的生存形態は、一八世紀イギリス産業革命を起点に胎動する近代初期資本主義から、今私たちが生きている二一世紀初頭の現代資本主義に至る二百数十年の歩みを辿りつつ、それぞれの時代の特徴や特質、それにその時々に浮上してきた問題や未解決のまま残された課題などを整理・検証する時、その歴史的性格とその不安定性と非人道性がより明確になってくる。

こうすることによって、本書で提起する「菜園家族」とそれを基盤に成立するＣＦＰ（Capitalism・Family・Public）複合社会（第四章で詳述）が、人類史の長いスパンの中でどんな歴史的位置を占め、そしてその果たすべき歴史的役割が何なのかが、はっきりしてくるにちがいない。

2　生命本位史観に立脚し「家族」と「地域」の再生を探る

いのちの再生産とモノの再生産の「二つの輪」が重なる家族が消えた

かつては、いのちの再生産の輪と、モノの再生産の輪が、二つとも家族という場において重なっていた。それゆえ家族は、大地をめぐる自然との物質代謝・物質循環のリズムに合わせて、時間の流れに身をゆだね、ゆったりと暮らしていた。

ところが、世界史的には一八世紀のイギリス産業革命以降、社会の分業化が急速にすすむ中で、不可分一体のものとして存在していた「農業」と「工業」は分離し、まずは「工業」が、次いで「農業」も家族の外へと追い出されていく。その結果、家族という場において、いのちの再生産とモノの再生産の「二つの輪」が重なる部分はますます小さくなってしまった。

戦後日本の高度経済成長は、こうした傾向にいよいよ拍車をかけ、その極限にまで追いやっていった。それゆえ今日の家族は、生きるために必要な食料はもとより、育児・教育、介護・医療・保険等に至るすべてを、家の外で稼いだ賃金で賄わなければならなくなった。このことは同時に、人間が自然から乖離し、無機質で人工的な世界の中で家族がまるごと市場に組み込まれ、熾烈な競争にもろに晒《さら》されることを意味する。

大地を失った現代賃金労働者《サラリーマン》家族は、唯一教育への投資のみが、わが子の幸せの保障になると考える。教育への関心は異常なまでに過熱する。教育は本来の姿を失い、極端なまでに歪められる。このことは、今や兼業農家が大部分を占めるに至った農村部においても、同じことが言える。

一事が万事、こうして市場原理は極端な形で社会の隅ずみにまで浸透し、競争を執拗なまでに煽り、人間を分断し、人と人とを争わせ、果てには戦争への衝動を駆り立てる。

もともと「家族」には、育児・教育、介護・医療など、人間の生存を支えるあらゆる福祉の機能が、未分化の原初形態ではあるが備わっており、それらは「家族」からさらに「地域」へと広がりながら、実にしなやかに多重・重層的に機能していた。

ところが、こうした家族機能の芽は、高度経済成長の過程でことごとく摘み取られていった。本来人間にとって自分のものであるはずの時間と労働力はそのほとんどが企業に吸いとられ、その結果、「家族」と「地域」は空洞化し、固有の機能を奪われ衰退していく。そして、家族の多様な機能のすべてを社会が代替できるかのように、あるいはそうすることが社会の進歩であるかのように思い込まされ、家族機能の全面的な社会化へと邁進した。そのために社会保障費は急速に膨らみ、地方や国の財政は未曾有の赤字を抱え破綻へと追い込まれていく。

これまで政府・財界は、目先の経済効率を優先し、農業を犠牲にし、零細・中小企業を切り捨て、投機的マネーゲームを助長してきた。今や世界の巨万のマネーは、瞬時に利潤を得ようと地球を駆けめぐる。原油・穀物価格は高騰し、世界の貧困層は飢餓に喘いでいる。地球規模の終わりなき熾烈な市場競争の中、巨大企業は最後の生き残りをかけ、人間を使い捨てにする。今にわかに持て囃されている「アベノミクス」なるものは、まさにこれに拍車をかけるものにほかならない。世界は今むき出しの市場競争至上主義の暴走を許し、制御不能の破局的事態に陥っている。

高度経済成長以前のわが国の暮らし――かつての森と海を結ぶ流域地域圏《エリア》

私たちは、大地から引き離され、あまりにも遠くにまで来てしまった。

一八世紀イギリス産業革命以来二百数十年間の長きにわたって囚われてきたものの見方・考え方、つまり近代のパラダイムを根底から変えない限り、どうにもならないところにまで来ている。

ここで一旦、高度経済成長期以前のわが国の暮らしを振り返ってみよう。かつて日本では、列島を縦断する脊梁山脈を分水嶺に、太平洋と日本海へと水を分けて走る数々の水系に沿って、森と海を結ぶモノとヒトの流域循環の輪が息づいていた。

川上の森には、奥深くまで張りめぐらされた水系に沿って、家族がそして集落が点在し、人びとは山や田や畑を無駄なくきめ細やかに活用し、森を育て、自らのいのちをつないできた。広大な森の中に散在し、森によって涵養された無数の水源から、清冽な水が高きから低きへととめどもなく流れるように、薪・炭や木材など森の豊かな幸は、山々の村から平野部へと運ばれ、またそれとは逆に、米や魚介類など野や海の幸は、森へと運ばれていった。森や野や海に生きる人びとは、互いの不足を補いあいながら、それぞれかけがえのない独自の資源を無駄なく活用し、自給自足度の高い特色ある森と海を結ぶ流域循環型の地域圏《エリア》を、太古の縄文以来長い歴史をかけ築きあげてきた。そこには、自然に溶け込み、つつましく生きる人びとの姿があった。

脊梁山脈から海へ向かって走る数々の水系に沿って形成された、こうした森と海を結ぶ流域循環型の地域圏《エリア》が、南は沖縄から北は北海道に至るまで、土地土地の個性と特色を生かし、日本列島をモザイク状に覆《おお》っていた。

ところが、日本列島を覆っていた森と海を結ぶこの流域循環型の地域圏《エリア》は、いとも簡単に崩されてしまった。それも、戦後の高度成長がはじまる一九五〇年代半ばから七〇年代初頭までの、わずか二〇年足らずの間であった。日本列島に展開された、縄文以来一万数千年におよぶ森から平野への暮らしの場の移行。その長い歴史の流れからすれば、それはまさにあっという間の出来事としか言いようのないものであった。

森から平野へ移行する暮らしの場

私たちのはるか遠い先祖は、よく言われてきたように、森の民として歩みはじめた。日本列島は、長かった氷河期が終わり、気候が温暖・湿潤化すると、これまであった亜寒帯・冷温帯の針葉樹に変わって、ナラやブナやドングリのなる温帯の落葉広葉樹が広がり、そうした中で、縄文の独自の「森の文明」を高度に発展させた。そして、一万年以上にわたって、東アジアの果ての小さな列島の中で、世界のどの文明にも劣らぬ高度で持続性のある循環型の文明を育んできたと言われている。

しかしやがて、一万年以上も続いたこの縄文の文明にも、崩れゆく運命がやってきた。それが弥生時代のはじまりである。紀元前一千年ごろに、気候の寒冷化に伴って吹き荒れたユーラシア大陸の民族移動。この嵐に日本列島も呑み込まれていく。大陸からやって来た人たちが持ち込んだものは、灌漑を伴う水田稲作農耕であった。日本は、縄文時代から弥生時代へと大きく移行していくことになる。つまり、人々の生業が採取・狩猟・漁撈から農耕へと、そして暮らしの場が森から平野部へと、徐々にしかし大きく動き出すのである。

この森から平野部への暮らしの場の移行期において、人々の暮らしの形態は、土地土地の特性に応じて、森での採取・狩猟、漁撈、農耕のそれぞれのさまざまな比重の組み合わせによって、特色ある種々の変種《バリエーション》があらわれながらも、結局は、水田稲作農耕へと大きく収斂していった。

こうした歴史の大きな流れの移行期にあって、里山は、水田の肥料に利用する落ち葉や森の下草の供給源として、また、薪・炭といった燃料や、住居・木工のための木材源として、あるいは、秋に木の実を採取し、冬にはイノシシやシカ狩りをする場として、そして何よりも、水田を維持する水源涵養林として、資源を有効に無駄なく利用する「森と野」の農業において、重要な位置を占めるようになっていった。

その後、長い時間をかけて次第につくりあげられてきた日本独特の農業は、最終的には、農民家族経営としての「本百姓」が確立する江戸時代に完成を見、円熟していくことになる。列島各地の森と海を結ぶ流域循環型の地域圏《エリア》も、こうした長い歴史過程の中で同時並行的に形成、確立されてきたものであった。

そしてやがて明治維新をむかえ、大正・昭和と、日本は近代資本主義の道を歩むことになるのであるが、この近代化の時代においても、基本的には、この森と海を結ぶ循環型の流域地域圏《エリア》を根幹とする日本農業の基本は、崩れることなく、第二次世界大戦後もある一時期までは維持されてきた。

ところが、戦後一九五〇年代半ばからはじまる高度経済成長は、わずか二〇年足らずの間に、列島を隈なく覆っていた森と海を結ぶこれら個性豊かな流域循環型の地域圏《エリア》をズタズタに分断し、上流域の山村部の超過疎と平野部の超過密を出現させた。農業や林業や漁業といった第一次産業を犠牲にして、工業を極端に優遇する政策によって、鉱工業や流通・サービスなど第二次・第三次産業を法外に肥大化させてしまったのである。

その結果は、極限にまで人工化され、公害に悩む平野部の巨大都市の出現と、超過疎・高齢化によって疲弊し、荒れ果てたまま放置された森林資源に象徴される極端に歪んだ社会・経済構造と国土の荒廃である。今や第二次・第三次産業は、絶対的な過剰雇用・過剰設備の極限に達し、わが国は、巨額の財政赤字を抱えたまま、身動きできない状況に陥っている。

歪められ修復不能に陥ったこの国のかたち

今述べてきた縄文時代以来の「森から平野部への暮らしの場の移行」の歴史の大きな流れの中にあって、戦後高度経済成長は農山漁村部から都市への急激な人口移動を引き起こし、農山漁村の過疎高齢化と都市部の超過密化、そして巨大都市の出現をもたらした。それと同時に、近代に特有の人間の社会的生存形態である「賃金労働者」という大地から切り離された「根なし草」人口は爆発的に増大し、森と海を結ぶ流域循環型の地域圏《エリア》の衰退と崩壊が急速に進行していった。産業の劇的変化によって、国土の産業配置とその構造は不均衡・不適正な状態に陥り、家族機能の空洞化と地域コミュニティの衰退は、社会を根底から揺るがすことになった。このことは、家族と地域の機能の全面的な社会化を余儀なくさせ、社会保障費の急速な増大と、「先進国病」ともいわれる慢性的財政赤字を招く重大かつ根源的な要因となった。

今わが国経済は、長期にわたり成長、収益性の面で危機的状況に陥っている。この長期的停滞は、設備投資と農山漁村から都市への労働移転を基軸に形成・累積されてきた過剰な生産能力を、生活の浪費構造と輸出拡大と公共事業で解消するという戦後を主導してきた蓄積構造そのものが、派遣労働やパート等の不安定雇用の苛酷な格差的労働編成、そして金融規制緩和のさらなる促進をもってしても、もはや限界に達したことを示している。

国民が虚妄と虚構の「アベノミクス」に騙され、浮き足立つ中で強行される消費税増税とTPP（環太平洋経済連携協定）は、まさにこうした戦後一貫して追求してきた輸出主導による外需依存型経済にいっそうの拍車をかけ、この国のかたちの歪みを極限にまでおしすすめることになる。それはつまり、これまでのパラダイムを根本的に転換することなしには、いかなるうわべだけの小手先の「成長戦略」をもってしても、この国の社会は修復不能に陥ったことを物語っている。五年にわたる小泉改革（二〇〇一～二〇〇六年）、その後数次にわたる自民党および民主党歴代政権の目まぐるしい交代劇とその頓挫が、まさにそのことの証しである。

「家族」と「地域」衰退のメカニズム ― 干からびた細胞

私たちはもう一度、ふるさとの大地に根ざしたいのち輝く農的暮らしを取り戻し、人間を育む家族と地域を甦らせ、素朴な精神世界への回帰《レボリューション》と止揚を果たせないものなのだろうか。

人間社会の基礎単位は、家族である。

家族は、人体という生物個体の、いわば一つ一つの細胞に譬えられる。周知のように、一つの細胞は、細胞核と細胞質、それを包む細胞膜から成り立っている。遺伝子の存在の場であり、その細胞の生命活動全体を調整する細胞核は、さしずめ「家族人間集団」になぞらえることができる。一方、この細胞核を取り囲む細胞質は、水・糖・アミノ酸・有機酸などで組成され、発酵・腐敗・解糖の場として機能するコロイド状の細胞質基質と、生物界の「エネルギーの共通通貨」ATP（アデノシン三リン酸）の生産工場でもあるミトコンドリアや、タンパク質を合成する手工業の場ともいうべきリボゾームなど、さまざまな働きをもつ細胞小器官とから成り立っている。すなわち、一個の細胞（＝家族）は、生きるに最低限必要な自然と生産手段（農地と生産用具、家屋など）を自己の細胞膜の中に内包していると、みなすことができる。

したがって、家族から自然や生産手段を奪うことは、いわば細胞から細胞質を抜き取るようなものであり、その家族を細胞核と細胞膜だけからなる「干からびた細胞」にしてしまうことになる。産業革命にはじまる近代の落とし子とも言うべき賃金労働者の家族は、まさに生産手段から引き離され、根なし草同然になった「干からびた細胞」なのである。

生物個体としての人間のからだは、六〇兆もの細胞から成り立っていると言われている。これらの細胞のほとんどが干からびていく時、人間のからだ全体がどうなるかは、説明するまでもなく明らかであろう。地域社会も同じである。

かつて日本列島の北から南までをモザイク状に覆い、息づいていた森と海を結ぶ流域地域圏《エリア》では、高度経済成長以降、急速に賃金労働者家族、つまり「干からびた細胞」同然の家族が増えつづけ、充満していった。その上、今や経済成長は停滞し、賃金のみを頼りに生き延びていた「干からびた細胞」同然の家族は、刻一刻と息の根を止められようとしている。森と海を結ぶ流域地域圏《エリア》全体を生物個体としての人体と見るならば、こうした「干からびた細胞」で充満した人体がおかしくなるのは、当然であろう。

「干からびた細胞」が無数に出現している状態。これがまさに現代日本にあまねく見られる地域の実態である。家族が自然から乖離し、生産手段を失い、自らの労働力を売るより他に生きる術のない状態の中で、職を求めて都市部へとさまよい出る。しかも都市部においても、かつてのような安定した勤め口はもはや期待できない。これでは、家族がますます衰弱していくのも当然の成り行きであろう。こうした無数の家族群の出現によって、都市でも地方でも地域社会は疲弊し、経済・社会が機能不全に陥り、息も絶え絶えになっていく。これが今日の日本を閉塞状況に陥れている根本の原因である。つまり、細胞（＝家族）そのものが市場原理に抗する免疫力を失い、こうした家族によって充満した地域社会は、もろとも「免疫的自律世界」を喪失し、衰退へと向かわざるを得ない。

こうした戦後の資本と労働の歪められた蓄積構造は、もはや限界に達している。にもかかわらず、小泉政権後目まぐるしく変わる歴代政権、そして今日の安倍政権は、あいもかわらず社会の深層におよぶ根源的変革を避け、この構造的過剰と社会および国土資源の歪められた構造的体質に根本から手を打つ政策を見出せず、手をこまねいているうちに、一九九〇年代初頭以来の「失われた二〇年」はすでに過ぎ去り、今日に至っている。

再生への鍵――「家族」と「地域」を基軸に

3・11東日本大震災後のまさに今、私たちは、この「失われた二〇年」から本当に何を学び、何をなすべきか。本書で示す二一世紀未来社会論としての「菜園家族」構想（第四章以降で詳述）は、少なくともそれを考える一つの大切な糸口となるであろう。今、私たちは、戦後高度経済成長の初期段階からはじまり、やがて今日のメガバンク、そして東電をはじめとする電力一〇社、鉄鋼、自動車、電機および巨大商社等々が財界の中枢を占め、経済・社会に君臨するに至った戦後日本経済の歴史とその蓄積構造を厳密に吟味し、これまでの経済体系、そして「家族」と「地域」と社会のあり方を根本から変えていかなければならない時に来ている。

そのためにはまず、先にも触れた「生命本位史観」とも言うべき二一世紀の新たな理念と歴史観のもとに、社会の基盤となる「家族」と「地域」の再生から出発し、戦後長きにわたって歪められ、衰退しきったわが国の社会経済および国土構造の全体とその体質そのものの修復、そして変革へと立ち向かわなければならない。それは結局、人間の尊厳を貶め、いのち削り、心病む今日の市場原理至上主義アメリカ型「拡大経済」から、精神性豊かな人間復活の自然循環型共生社会への転換を、「菜園家族」を基調とする抗市場免疫の自律的世界の形成を通じて、地域社会のおおもとから着実に促していくものになるであろう。

私たちは、目先の対症療法のみに汲々としている今日の状況から、一日も早く脱却しなければならない。繰り返しになるが、ここであらためて次のことを強調しておきたい。今私たちは、「干からびた細胞」(＝現代賃金労働者《サラリーマン》家族)で充満した都市や農山漁村部の脆弱な体質そのものを、根本から変えなければならない時に来ている。生産手段という細胞質を失い、細胞核と細胞膜だけになった根なし草同然の今日の「現代賃金労働者《サラリーマン》家族」に、生産手段（家族が生きるのに必要な最低限度の農地と生産用具と家屋等々）という細胞質を取り戻し、その両者の再結合を果たすことによって、生き生きとしたみずみずしい細胞、すなわち「菜園家族」に甦らせることからはじめなければならない。これが本書を貫く主題の根幹である。

このような「菜園家族」が育成されるためには、その不可欠の場として、森と海を結ぶ流域地域圏《エリア》を措定し、その再生をはからなければならない。つまり、「菜園家族」は、森と海を結ぶ流域地域圏《エリア》再生の担い手であり、同時に、この流域地域圏《エリア》は、「菜園家族」を育むゆりかごでもあり、必要不可欠の条件にもなっている。したがって、以下本書では、「菜園家族」と森と海を結ぶ流域地域圏《エリア》の両者を不可分一体のものとして捉え、未来社会構想の基礎に位置づけていくことになる。

第三章
人間はなるべくして人間になった
―その奇跡の歴史の根源に迫る―

人間とは、「家族」とは一体何か

私たちは本書で、こうした「菜園家族」を基軸に二一世紀社会のあり方を構想していくことになるのであるが、「家族」というものについては、歴史的にも実にさまざまな評価がなされてきた経緯がある。特に近代に入るとその評価はきわめて否定的なものになり、今日に至ってもその傾向は根強く存在している。一方、「菜園家族」構想においては、むしろ「家族」がもつ積極的な側面を再評価し、これを地域や社会の基盤を成す不可欠の基礎単位として、あるべき未来社会の多重・重層的な地域構造を下から支え、形づくる大切な要素に位置づけている。

そこで、まずこの第三章では、「菜園家族」を基調とする二一世紀の社会構想の具体的な内容に入る前に、今なぜ「家族」に着目し、それを重視しなければならないのかを明らかにするためにも、「家族」とは本来、人類にとっていかなるものであるのかをあらためて見つめ直すことからはじめたい。

ここでは、本書のテーマに関連して重要と思われる先学たちの代表的な研究成果、時実利彦『人間であること』（岩波新書、一九七〇年）、三木武夫『胎児の世界 ― 人類の生命記憶 ―』（中公新書、一九八三年）、アドルフ・ポルトマン著、高木正孝訳『人間はどこまで動物か ― 新しい人間像のために ―』（岩波新書、一九六一年）に依拠して、まずは「家族」とは一体何かを自分なりに納得のいく説明をしておきたい。なかんずくスイスの著名な動物学者ポルトマンは、その著書の中で人間に特有な「常態化した早産」による生まれたての赤ん坊の状態に起因して派生した「長期にわたる擁護」が、人間に特有の「家族」をもたらしたこと。そしてその「家族」が、他の動物一般に見られない異常なまでの脳髄の特異な発達を促す根源的で基底的な役割を果たしていること。つまり、人間を今日の人間たらしめたものは「家族」にある、と結論づけている。

一方、アフリカ各地で長年ゴリラの野外研究に専念し、類人猿の生活とその社会的特徴を研究してきた山極寿一氏の近著『「サル化」する人間社会』(集英社、二〇一四年)、『家族進化論』(東京大学出版会、二〇一二年)でも、人類史における「家族」の根源的な意義について、基本的にはポルトマンと同じ結論に達している。この両者の結論の一致は、偶然とは言え、一方が野外研究というフィールドの違う側からのアプローチによって到達した結論であるだけに、時空を隔てながらも巡り合ったこの一致の妙の単なる興味以上に、二一世紀の未来社会構想を「家族」のもつ根源的な意義を重視し、それを基礎に展開していく本書にとっては、何とも心強い証左を得た思いがする。

「家族」の評価をめぐる歴史的事情

「家族」をどう評価するかについては、一九世紀前半のロバート・オウエンに代表されるいわゆる空想的社会主義者たちや、その後のいわゆる科学的社会主義者たちの描いた未来像の中では、一概に、極めて低く否定的にしか扱われていなかった。中には単純に復古的心情から、中世の家父長的家族への回帰を主張する論者もいたものの、いずれにしても、「家族」というものの考察と評価は、十分に深められていなかったと言えよう。

さらに後になると、個々の家族の育児・炊事等々の家事労働を社会化すれば、何よりも女性が解放されるとして、次第に家族廃止論にまで行き着く傾向すらあらわれてきた。当時としては、反封建主義を旗印に掲げる啓蒙的、革新的思想の立場から、むしろ家族のもつ閉鎖性や狭隘性、そして保守的で頑迷な性格の除去と、女性の負担軽減や地位向上に最大の関心があったと言える。当時の時代が要請する課題からすれば、そのような主張や議論が起こるのも、ある意味では当然のことであったと言うべきなのかもしれない。

こうした時代背景の中で、マルクスやエンゲルスの場合も、未来社会における「家族」の位置づけとその役割についてほとんど具体的に触れることはなかったし、いわんやそれを未来社会の中に積極的に位置づけて論ずるということはなかった。

エンゲルスは晩年、モルガンの『古代社会』に依拠して執筆した古典的名著『家族・私有財産および国家の起源』（一八八四年）において、わざわざモルガンの言葉を引用し、家族の未来について次のように述べている。「将来において、単婚家族が社会の要求を満たすことができなくなったばあい、そのつぎにあらわれるものがどんな性質のものであるかを、予言することは不可能である」。このことからも分かるように、「家族」への主要な関心は今日とは違い、別なところにあったことだけは確かであろう。

特に近代における「家族」についての評価には、こうした歴史的事情や時代的制約があったことを、まず念頭においておく必要があろう。しかしながら、私たちは今、それからおよそ二〇〇年もの歳月を隔てた二一世紀に生きている。世界を覆い尽くす市場原理至上主義「拡大経済」の凄まじい渦の中で、あの時代からはおそらく想像もつかなかった新たな事態に遭遇している。家族の崩壊が進む中で人と人との絆が失われ、人間が徹底的に分断され、多くの人々が恐るべき「無縁社会」の出現に戸惑い苦しんでいる。私たちは、この恐るべき事態を目の前にして、あらためて人間とは、「家族」とは一体何なのかという、この古くて新しい問題に新たな角度から光を当て、考え直すよう迫られている。未来社会のあるべき姿も、こうした根源からの問いと現実への深い洞察によってはじめて、新たな像を結ぶことが可能になってくるのではないだろうか。

人間の個体発生の過程に生物進化の壮大なドラマが

人間と「家族」を根源的に掘り下げて考察するために、ここでいったん、人間の個体発生と系統発生の問題を考えることからはじめたい。

人間の生涯は、たかだか六〇年とか七〇年、長くても八〇年とか九〇年に限られた短いものである。この人間の生涯は、卵子と精子の受精によってはじまる。

周知のように、受精卵は子宮壁粘膜に着床すると、子宮内で胎児として発育し続け、十月十日《とつきとおか》の後に産まれる。胎児が母体外に産まれ出ると、胎児と胎盤を結んでいたへその緒《お》は切断され、それと同時に新生児は、呼吸・排泄・摂食などを自分の力でやらなければならなくなる。しかし、誕生間もない新生児は、まだ自分の力だけで生きていく能力はなく、何よりもまず母の授乳を受け、「家族」という厚い庇護のいわば胞膜の中で成長する。やがてことばを覚え、一般の哺乳動物のように四つ足で這うことからはじめ、二足直立歩行へと発達を遂げ、様々な発育段階を経て成人に達する。

この人間の受精卵から成人までの発達過程（個体発生）に注目すると、生物進化の道すじ（系統発生）を推測することができると言われている。これに関連して、ドイツの動物学者ヘッケル（一八三四～一九一九）は、「個体発生は、系統発生を繰り返す」という有名なテーゼを残している。つまり、母体内で胎児として発育を続け、やがて産み出され成人になるまでのわずか十数年の個体発生の過程には、三十数億年前といわれる生命の発生の始原から、魚類、両生類、爬虫類、鳥類、哺乳類を経て人類の出現に至る生物進化の過程が凝縮されている、というのである。

生命のふるさとは、三十数億年前の海の中であった。植物と動物が菌類を仲介として向かい合う今日の生態環の基礎が、すでにその時、太古の海を舞台にできあがっていたのである。そして四億八〇〇〇万年前の海に、最初の脊椎動物（魚類）が姿をあらわす。

その後、鰓《えら》呼吸と肺呼吸を使い分ける両生類があらわれ、やがて生命発生以来、三〇億年間の水の生活に別れを告げて、陸の生活に踏み切った脊椎動物が出現する。それが、今から三億年前のデボン紀から石灰紀にかけての時代に、古生代緑地に上陸の第一歩を印した最古の両生類イクチオステガだったのである。この地球の古生代の物語は、「脊椎動物の上陸」と呼びならわされている。そして、脊椎動物は、その後、両生類から爬虫類へ、さらに鳥類・哺乳類へと分岐しつつ、人類へと進化していった。

この三十数億年という生物進化の壮大なドラマが、現代のこの私たち人間のわずか十数年の個体発生の過程の中に、今でも繰り返されているとは驚くべきことである。人間のいのちの不可思議さと同時に、生命の「深層」の深さと重みをずっしりと感ぜずにはいられない。

母胎の中につくられた絶妙な「自然」

人間の胎児は、母の子宮内の羊膜の中にたたえられた羊水にまもられて、十月十日《とつきとおか》間、ここで成育する。羊水の組成は、古生代海水のそれと酷似していると言われている。「脊椎動物の上陸」が、〝海水をともなって〟おこなわれたことの紛れもない証拠でもある。胎児の尿膜の血管は、へその緒を通って胎盤に到達し、母胎の血流と交わる。ここでガス交換と併行して、栄養物の吸収と老廃物の排泄がおこなわれる。したがって、栄養物を蓄える卵黄膜の袋も排泄を助ける尿膜の袋も、本格的に働くことなく、ただ遠い太古の卵生時代の名残りをとどめるだけになっている。これに対して、羊膜の袋は、満々と羊水をたたえている。

つまりこれは、まず、生物進化の道すじである系統発生の原初の生命から、魚類、両生類といった段階の、海の中での最も繊細な進化過程の再現を庇護するかのように、母胎の中にわざわざ「太古の海」を用意していると見ることができる。そして、出産、つまり胎児が母胎から外に生まれ出て陸地にはじめて「上陸」する時に備えて、胎児と胎盤を結ぶいわば「海中パイプライン」とでもいうべきへその緒を連結することによって、栄養物と老廃物の新陳代謝がおこなわれるようにし、胎児が子宮の中の「太古の海」にいながら、陸上の進化である爬虫類から哺乳類までの発達が遂げられるように保障している。こうすることによって、胎児が母胎の「海」から陸上に出た時、陸上生活にふさわしい哺乳類として、人体のすべての器官が完備されるまでに発達するように配慮されている。生命の誕生のために母胎の中に「太古の海」を用意し、人間へのさらなる進化のために「海中パイプライン」まで用意する。神の摂理としか言いようのない絶妙な「自然」が、そこにはつくりだされているのである。

胎児は、十月十日《とつきとおか》、母なる「太古の海」、つまり羊水に浸かって過ごす。胎児は、親指の先ほどの大きさになると、まるで魚のような姿をして、目や耳、それに鰓《えら》までみとめられる。舌の輪郭が定まり、神経もできてきて、感覚も運動も可能になるはずである。羊水は、胎児の食道から胃袋までを隈なく浸し、さらに肺の袋にも達している。へその緒を介して血液のガス交換が営まれるので、ここではどんな呼吸も必要ではない。胎児のこの「羊水呼吸」は、その後、半年にわたって続けられる。この間、心臓の発生は、一心房一心室（魚類型）から、二心房一心室（両生類・爬虫類型）へ、さらに二心房二心室（哺乳類型）へと発達を遂げていく。

母胎の中で羊水に浸かった胎児が、その小さな肺で「羊水呼吸」をおこなっている姿は、「太古の海」での鰓呼吸を思わせるものがある。そして、約十ヵ月後にいよいよ誕生の時をむかえると、狭い産道を通過する間に、肺の中の羊水がしぼり出され、産声とともに外界に出たその瞬間に、「羊水呼吸」にかわって空気による肺呼吸がはじまる。まさにこの「羊水呼吸」は、肺を空気呼吸の機能を備えた器官にまで発達させるためのプロセスであり、トレーニングの過程でもある。

こうして母胎から外に出た胎児は、二度目の「上陸」を敢行したことになる。一度目は、胎内の「太古の海」での、系統発生史上の両生類から陸上爬虫類への転身であり、二度目は、胎児にとってはじめての、母胎の「海」から現実の陸上への進出である。しかも、二度目のこの「上陸」は、哺乳動物としては、二足歩行以前の発達段階での敢行なのである。

人間に特有な「家族」誕生の契機

薄暗い「太古の海」に別れを告げ、母胎から離れて大地に「上陸」したこの人間の新生児は、高度に発達を遂げた哺乳動物の乳児として、これまでとはまったくちがった想像を絶する世界で成育することになる。人間が母胎から外に出た誕生時の状態は、哺乳動物の中のさらに霊長類のうちでも例外的な地位を占めている。それは、一種の「生理的な」、つまり「常態化してしまった早産」だと言われている。このことは、人間の胎児が、高度に発達を遂げた哺乳動物の子供の段階まで母親の子宮の中で育ちきってしまうのではなく、それよりもはるかに早い時期に、未成熟な段階ですでに母の胎内を離れて世に出される、ということを意味している。

一方、人間以外の高等な哺乳類の子は、たいへん発達した筋肉組織と感覚器官をもって生まれてくる。そして、その両者は、神経組織によって脳髄と十全に連動し、機能している。それは、成育した親の姿をそのまま小さくした縮図であり、その運動や行動は、誕生時からほとんど親に酷似している。有蹄類、アザラシやクジラやサルなどがそうで、例えば仔馬などが、生まれ落ちてから数分も経たないうちに自力で歩きはじめようとする情景を思い浮かべれば、よく分かるはずだ。

霊長類の子に限って見ても、誕生時から離巣性をもつものに分類されるべきものである。チンパンジーの子は、生後一ヵ月半も経てば、母親にしがみついて立つことができる。つまり、人間の新生児から見れば、いずれにしても、筋肉組織と感覚器官がはるかに発達を遂げ、この両者が神経組織によって脳髄と十全に連動してから生まれるのである。

こうしたことから、人間の生まれたての赤ん坊のあり方が、どんなに特別な、尋常一様なものでないか、そして他の高等哺乳類にあてはまる法則からは、どんなにかけ離れた存在であるかが納得できるはずである。

人間の胎児は、母胎内で「巣立つもの」の段階へと成育を続け、開かれた感覚器官と完成した筋肉組織を持つ、ある意味では仔馬の段階、つまり、あらゆる哺乳類に特徴的な完成された段階にまで達するのであるが、胎内でこのような長い発達の段階を通りながら、生まれたばかりの新生児は、不思議なことに恐ろしく未成熟でたよりなく「能なし」なのである。この矛盾は、人間の形成過程が他の哺乳類や霊長類には見られない特別なもので、人間に特有なものであるということを示唆している。

生まれたての人間の新生児の脳髄は、他の高等哺乳類や霊長類に比べて著しく大きく複雑であり、それだけに、成熟に必要な時間が長くなる。とすると、脳髄が発達途上にあり、神経組織によって感覚器官・筋肉組織とも十全に連動していないこの自律不能の期間を、どう解決するかが問題になってくる。高等哺乳類の段階ならば、それを母の胎内での胎生期間、つまり妊娠期間を長くすれば解決できる。しかし、さらに霊長類、その中でも類人猿と人間のあいだでは、脳髄の発達水準の高さの点で、もう一度かなり飛躍しているところに遭遇する。そこでもう一度、自活できない依存的な時期をどう乗り越えられるかが、問題になってくる。妊娠期間を再度さらに一ヵ年ほど延長すればいいということにもなるのであるが、ここでは、こうした予想される解決法からはほど遠い、まったく新しい方法がとられたのである。

つまり、妊娠期間の延長による解決ではなく、高等な鳥類の「巣ごもり」の道、すなわち、両親による誕生後の細心のねばり強い養護と注意によって解決する道が選ばれたのである。生まれたての人間は、器官など身体の基本構造から見れば、「巣立つもの」であるけれども、しかし、一種独特な両親への強い依存性を特色とする解決方法が採用されたということになる。

ここに、他の哺乳類には見られない、人間に特有な「家族」誕生の契機がある。つまり、脳髄が高度で複雑であることに起因しておこる、人間に特有な「常態化された早産」が、霊長類の中でも例外的な「たよりない能なし」の新生児を胎外に送り出すこと、それゆえに、その子が自立できるまで、長期にわたる「養護」が必要であること、これが、人間に特有な「家族」の発生をもたらしたということなのである。この「家族」は、母を中核に据えた恒常的で緊密な、ごく小さな血縁的「人間集団」として形成される。

「家族」にこのように特別な方法で依存するのは、哺乳類の中では人間だけである。生まれたてのよく保護されている類人猿の子には、行動や態度や運動、あるいはコミュニケーションの手段において、本質的に新しいものが生じてくる可能性は、もはや与えられていない。

ところが一方、人間では、他の哺乳類であれば、まだ暗い母のおなかの中で、純粋に自然法則のもとで温和に発育を続けなければならないはずのこの時期に、この「子宮外的な時期」を与えられたことによって、突然、社会的・歴史的法則のもとに立たされ、本質的に新しい特殊な発達の可能性がひらかれることになった。類人猿は、完全な完成形に近い、終局的なこぢんまりした状態に急速に成長するのに対して、人間は、それまでとは比べようもなく多様で複雑で刺激的な子宮外の自然的環境のもとで、「巣ごもり」によって、ゆっくりと時間をかけて成長していく。そして、このことが、人間に特有な「家族」、「言語」、「直立二足歩行」、そして「道具」の発生という、地球の生物進化史上、まったく予期せぬ重大な〝出来事〟をひきおこすことになったのである。

「家族」がもつ根源的な意義

新生児は、人間形成にとって決定的に大切な誕生以後のほぼ一年間を、母の暗いおなかの中で、自然法則のもとで発育するのではなくて、「常態化した早産」によって外界に生まれ出ることで、多くの刺激のみなもとをもつ大地と自然の中で、同時にはじめは「家族」の中で、そしてやがてより広い社会環境の中で、まだどのようにでもなる可能性を秘めた素質に、様々な体験を通して刺激を与えられながら過ごすことになる。

この生後第一年の乳児を思い浮かべると、脳髄がいかに指導的な役割を果たしているかにすぐさま気づく。それは、具体的には、動機体系の強さ、直立すること、話すこと、そして世界を体験しようとする努力の強さなどに見られる。

まず、「養護の強化」のために自然にあらわれてくる、母親を中核にした父親・兄・姉・祖父母・おじ・おばなどとの緊密なコミュニケーションの中から、必然的に音声言語が発達し、このことによって、さらに脳髄の発達が促進される。それがまた人間に特有な「二足直立歩行」を惹起し、さらに両手の自由の獲得によって、「道具」の使用へとすすむ。「言語」、「二足直立歩行」、「道具」の三者が緊密に内的に連動しつつ、「二足直立歩行」をはじめる十一～十二ヵ月ごろになると、ことばの模倣が盛んになり、脳髄を一層刺激し、新たな発達段階へとすすむ。

「直立二足歩行」、「言語」、「道具」の使用という人間的な特徴が、そもそもはじめからどんなに社会的特徴をもつ現象なのかということが、この状況をつぶさに想像するだけでも明らかになってくる。周囲の人々の助けやそそのかし、励ましと、幼児の側の創造的な能動性と模倣への衝動、この二つの側面は分けがたく相互作用を絶え間なく営みながら、その発達過程を特色づけている。乏しい本能によって固定された行動様式しかもたない他の哺乳類とはちがって、練習しながら本当に人間的な可能性を成熟させつつ発達する人間のためには、どんなに長い時間がそこには必要であるかが分かってくる。と同時に、個体発生の様々な発達現象との密接な連関によって、一人の人間の発達がはじめて成立することも理解できる。

こう見てくると、人間に特有な「常態化された早産」に起因して派生した「長期にわたる養護」が、人間に特有な「家族」をもたらすこと、そしてその「家族」が、人間発達にとっていかに根源的で基底的な役割を果たしているのか、その重大さに気づくのである。

しかも、人間の場合、どの哺乳動物よりも、どの霊長類よりも、その発達は緩慢であり、長期にわたっている。性的成熟の時期、つまり生殖可能な状態に到達する時期が、他の哺乳類のウシの場合であれば、誕生から一年半ないし二年、ウマが三〜四年、サルが四〜五年、チンパンジーでも八〜十年であるのに対して、人間は十三〜十五年といわれている。他の哺乳類や霊長類に比べて、人間の性はいかに成熟が遅く、したがって、世代交代までの期間がいかに長いかが分かる。

このように、人間の「家族」が極めて長期にわたって安定的であることを考えあわせると、人間にとって「家族」というものが、人間発達の不可欠の場として、他の動物の場合よりもいかに大きな意義を有しているかが、一層はっきりしてくる。

以上のように考察してくると、「家族」、「言語」、「直立二足歩行」、「道具」という四つの人間の発達事象は、相互に深く密接に作用し合うものでありながらも、なかんずく「家族」は、他の三つの事象の根っこにあって、それらの発達を支える基盤を形成しつつ、それ自身の役割をも同時に果たしていることが分かってくる。つまり、「家族」は、四つの事象の中でも、人間が人間になるための最も基底的な役割を果たしてきたと推論できるのである。しかも、受精卵から成人に達するまでの個体発生が、「直立二足歩行」

が可能になり石器をも使用する最古の人類があらわれた二百数十万年前から今日に至るまで、永続的に繰り返されてきたことを思う時、「家族」は、「常態化された早産」が発生したその時から今日まで、人間が人間であるために、必要不可欠の役割を演じ続けてきたといわなければならない。

「家族」が人間を人間にしたのである。そして、「家族」がなくなった時、人間は人間ではなくなるのである。

人間が人間であるために

受精卵の子宮壁への着床から成人に至る人間の個体発生の過程は、これまでも繰り返されてきたし、これからも永遠に繰り返されていくであろう。だとすれば、「常態化された早産」によってあらわれる脳の未成熟な「たよりない能なし」の新生児も、これから将来にわたっても永遠に繰り返されて、母胎の外にあらわれてくることになる。

子宮内の変化の少ない温和な環境から、突然外界にあらわれた新生児の新たな環境は、母の胎内とはまったくちがったものである。それは、「家族」という原初的ないわば社会環境と、それをとりまく大地という自然的環境、この二つの要素から成り立っている。人類が出現した時点から数えても、今日まで少なくとも二百数十万年もの間、人間の赤ちゃんは、子宮内の温和な環境から、突然、この二つから成る環境、すなわち原初的な社会環境である「家族」と、大地という自然的環境に産み落とされ続けてきたことになる。昔と変わらず今日においても、胎外に生まれ出たこの未完の素質を最初に受け入れ、「養護」する場は、ほかでもなく「家族」であり、それをとりまく大地である自然なのである。そして、どのようにでも変えうる可能性を秘めたその未熟な脳髄は、繰り返しこの「社会」と「自然」という二つの環境から豊かな刺激を受けつつ変革され、人間特有の発達を遂げながら、他の動物とは際立った特徴をもつ人間につくりあげられてきた。

　人間形成のこの二つの環境は、少なくとも二百数十万年という長い人類史の大部分の間、主として自然界の内的法則のみに従って、基本的には大きな変容を蒙ることもなく、緩慢な流れの中にあって、時代は過ぎていった。ただし、原初的な社会環境である「家族」の方が、まず先行して、ゆっくりではあるが徐々に変化の兆しを見せはじめる。

　すべての動物がそうであるように、人間も、自然とのあいだの物質代謝過程の中ではじめて、生命を維持していくことができるのであるが、人間の場合、この物質代謝過程を成立させているのが労働である。この人間労働は、自然を変革すると同時に、人間自身をも変革し、人間特有の脳髄の発達を促し、それが機縁に「早産」が常態化して、人間に特有な「家族」が編み出されてきた。すでに見てきたように、この「家族」を基盤に人間発達のその他の三つの事象、「言語」、「直立二足歩行」、「道具」が相互に密接に作用し合い連動しつつ、人間は、他の動物にはない特異な発達を遂げてきたのである。

　こうした人間特有の三つの事象の中でも、とりわけ「道具」の発達は、人類史を大きく塗りかえていく。ささやかな原始的石器から、高度に発達した現代の巨大技術体系に至るまで道具の発達を辿ると、生産力の爆発的ともいえる驚くべき凄まじい変化をまざまざと見せつけられる。その間、人類始原の自然状態から、古代奴隷制、中世封建制を経て、近代資本主義に至るまで、生産手段（土地と生産用具）の所有のあり方に注目するならば、直接生産者と生産手段との原初的結合状態から次第に分離へとむかい、ついには資本主義の成立によってはじめて、両者は完全分離の状態に達する。一方の極には、社会的規模での莫大な生産手段が集積し、それを私的に所有する資本家層が形成され、他方の極には、生産手段をもたず、自らの労働を商品として売る以外に生きる術《すべ》のない圧倒的多数の大群が形成され、賃金労働者としてあらわれてくる。

ここで注意しなければならないことは、この生産手段と直接生産者である人間との完全分離は、少なくとも二百数十万年ともいわれる人類の長い歴史から見れば、たかだか近代資本主義の成立以後の、ごく短い二、三百年の間におこった現象にすぎないということである。つまり、人間は、二百数十万年ともいわれる長い人類史のほとんど大部分の間を、自己のもとに生産手段を結合させた状態で、何らかの形の「家族」を基盤に、これをすぐれた労働の組織として機能させながら、自然と人間との間の物質代謝過程を維持してきた。その意味でも「家族」は、自然に開かれた回路であり、自然と人間とをつなぐ接点であり続けてきたと言えよう。

こう見てくると、「家族」は、人類の歴史のほとんど全期間を通して、先にも触れたように、他の動物とはちがう、人間が人間として発達する重大な契機となった「言語」と「二足直立歩行」と「道具」を生み出し、かつ、それらの発達を促す母胎ともいうべき基底的で大切な役割を果たし続けてきたことが分かる。

「家族」が直接、生産手段との結合を保っている間は、基本的には「家族」本来の機能は失われずに維持されてきた。生産手段と「家族」の分離が決定的になったのは、世界史的に見れば一八世紀のイギリス産業革命にはじまる近代資本主義の成立期からのことであり、わが国であれば、戦後の一九五五年からおよそ二〇年間の高度経済成長期でのことであった。二百数十万年の長きにわたる人類の歴史からすれば、「家族」のこの激変は、まさにこの間の一瞬のうちの出来事であったといわなければならない。「未熟な新生児」を受け入れ、人間を人間たらしめ、さらには人間の発達を支え、それを長期にわたって保障してきた「家族」は、生産手段からの完全な乖離によって、その機能を急速に衰退させ、変質を遂げていった。そして、今日世界を風靡している市場原理至上主義「拡大経済」は、さらに「家族」の変質を執拗に迫りながら、人間の発達を保障するもうひとつの場、すなわち自然をも短期間のうちに急激に悪化させ、人間のライフスタイルの人工化を根底からとどまることを知らぬ勢いでおしすすめていったのである。

こうした「家族」の急激な変化と自然の荒廃の後にあらわれた「未熟な新生児」は、たまったものではない。「家族」と自然というこの二つの大切な受け皿を失い、人間や自然との豊かな触れあいを閉ざされたまま、一気に「世界最先端のＩＴ社会」という大地から隔絶された虚構の世界に投げ出されるのである。この「家族」と自然の急激な変化によって、「未熟な新生児」は人間になることを阻害され、人間の「奇形化」の進行をも余儀なくされていく。

「個体発生は、系統発生を繰り返す」というテーゼのもつ意味を重く受けとめるならば、人間が人間であり続けるためには、自然に根ざした「家族」が、これからも基底的な役割を果たし続けなければならないはずである。自然に根ざした「家族」がなくなった時、おそらく人間は人間ではなくなるにちがいない。このことは、今日、市場原理至上主義「拡大経済」が荒れ狂う中で、自然との回路を断たれた「家族」が本来の機能を失い、空洞化し、崩壊の危機に晒されているまさにその時に、子どもの世界にこれまで想像もできなかった異変が次々に発生し、深刻な社会問題を引き起こしていることから見ても、十分に頷けるであろう。幼い〝いのち〟のあまりにも大がかりな犠牲による、あってはならないこのような「社会的実験」によってでしか、「家族」のもつ根源的な役割とその意義が立証されないとするならば、それは、あまりにも残酷で恐るべき仕打ちであるというほかない。

それにしても今や私たちは、自然が、そして「家族」がこれまで人間にとって根源的であったし、これからも人間が人間であるためには、未来永劫にわたって「家族」と自然が根源的であり続けなければならないということを、理論的にも、また今日の世界の現実からも、ようやく明らかにすることができるようになってきたのである。それは、「家族」が、そして「地域」が疲弊し、衰退と崩壊の一途を辿る中で、人間がズタズタに分断され、「無縁社会」の闇に呑み込まれていく今日の凄まじい現実、つまり日本社会が根っこから崩れていく姿を目の前にして、多くの人々がこのことに気づきはじめたからではないだろうか。

第四章
「菜園家族」構想とその基礎
―二一世紀の「地域生態学」的未来社会論―

甦る大地の記憶
心ひたす未来への予感

第三章で述べてきたように、自然に根ざした「家族」は人間にとって根源的であり、おそらく遠い未来においてもそうあり続けるであろう。まさにこのテーゼが、二一世紀の未来社会構想として私たちがここ一六年来提起してきた週休（2＋α）日制（但し1≦α≦4）のワークシェアリングによる三世代「菜園家族」構想にとって、揺るがすことのできない大前提になっている。

戦後まもなくはじまった農地改革によって地主・小作制が撤廃され、たけのこの如く次々と自作農が誕生した。彼らは創造性豊かな農業の再生に奮闘し、実に多種多様な品目の栽培や飼育に取り組み、篤農家と呼ばれる先進的農家が続々とあらわれてきた。農業生産は飛躍的に増大し、明るい農村の建設へと向かった。敗戦直後の想像に絶する食糧難にあって、貧窮とひもじさに苦しみながらも、不思議なことに人々は明日への希望に燃えていた。こうした時代の雰囲気の中で、活気を取り戻した自作農のまさに縁の下の力に支えられるようにして、都市労働者も知識層も広範な人々と共に、反戦平和と民主主義、そして文化国日本の建設をめざした。一時期とはいえ全国津々浦々に国民的運動が湧き起こり、その高揚期を迎えたのである。

しかしそれも束の間、一九五〇年に勃発した朝鮮戦争による軍事特需を契機に、日本の資本主義は復活のきっかけをつかみ、やがて農業・農村を犠牲にする重化学工業偏重の高度経済成長へと邁進していった。今日の農山漁村の過疎・高齢化と都市の異常なまでの過密化という国土の荒廃と、経済・社会の衰退と行き詰まりの根源的な原因は、このときすでに社会の深層に胚胎していたのである。

戦後一九五〇年代半ばからはじまる高度経済成長は、農山漁村から大都市への急速な人口移動をおしすめながら、大量生産、大量浪費型の経済システムを確立していく。こうした中で、人間の欲望は際限なく拡大し、人々はモノとカネと快適な生活を追い求め、酔い痴れていく。人間にとって根源的で大切なものは見失われ、置き去りにされていった。つまり私たちは、こうしたことがいずれもたらす深刻な事態に気づくことなく、人間が人間であるために根源的であるはずの「家族」と「地域」を不覚にもないがしろにし、ついには一瞬のうちに衰退の淵へと追い遣ってしまったのである。このことへの深い内省とそこから来る透徹した洞察なしには、これからの二一世紀の社会構想は、いずれ不徹底なものに終わらざるをえないであろう。そんな時代に私たちは立たされている。

生産手段の分離から「再結合」の道へ ―「自然への回帰と止揚《レボリューション》」の歴史思想

一九世紀末までに人類が理論的成果として到達した未来社会論、すなわち生産手段の社会的規模での共同所有を基礎に、社会的規模での共同管理・共同運営を優先・先行させる社会実現の道を、ここでは仮に、資本主義超克の「A型発展の道」（従来型の社会主義・共産主義への道）としよう。この「A型発展の道」

は二〇世紀末、ソ連・東欧の社会主義体制の崩壊によって頓挫し、その理論が重大な欠陥と限界を露呈し破綻したことについては、第一章で触れたところである。

この「A型発展の道」の理論的破綻の原因は何だったのか。二〇世紀におけるこの理論の現実社会への適用と実践の総括をふまえ、今こそ深く究明しなければならない時に来ている。今あらためてその原因を明らかにすることによってはじめて、混迷する二一世紀世界と何よりもわが国の今日の現実をふまえた、私たち自身のもう一つの新たな未来への道、すなわち「地域生態学」に立脚した二一世紀の未来社会論を見出すことができるのではないか。その詳細については、前著『静かなるレボリューション』で敢えて一九世紀に遡り、深く考察してきた。

本質的には一九世紀と同様に、今日においても資本の自己増殖運動の進展に伴い、社会の一方の極には、人口の圧倒的多数が生活の基盤を失い、根なし草同然の賃金労働者となって累積し、熾烈なグローバル市場競争に晒されながら過剰生産、労働力過剰の煽りに苦しみ、そこへ不況と恐慌が周期的に襲うことになる。リストラの恐怖におびえつつ残業漬けの毎日をおくりながら、ますます減っていく夫の収入。それを補おうと、女性もパートや派遣の不安定労働へと駆り出されていく。そのために、子供は託児所に、老人は介護施設にあずけなければならなくなる。するとその分、現金収入がさらに必要になり、劣悪な条件のパートを渡り歩いてでも働きつづけなければならないという悪循環のスパイラルに陥っていく。自立の基盤を失った家族、なかんずく国民の圧倒的多数を占める根なし草同然の賃金労働者家族の不安定性はいっそうあらわになる。もともとあった家族固有の機能は衰退し、家族そのものが崩壊の危機に晒されていく。そして、子供の育つ場は失われ、児童の成育に重大な支障をきたすようになる。

今日のように生産力が極端に歪められたもとで発展した高度情報化社会、とりわけ一九七〇年代以降の「経済の金融化」の時代にあっては、子供たちは自然から隔離され、極めて人工的な環境の中でバーチャルな世界にますます追い遣られていく。大人社会の競争原理が子供たちの世界にも即持ち込まれ、家族の教育への投資、受験競争が異常なまでに過熱し、小さな心を苦しめる。子供たちの精神は荒《すさ》み、異常な状態に追いつめられ、今までには考えられもしなかった青少年の奇怪な犯罪が急増する。

こうして人類史上どの時代にも見られなかった家族の全般的危機状況が、現代資本主義のこの時代にはじめて、むごい様相を呈してあらわになってきた。生産力が高度に発展し、商品化された生産物が溢れんばかりに社会をおおいながら、それに逆比例するかのように、家族の危機と人間精神の荒廃は容赦なく進行していく。

こうした事態の中から不可避的に導き出されてくるものは、生産手段（生きるに必要な最小限度の農地・生産用具・家屋など）と直接生産者である現代賃金労働者《サラリーマン》との「再結合」によって、家族が自給自足度を高め、グローバル市場原理に抗する免疫力を身につけ、自らの自然治癒力を可能な限り高めることである。それはとりもなおさず、ますます深刻化する容赦のない市場の横暴から自己の生活を正当防衛するための新たな家族形態、すなわち「菜園家族」の創出であり、これを優先・先行させる社会発展の道（B型発展の道）である。つまりそれは、生産手段と人間が有機的に結合していた人類始原の自然状態から、私的所有の発生を契機に、次第に生産手段と直接生産者との分離がはじまる「資本の本源的蓄積過程」を経て、さらに近代に至って両者が完全に分離していくまさにその過程で新たに生まれ拡大する社会の根本矛盾を、生産手段の共有化（A型発展の道）によってではなく、「自然への回帰と止揚《レボリューション》」の歴史思想とその現実的方法、つまり生産手段と現代賃金労働者《サラリーマン》の両者の「再結合」によって克服するという、人類史上未踏の道を切り開こうとするものなのである。

現代賃金労働者《サラリーマン》との「再結合」の対象として想定される生産手段は、もちろん大工業の機械設備や工場などではなく、個々の人間にとって生きるために何よりもまず不可欠な衣食住、中でも食料を必要最小限度生み出すに十分な一定限度の農地と生産用具を指している。このような生産手段と現代賃金労働者《サラリーマン》との「再結合」によってはじめて、農的家族小経営の基盤は甦り、日常生活の直接の場そのものに豊かな人間発達の諸条件が回復し、人間の全面的発達を促す可能性が大きく開かれていく。つまりこの過程は、大地に根ざした個性的で創造的な人間一人ひとりの活動と人間的鍛錬を通じて、非民主的で中央集権的な独裁体制の生成と増幅を抑制し阻止する豊かな土壌と力量を社会の内部に涵養していく極めて重要なプロセスにもなっている。これは、資本主義超克の「A型発展の道」の挫折という世界史的な苦い経験から学びとり導き出された、貴重な帰結なのである。

「菜園家族」構想は、この新たな道を旧来の「A型発展の道」に対置して、資本主義超克の「B型発展の道」、すなわち「菜園家族」を基調とするCFP複合社会（本章の後の項目「世界に類例を見ないCFP複合社会 ― 史上はじめての試み」で詳述）を経て、人間復活の高次自然社会へ至る道と位置づけ、二一世紀の新たな未来社会論の試論として展開するものである。

「菜園家族」構想の理念とその歴史的意義

二一世紀の未来社会論は、人類史の基底に脈々と受け継がれてきた「自然への回帰と止揚《レボリューション》」という民衆の歴史思想、つまり「自然と人間の再融合」の思想にしっかり裏打ちされたものでなければならない。ここで提起する「菜園家族」構想では、現状からあるべき未来社会に至るプロセスに、中間項とも言うべき実に長期にわたるCFP複合社会（後述）、つまり資本主義セクターCと家族小経営セクターFと公共的セクターPの三つのセクターからなる複合社会を設定している。これによって、創造性豊かなこの複合社会形成の全過程を通じて、人々は自らの生産と暮らしの場において自己を鍛錬し、世界の道理を深く究め、優れた英知を獲得していく。こうしてはじめて、形骸化し形式化された上っ面だけの民主主義ではない、真の草の根民主主義思想の熟成は可能になる。

しかもこのプロセスは、身近な地域から自らの手で次代の生産と暮らしの礎を一つひとつ時間をかけて積み上げていく過程でもある。こうした実に長期にわたるプロセスを抜きにしたどんな「革命」も、たとえそれが議会を通じて一時期政権を掌握できたとしても、結局は、民衆の精神的・物質的力量の脆弱さ故に綻びを見せはじめ、新たな専制的権力の跳梁を許し、ついには挫折せざるを得ない。まさにこの重い歴史的教訓の核心こそが、「静かなるレボリューション」としての「菜園家族」構想に込められた変革の根源的な思想なのである。

一八世紀産業革命以来、大地から引き裂かれ、「賃金労働者」となった人間の社会的生存形態は、今ではすっかり人々の常識となってしまった。しかし、やがて二一世紀世界が行き詰まる中で、これに代わって新しく芽生えてくるものに、その席を譲らざるをえなくなるであろう。根なし草同然の賃金労働者が生産手段（生きるに必要な最小限度の農地・生産用具・家屋など）との再結合を果たすことによって生まれる「菜園家族」は、まさしくこうした時代転換の激動の中から必然的にあらわれてくる、人間の社会的生存の新たなる普遍的形態なのである。

「菜園家族」構想は、新しいこの人間の社会的生存形態とそれに基礎を置く新たな家族の登場の必然性と、人類史におけるその位置を明らかにすることから説き起こしている。その上で「菜園家族」に人間本来の豊かさと無限の可能性を見出し、人類究極の夢である大地への回帰と、人間復活の自由・平等・友愛の高次自然社会への止揚の必然性とその展開過程を探ろうとしている。

ここで刮目すべきことは、この展開過程の初期段階に「菜園家族」基調のＣＦＰ複合社会を明確に位置づけていることである。このことによってはじめて、「菜園家族」基調の自然循環型共生社会（資本主義セクターＣの公共的セクターＰへの質的変化にともなって漸次達成されるＦＰ複合社会）を単なる理念として終わらせることなく、そこへ到達するプロセスをより現実的、具体的かつ多面的に論じることが可能になってくる。

つまりこのＣＦＰ複合社会の設定によって、人類の最終目標とも言うべき高次自然社会に至る実に長期にわたる過程に、具体的な二つのプロセス、すなわちＣＦＰ複合社会の揺籃期（制度的には未確立の段階で、ごく限られた個々の人々によって細々と模索されている今日の時代）と、「真に民主的な政府」のもとではじめて始動するＣＦＰ複合社会の本格形成期の両者が、一体的に人々の意識の俎上にのぼってくる。そして、現実世界は極めて動態的かつ多様であり、観念の中で未来社会論を専ら訓詁学的に論ずるだけでは、もはやどうにもならないことに気づかされるはずだ。ＣＦＰ複合社会を遠い未来への中間プロセスに位置づけ、それ自体を今日との連続性の中で社会変革の必要不可欠の階梯として重視するこの未来社会論が、過去のいかなる理論にも増して現実味を帯びてくる所以もここにある。

近代の価値観とはまったく異なる次元に、それとは対峙して、自然治癒力に優れ生き生きとした抗市場免疫の自律的家族、つまり「菜園家族」を地域に一つひとつ着実に築き上げていく。生活の自己防衛とも言うべき民衆のこうした日常普段の人間的営為は、やがて広く国民の合意を得て「菜園家族」型ワークシェアリングとして制度的にも確立され、地域に定着していくことであろう。

「生産手段の共同所有」ではなく、「現代賃金労働者《サラリーマン》と生産手段との再結合」を基軸に論理構成される近代超克のこの未来構想は、一九世紀以来考えられてきた数々の未来社会論をはるかに超えて、精神性豊かな新たな社会のあり方と、そこへ到達する現実社会に根ざした具体的かつ着実な道筋をも提起しているところにその特長がある。それは戦後高度経済成長の過程で無惨にも衰退していった家族と、その母胎とも言うべき森と海を結ぶ流域地域圏《エリア》を一体的に甦らせ、農山漁村の過疎高齢化と都市の過密化とを同時解消するとともに、「菜園家族」基調の自然循環型共生の個性豊かな基礎的「地域」を日本列島の隅々にまで一つひとつバランスよく築き上げていく。こうして国土全体は、グローバル市場に対峙する抗市場免疫の自律的世界にゆっくり時間をかけて熟成されていくのである。

以下、具体的に説明していきたい。

週休（2＋α）日制のワークシェアリングによる三世代「菜園家族」構想

市場原理至上主義の社会にあって、市場競争の荒波に耐え、家族がまともに生きていくためには、まず家族は生きるために必要なものは、大地に直接働きかけ、できるだけ自分たちの手で作るということを基本に据えなければならない。このことによって、現金支出をできるだけ少なくおさえ、生活全体の賃金への依存度を最小限に抑制し、市場が家族に及ぼす影響をできる限り小さくする。つまりそれは、家族が苛酷な市場原理に抗する免疫を自己の体内につくり出し、自らの自然治癒力を可能な限り回復することである。そして、さらにはこの免疫的自然治癒力を家族内にとどまらず、家族と家族の連携によって次第に地域に広げ、抗市場免疫の自律的地域世界を構築していくことなのである。これはいかにも素朴で単純な方法のようであるが、原理的には、こうすること以外に家族が市場競争に翻弄されることから逃れ、自由になる術はない。

週休（2＋α）日制のワークシェアリングによる三世代「菜園家族」構想（但し1≦α≦4）は、今日、自立の基盤を失い危機的状況に陥っている家族の再生と、何よりも人間の真の復活を基本目標に据えている。一九世紀以来、熾烈な市場競争の中でみじめなまでに貶められた人間の尊厳を、二一世紀においてなんとか取り戻すのである。「菜園家族」構想は、この目標実現のために、新しい社会のあり方を提起している。戦後高度経済成長の過程で衰退した家族と、森と海を結ぶ流域地域圏《エリア》を一体的に甦らせ、農山漁村の過疎高齢化と都市平野部の過密を同時解消し、「菜園家族」を基調とする抗市場免疫の自律的世界、すなわち自然循環型共生の地域社会を、国土全体にバランスよく構築することをめざしている。

週休（2＋α）日制のワークシェアリングのαを1、2、3、4に設定すると、それぞれ週休3日制、週休4日制、週休5日制、週休6日制ということになる。つまり、人々の働き方の選択肢が、個々の家族や個人それぞれの条件に応じて、さらには社会の成熟度や社会発展の水準に照応して、より柔軟なものになることを意味している。この「菜園家族」型ワークシェアリングの今考えられる理想的な標準的目標として、αを3に設定するならば、週休5日制となる。以下、説明の都合上、週休5日制を基本例にして具体的に説明していくことにする。

週休5日制の「菜園家族」型ワークシェアリングの場合、具体的には、人々は週のうち2日間だけ〝従来型の仕事〟、つまり民間の企業や国または地方の公的機関の職場に勤務する。そして、残りの5日間は、暮らしの基盤である「菜園」での栽培や手づくり加工の仕事をして生活するか、あるいは商業や手工業、サービス部門など非農業部門の自営業を営む（前者を「菜園家族」、後者を「匠商《しょうしょう》家族」と呼ぶが、ここでは両者を総称して、広義の意味での「菜園家族」とする）。週のこの5日間は、三世代の家族構成員が力を合わせ、それぞれの年齢や経験に応じて個性を発揮しつつ、自家の生産活動や家業に勤しむと同時に、ゆとりのある育児、子どもの教育、風土に根ざした文化芸術活動、スポーツ・娯楽など、自由自在に人間らしい豊かな創造的活動にも携わる。

「菜園家族」が都市から帰農して自給自足を試みる特殊な家族の特殊なケースとしてではなく、社会的に一般的な存在として成立するためには、一定の条件が必要となってくる。それが社会的に定着した制度としての週休（2＋α）日制のワークシェアリングなのである。つまり、週休5日制を例にすれば、週に2日は社会的にも法制的にも保障された従来型の仕事から、それに見合った応分の給料を安定的に確保し、その上で、週5日の「菜園」あるいは「匠・商」基盤での仕事の成果と合わせて生活が成り立つようにする。これは一人当たりの週労働時間を短縮し、「菜園」あるいは「匠・商」を基盤にすることによって成立するいわば「短時間正社員」という新しい働き方、つまり「菜園家族」型ワークシェアリングによる新しいライフスタイルの実現とも言える。人類にとってもともとあった自己の自由な時間を取り戻す、まさに人間復活そのものなのである。

週休5日制の「菜園家族」型ワークシェアリングが実現すれば、単純に計算して、一人当たりの週の従来型の勤務の日数は五分の二に短縮され、それにともなって社会全体としては、雇用の数は二・五倍に増加する。その結果、今日ますます増大していく失業や派遣労働、パートといった劣悪で不安定な雇用を根本的に解決していく道が大きく開かれていくであろう。その上、職業選択の幅が拡大し、ゆとりのある働き方が地域社会に次第に定着していく。これによって、住民が家族や地域に滞留し活動する時間は飛躍的に増大し、地域の自然的、人的、文化的潜在力は最大限に生かされ、精神性豊かな生活とゆとりのある地域づくりが可能になってくる。

今日、とくに女性の場合は、出産や育児や家事や介護による過重な負担が強いられ、職業選択の幅が狭められている。出産・育児や介護か、それとも職業かの二者択一が迫られ、その中間項といえば、劣悪な条件のパートや派遣労働しかないのが現実である。週休（2＋α）日制の「菜園家族」型ワークシェアリングが定着すれば、例えば週休5日制の場合なら、男性も女性も週2日だけ「短時間正社員」として〝従来型の仕事〟に就けば、残りの週5日間は、「菜園」またはその他「匠・商」の自営の基盤で家族とともに暮らすことが、社会的にも法制的にも公認され、保障される。したがって、こうした問題は次第に解消され、夫婦がともに協力し合って家事・育児・介護にあたることが可能になり、男女平等は現実のものになってくる。

このようにして、「菜園家族」を基調とする新しい社会では、女性の「社会参加」と男性の「家庭参加」「地域参加」の条件がいっそう整っていく。結果的に、男性も女性も本当に人間らしさを回復し、多くの人々に多種多様で自由な人間活動の場が保障されることになるであろう。このような条件を得る中で出生率も改善の方向へと向かい、少子高齢化社会は根本から解決されていくであろう。

こうした新しい働き方は、後で触れることになるが、森と海を結ぶ流域地域圏《エリア》の地方自治体と、住民・市民と、企業の三者のたゆまぬ協議と、その成果としての「三者協定」の成立によってはじめて、安定した制度として確立し、広く普及していくことになるであろう。

なお、この「菜園家族」構想における家族構成は、象徴的には祖父母、夫婦、子どもたちの三世代であると表現しているが、現実には三世代同居に加えて、三世代近居という居住形態もあらわれてくるであろう。そして、この二つの形態がおそらくは主流になりながらも、個々人の多様な個性の存在、あるいは本人の個人的意志を越えて歴史的・社会的・経済的・身体的・健康上の要因などによってつくり出されてきた人間や家族の様々な事情や「個性」も尊重されるべきである。それを前提にするならば、多様な組み合わせの家族構成があらわれたり、あるいは血縁とは無関係に、個人の自由な意志にもとづいて結ばれる様々な形態の「擬似家族」も想定されることを、付け加えておきたい。

ここで大切なことを確認しておきたい。ここで例示してきた週休5日制とは、今考えられるあくまでも最終的に到達すべき理想的な一つのバリアントであって、これを固定的に捉えるべきではない。個々人の力量や生き方、嗜好の違い、さらには年齢や性別など家族構成の違い等々、個人や家族の事情によって、また地域の自然や農地の条件等々によって、週休6日なのか、週休5日なのか、週休4日なのか、週休3日なのかといったバリアントを自由に選択できることがとりわけ重要になってくる。こうすることによって、個々の家族がそれぞれの現状から「菜園家族」的生活をスタートするに際して、選択の幅が広がり、よりスムーズな移行が可能になる。〝従来型の仕事〟の職場では、週の中日《なかび》を引き継ぎや会議の日として設定する場合もあろう。職種の特性によって、その他にもさまざまな工夫が編み出されることになるに違いない。その結果、危惧するよりも思いのほか比較的容易にフレキシブルで多様な働き方、暮らし方が地域社会に芽生え、やがて定着していくことになるであろう。

当然のことながら、どのケースでも労働時間の長短によって差別されることなく、「同一労働同一賃金」、「均等待遇」の原則のもと、「短時間正規雇用」としてのそれぞれのバリアントに応分の給与所得と労働者としての基本的権利、そして何よりも「菜園」あるいは「匠・商基盤」が公的に保障されることになる。それと同時に、子育て、教育、医療、年金、介護、生活保護等々については、「菜園家族」構想の理念に基づく新たなライフスタイルに見合った、未だかつて見ることのなかった、それこそ画期的な二一世紀型の革新的な、弱者を決して排除することのない素晴らしい社会保障制度（本書の第十章「『菜園家族』を土台に築く円熟した福祉大国 ―近代を超克する社会福祉制度を探る―」で詳述）が確立されていく必要がある。これこそが人間らしく精神性豊かに生きる未来社会のあり方なのである。

二一世紀の今日、市場競争至上主義の猛威の中、ほとんどの人々が絶望的とも言える社会の不条理に苦しめられている。大多数の人々は、本当はうわべだけの「豊かさ」や上からのお仕着せがましい「安心」などではなく、大地に根を下ろし、自然ととけあい、家族や友人、そして見知らぬ人たちとも、仲良くおおらかに楽しく生きていきたいと望んでいる。現状に馴らされとうに忘れてしまったこの素朴な思いこそが、人間本来の願いであったはずだ。

週休（2＋α）日制の「菜園家族」型ワークシェアリングは、多くの人々のこの切なる願いを叶える新しい社会への道を切り拓く、究極の決定的な鍵となる。そしてそれは、いつの間にか「正規」、「非正規」

という、まるで別々の人間であるかのように分断された現代の私たちに、もう一度、同じいのち、同じ生きる権利を持った、同じ人間同士としての地平に立って考えなおし再出発する、またとない大切なきっかけを与えてくれるにちがいない。今日の日本社会の行き詰まりと、将来不安に苛まれた精神の閉塞状況を打開する道は、どんなに時間がかかろうともこれを措いてほかにないのではないだろうか。

世界に類例を見ないＣＦＰ複合社会―史上はじめての試み

週休（２＋α）日制のワークシェアリングによる三世代「菜園家族」を基盤に構築される日本社会とは、一体どのような類型の社会になるのか、まずその骨格に触れたい。

それは、「菜園家族」基調の自然循環型共生の理念を志向する真に民主的な地方自治体と、これらを強固な基盤とする国レベルの民主的政府の成立によって、本格的な形成過程に入るのであるが、この社会はおそらく、今日のアメリカ型資本主義社会でも、イギリス・ドイツ・フランス・北欧などの資本主義社会でもない、あるいはかつての「ソ連型社会主義」や今日の「中国型社会主義」そして「ベトナム型社会主義」のいずれでもない、まったく新しいタイプの社会が想定される。

「菜園家族」構想によるこの社会の特質は、大きく三つのセクターから成り立つ複合社会である。第一は、きわめて厳格に規制され、調整された資本主義セクターである。第二は、週休（２＋α）日制のワークシェアリングによる三世代「菜園家族」を主体に、その他「匠・商基盤」の自営業を含む家族小経営セクターである。そして、第三は、国や都道府県・市町村の行政官庁、教育・文化・医療・社会福祉などの国公立機関、その他の公共性の高い事業機関やＮＰＯや協同組合などからなる、公共的セクターである。

第一の資本主義セクターをセクターＣ（Capitalism のＣ）、第二の家族小経営セクターをセクターＦ（Family のＦ）、第三の公共的セクターをセクターＰ（Public のＰ）とすると、先にも述べたようにこの新しい複合社会は、より正確に規定すれば、「菜園家族」を基調とするＣＦＰ複合社会と言うことができる。

セクターＦの主要な構成要素である「菜園家族」にとっては、四季の変化に応じてめぐる生産と生活の循環がいのちである。したがって、「菜園家族」においては、この循環の持続が何よりも大切で、それにふさわしい農地や生産用具や生活用具を備えることが必要である。また、それらの損耗部分は、絶えず補填しなければならない。主としてこうした用具や機器の製造と、その損耗部分の補填のための工業生産を、セクターＣが担う。

次に、セクターＣが担うもう一つの大切な役割は、国内向けおよび輸出用工業製品の生産である。ただし、これも生産量としては、きわめて限定される。日本にはない資源や不足する資源が当然あり、これらは、外国からの輸入に頼らなければならない。輸出用工業製品の生産は、基本的には、この国内にはない資源や不足する資源を輸入するために必要な資金の限度額内に、抑えられるべきである。今日の工業生産と比べれば、それははるかに縮小された水準になるにちがいない。従来のように国内の農業を切り捨て、「途上国」の地下鉱物資源を際限なく乱開発してまでも工業生産を拡大し、貿易を無節操に拡張しなければ成り立たない経済とは、まったく次元の異なったものが想定される。理性的に抑制された公正な調整貿易のもとで、できるかぎり農・工業製品の「地産地消」を追求していく。

一方、勤労者の側面から見ると、「菜園家族」の構成員は、週休（２＋α）日制のワークシェアリングのもとで、例えば週休５日制の場合、〝従来型の仕事〟つまりセクターＣあるいはセクターＰで週２日働くと同時に、セクターFの「菜園」またはその他「匠・商」の自営業に5日間携わることになる。その結果、自給自足度の高い、生活基盤のきわめて安定した勤労者になるであろう。したがって、夫婦それぞれがセクターCあるいはセクターPの職場から得る応分の賃金所得をあわせれば、十分に生活できるように調整することは可能なはずである。

このように考えてくると、企業からすれば、従来のように従業員とその家族の生活を、賃金のみで一〇〇パーセント保障する必要はなくなる。企業は、きわめて自足・自立度の高い人間を雇用することになるからである。もちろんそれは、今日横行している使い捨て自由な不安定雇用とは、まったく違ったものになる。週休（2＋α）日制の「菜園家族」型ワークシェアリングのもとでは、従業員は「短時間正規雇用」として労働者の基本的権利を保障され、かつ「菜園」や「匠・商」という自立の基盤も同時に公的に保障されることが前提だからである。したがって、労使の関係も対等で平等なものに変わり、その上、企業間の市場競争も今日よりもはるかに緩和され、穏やかなものになるであろう。

このようになれば、企業は、今日のように必死になって外国に工業製品を輸出し、貿易摩擦を拡大し、国際間の競争を激化させ、「途上国」に対しては、結果的に経済的な従属を強いるようなことにはならないはずである。むしろ人々の関心と力と知恵は国内に集中され、科学技術の成果は、市場競争のためのコスト削減や売らんがために人々の欲望を掻き立てる目新しい商品開発に向けられるのではなく、もっぱら「菜園家族」を基調とするこの自然循環型共生社会の充実に向けられ、科学技術の本来の目的である人間労働の軽減や人間の幸せのために役立てられることになるにちがいない。

CFP複合社会のセクターの構成に関連して、若干、補足しておきたい。

家族小経営セクターFを主に構成するのは「菜園家族」であるが、流通・サービス部門における八百屋さんや肉屋さんやパン屋さんなどの食料品店や日用雑貨店、そして食堂・レストラン・喫茶店など非農業部門の自営業も、家族小経営の範疇に入ることから、当然このセクターFを構成する重要な要素になる。

このCFP複合社会にあっては、流通・サービス部門は、基本的には家族小経営によって担われるのが基本になるが、一定限度の規模拡大がどうしても必要な場合には、今日の営利至上の大規模量販店に比して多少効率が低下するとしても、生活消費協同組合がそれらを担い、流通・サービス部門での市場競争の激化を抑制することが大切になる。

次にセクターPについてであるが、このセクターは、きわめて公共性の高い部門である。中央省庁や地方の行政官庁のほかに、教育・文化・芸術・医療・介護・その他福祉等々、公共性の高い事業や組織・機構が主要な柱になる。そのほか、特別に公共性が高く、社会的にも大きな影響力を持つ報道メディア（新聞・ラジオ・テレビ等）は、その公共性にふさわしい組織・運営が考えられてしかるべきであろう。また、郵便・電話・情報通信、交通（鉄道・航空・海運等）、エネルギー（電力等）、さらには金融などの事業についても、その社会的役割や公共性を考える時、安易に効率性や利用者の目先の利便性だけを求めるべきではなく、「菜園家族」社会にふさわしい組織・運営のあり方が研究されなければならない。

CFP複合社会のこれら三つのセクター間の相互関係は、固定的に考えるのではなく、この社会全体の成熟度や具体的な現実に規定されながら、流動的に変化していくものと見るべきである。

CFP複合社会の特質

「菜園家族」を基調とするCFP複合社会の重要な特徴について、もう一度ここで整理し、確認しておこう。

週休（2＋α）日制の「菜園家族」型ワークシェアリングによるこのCFP複合社会では、まず第一に、ある特定の個人が投入する週労働日数は、例えば週休5日制の場合、資本主義セクターCまたは公共的セクターPに2日間、そして家族小経営セクターFに5日間と、それぞれ二対五の割合で振り分けられる。従来のいわゆるGDP（国内総生産）には、個人の私的な自給の枠内での生活資料の生産や家事・育児・介護などのサービス労働、さらには非商品の私的な文化・芸術活動などによって新たに生み出される使用価値は反映されていない。今ここで、これらも含めて、国内のすべての生産労働によって新たに生み出される使用価値の実際の総量を考える時、週休5日制のCFP複合社会では、この新たに生み出される使用価値の総量に占める家族小経営セクターFの割合は、単純に計算すると七分の五となり、圧倒的に大きな比重を占めることになる。このこと自体が、資本主義セクターCによる市場原理の作動を、社会全体として大きく抑制することになる。

そして第二に、家族小経営セクターFに所属する自給自足度の高い「菜園家族」またはその他「匠・商」の自営業家族の構成員は、同時に、資本主義セクターCの企業またはセクターPの公共的職場で働く、賃金依存度のきわめて低い勤労者であるという、二重化された人格になっている。こうした二重化された人格の存在によって、市場原理の作動を自然に抑制する仕組みが、所与のものとして社会の中に埋め込まれることになる。

この二点が、ＣＦＰ複合社会の特質を規定する重要な鍵になっている。

家族小経営セクターＦが先述の「使用価値の総量」に占める割合を七分の五、つまり週休５日制にするのか、あるいは七分の四、つまり週休４日制にするのか。どのような比率でこの仕組みを社会に埋め込むかによって、その市場原理への抑制力は、かなり違ったものになるはずである。現実にＣＦＰ複合社会を創出する過程では、中間的移行措置として、先にも触れたように、週休（２＋α）日制のαを１、２、３、４と漸次高めながら導入する方法も考えられるであろう。

週休（２＋α）日制のワークシェアリングによるＣＦＰ複合社会にあっては、今指摘したように、個人の労働の側面から見れば、例えば週休５日制の場合、セクターＣまたはセクターＰには、週７日のうち２日しか労働が投入されていないことになる。したがって、〝従来型の仕事〟の分野には、単純に計算して、週５日の勤務形態で雇用する場合に比べて、社会的には二・五倍の人員の雇用が可能になり、よりおおくの人々がさまざまな職種に就ける可能性が開けてくる。その上、週のうち２日間をセクターＣまたはセクターＰで働く人は、同時にセクターＦでも５日間、「菜園家族」またはその他「匠・商」の自営業の成員として働いていることから、この複合社会にあっては、ほとんどの人々の自給自足度が高くなり、生活基盤もより安定し、精神的余裕も出てくる。それに伴って、セクターＣまたはセクターＰでの職業選択に際しては、従来よりもずっと自由に、自己の才能や能力、あるいはそれぞれの生活条件や志向にあった多様な選択ができるようになるであろう。

さて、セクターＦの「菜園家族」とその他「匠・商」の自営業者は、自給自足にふさわしい面積の畑や田からなる「菜園」を、安定的に保有することになる。有効に利用できずに放置された広大な山林や増大する耕作放棄地をはじめ、農地、工業用地、宅地などを含め、国土の自然生態系は総合的に見直されなければならない。そして、「菜園家族」の育成という目的に沿った国土構想が練られ、最終的には、土地利用に関する法律が抜本的に整備されるであろう。

「菜園家族」のゆとりある敷地内には、家族の構成や個性に見合った、そして世代から世代へと住み継いでいける、耐久性のある住家屋（農作業場や手工芸の工房やアトリエなどとの複合体）が配置される。もちろん、建材に使用するのは、日本の風土にあった国産の木材である。「菜園家族」にとって、週に（2＋α）日間はこの「菜園」が基本的生活ゾーンになり、セクターCまたはセクターPでの〝従来型〟の職場（民間の企業や公共的機関など）は、しだいに副次的な位置に変わっていく。

先にも触れたように、従来、科学技術の発展の成果は、企業間の激しい市場競争のために、つまり、商品のコストダウンや目新しい商品開発のためにもっぱら振りむけられてきた。そして、「グローバル市場競争に生き残る」という口実のもとに、労働の合理化やリストラが公然とまかり通り、不安定労働が増大し、人々はかえって忙しい労働と苦しい生活を強いられてきたのである。

しかし、「菜園家族」を基調とするこのＣＦＰ複合社会にあっては、市場競争ははるかに緩和され、科学技術の成果は、もっぱら「菜園家族」とその他「匠・商」の自営業を支える広範で細やかなインフラに振りむけられていく。それはまた、押し寄せるグローバル市場競争の波の侵蝕に抗して、対抗軸ともなるべき内需基調の地域循環型経済システムの構築を促すことにもなるのである。こうして、人々は、過密・過重な労働から解放される。その結果、自給自足度の高い「菜園家族」とその他「匠・商」の自営業家族は、時間的なゆとりを得て、自らの地域で自由で創造的な文化活動にも情熱を振りむけていくことになるであろう。

このように地域が甦れば、人々が仕事の場を求めて大都市に集中する現象は、極端に減少するはずである。そうなれば、通勤ラッシュや工場・オフィスの大都市への集中は、自然に解消されていく。大都市における自動車の交通量は激減して、交通渋滞はなくなり、静かな街が取り戻されていくことであろう。それだけではない。日本が地震大国であるという自覚のもとに、それこそ住民の安全・安心を本当に考えるというのであれば、人口の大都市集中の解消は、今後三〇年間にマグニチュード七クラスの直下型地震が発生する確率が七〇%と言われている首都圏をはじめ、南海トラフ巨大地震の発生が危惧されている東海・東南海・南海地方の大都市圏にとって、真剣に議論されなければならない緊急の課題であるはずだ。こうした側面からも、「菜園家族」構想は人口の大都市集中の解消と地域分散型の国土計画を重視している。

「菜園家族」構想のもとで、やがて巨大都市の機能は、地方へ分割・分散され、中小都市を核にした美しい田園風景が地方に広がっていくことであろう。今、衰退の一途を辿る地方の中小都市は、地方経済の結節点としての機能を果たしながら、文化・芸術・学問・娯楽・スポーツなどの文化的欲求によって人々が集う交流の広場として、精神性豊かなゆとりのある文化都市に、しだいに変貌していくにちがいない。

甦るものづくりの心、ものづくりの技

いずれ「菜園家族」は、土地土地の気候・風土にあった、しかもこの家族の仕事の内容や家族構成にふさわしい住環境を整えていくことになるでろう。菜園の仕事や家畜の飼育の場、収穫物の加工場や冬の保存食の貯蔵庫など、また手仕事の民芸や、文化・芸術の創作活動などにもふさわしい工房やアトリエを備えた住空間が、必要になってくる。

新建材や輸入木材に頼る従来の方式に代わって、身近にある豊かな森林を活用する時代が再びはじまる。近隣の集落や都市の需要に応えて、日本の林業は次第に復活し、枝打ちや間伐や植林など、それに炭焼きの山仕事、さらには薪や木質ペレットやチップづくりもはじまり、森林は、地元の山村はもとより、山のふもとから広がる平野部農村に散在する「菜園家族」や都市住民のための、重要な燃料エネルギー供給源としても復活していくことになるであろう。

こうして次第に人々が必要に応じて山に入るに従って、針葉樹の杉や檜に代わって、楢やブナやクリなどの落葉樹や、楠や樫や椿の照葉樹なども次第に植林され、日本の森林の生態系は、大きく変化していくことになる。密生した暗い杉や檜などの針葉樹の森に代わって、次第に落葉樹が広がり、太陽の射し込む明るい森林に変容し、昆虫類や木の実を求めるリスなどの小動物も繁殖し、人間の住空間は、やがて森林にむかって広がりを見せるようになるであろう。

これまで大都市に集中してきた日本の家族は、「菜園家族」の魅力にひかれて地方へと移動をはじめ、中山間地にも広がり、国土全体に均整のとれた配置を見せながら、平野部から山麓へ、そして谷あいを伝って奥山へと、土地土地になじんだ菜園と住空間を美しいモザイク状に広げていくことになるであろう。

ところで、昔から職人には、「鋸《のこ》は挽《ひ》き方、鉋《かんな》はつくり方」という言い伝えがある。鋸は挽き方が悪いと、どんなにいいものでも切れないものである。しかし、鉋は、重くて硬い樫の木でつくられていて、刃をしっかり研《と》いで仕込みをちゃんとしておけば、削れるものだという意味である。今ではもう大工道具などは日常の暮らしの中からは、とうに消えてしまった。こうした大工道具の微妙な使い方の違いや、年季の入った〝技〟などは、はるか昔に忘れられてしまったのである。

時間と心の余裕を取り戻した「菜園家族」は、ゆとりある暮らしの中から、再び山の木々を暮らしの中に活かす愉しみをとり戻すことであろう。ブナや楢やケヤキの木は、木工芸品の材として、やがてテーブルや椅子や箪笥《たんす》・食器棚や、子供たちの玩具にも使われるようになるであろう。そして、代を重ねて使えば使うほど、落ち着いた重厚な光沢が増し、人間の心をなごませてくれる。今流行の機能的で軽便な家具類などは、使って年月が経つと薄汚くなり、その点では足もとにも及ばない。

日本伝統の木造の家は、木を主体にして、土と紙を加えてできている。柱は杉がよく使われ、柱と柱の上部に渡して垂木《たるき》を受ける桁《けた》や、上部の重みを支え、柱と柱の間にかける梁《はり》は、曲げに強い松やケヤキや栃やクリなどが使われる。なかでも吸湿性にすぐれた日本の杉は、湿度と温度を日本の気候と風土に合わせて調節してくれる。

遠い昔から多くの文人たちが説いてきた、清楚でつつましやかな生き方というものと、杉の飾り気のない材質は、見事に合っていた。そこで、杉は、建物を支える柱という機能以上に、人々の美意識を研ぎすます役割まで果たしてきた。夏になって障子が開け放たれ、杉の柱が重なる向こうに、縁側が見え、庭の広がる日本の木造建築独特の美しさは、杉の清楚な素材があって成り立っている。こうした住環境は、やがて「菜園家族」とともに復活してくることであろう。

また香りもほのかな杉は、食生活の分野でも大活躍である。杉の樽の酒は、お酒の香りを含みのある豊かなものにし、味噌・しょうゆ・漬物の樽としても愛好されてきた。一方、檜は水に強いので、お風呂の浴槽や流し板などにも使われる。檜風呂は新しければ新しいなりに、ほのかな香りとともに爽やかである。

逆に年季が入ると、まろやかな肌ざわりは、心を和ませてくれる。檜の風呂は、タイルなどの浴槽とは一味も二味も違うものである。

ここにあげた例は、ほんの一例にしか過ぎない。日本人は遠い昔から、針葉樹や落葉樹や照葉樹といった実に多様な性質をもった樹木を、その材質を熟知した上で、暮らしの中に生かしてきた。

こうした日本人の暮らしに最もなじみの深い樹木に、竹がある。竹といえば、なんといっても、日本人には旬の筍《たけのこ》ご飯。この季節に味がのって旨くなる硬骨魚のメバルは、タケノコメバルというほどである。

竹は、成長が早く、強度もあるので、工芸の方面で今後の応用が愉しみである。一般工芸に使われる竹は、真竹《まだけ》・淡竹《はちく》・孟宗竹《もうそうだけ》などで、淡竹は一日に三五センチも伸びるといわれている。今は、化石資源に代わる再生可能な資源の登場が望まれているが、竹はこの意味で、漆などとともに未来の素材だといわれている。

竹は、昔から籠《かご》にもっとも多く使われてきた。背負子《しょういこ》にはじまり、手さげの籠。また、竹のザルにも、円形や半円形、馬蹄形や正方形などいろいろな形があり、サイズも変化に富んでいる。それに、穀類を入れるもの、野菜や山菜、ウドやソバを扱うものと、その用途用途に応じて、竹の太さまで微妙に違う。「ウツボ」などの漁具もあり、また、魚を入れる大小さまざまな籠などがある。小さいものでは竹の鳥籠、もっと小さくなれば竹の箸や茶筅や茶匙などもある。

このように竹は、日本人の暮らしの中で幅広い分野を支え、人々に親しまれてきた。現代の私たちの暮らしの中で見られる金属パイプやプラスチックの棒や筒は、かつてはすべて竹でまかなわれ、タオル掛けや箒《ほうき》やハタキの柄、物干し竿や釣り竿など、すべて竹だった。

光が射し込む窓の障子。木の枝が影絵のように揺らぐ障子の桟《さん》にも、竹が使われている。微妙に曲がった竹を桟に使う感覚は、さすがだ。細く割られた竹の手触りや曲がり具合を、手先で読みとり、見事に編んでゆく竹細工職人。こうしたものを私たち日本人は、なぜ捨ててきたのであろうか。

日本は海の国であると同時に、森の国でもある。やがて、「菜園家族」が復活したならば、この豊かな資源を、ただ経済的実益の視点からだけではなく、私たちの精神を豊かなものに甦らせるためにも、昔の人々の知恵に学びながら、それを生かしていく時代が再びやってくる。

土が育むもの ― 素朴で強靱にして繊細な心

「菜園家族」にとって、畑や田や自然の中からとれるものは、そしてさらにそれを自らの手で工夫して加工し作りあげたものは、基本的には家族の消費に当てられ、家族が愉しむためにある。その余剰はお裾分けするか、一部は交換されることもあろう。また、海岸から離れた内陸部の山村であれば、当然のことながら、森と海を結ぶ流域地域圏《エリア》内の漁村との間に、互いの不足を補い合うモノとヒトと情報の交流の道が開かれてくる。

しかしこれらはすべて、従来のような市場原理至上主義の商品生産下での流通とは、本質的に違うものになるはずである。なぜならば、「菜園家族」では基本的には自給自足され、しかも週休（2＋α）日制の「菜園家族」型ワークシェアリングのもとで、週数日の〝従来型の仕事〟に見合った応分の給与所得が安定的に確保されているために、人々の欲求は専ら多種多様な文化・芸術活動やスポーツやそれぞれの趣味・嗜好などの類いに向けられ、そこでの愉しみを人々とともに共有することが、最大の関心事になるからである。したがってそこでは、営利のための商品化のみを目的にした生産にはなりにくく、流通の意味も本質的に変わってくる。

菜園や棚田、果樹、茶畑、林業、薪・木炭、シイタケ栽培、ヤギや乳牛の高原放牧、養鶏、養蜂、狩猟（イノシシやシカなど）、渓流釣り、木の実などの採取、ぶどう酒の醸造、チーズづくり、郷土色豊かな料理や保存食の加工、天然素材を用いた道具・容器や木工家具の製作、漆工芸、陶芸、裁縫、服飾デザイン、手工芸等々……。これらの中から家族構成に見合った多様な組み合わせを選択し、多品目少量生産の自立した豊かな家族複合経営を次第に確立していく。

秋晴れの気分壮快な日などは、家族みんなそろって山を散策し、きのこや山菜を採ることもあるであろう。祖父母は両親へ、両親は子どもたちへと知恵を授ける絶好の機会にもなる。こうして家族そろって自然の中をのびのびと行動する愉しみは、自然と人間とのかかわりや郷土の美しさ、年長者の豊かな経験の素晴らしさを、子どもたちの脳裏にいつまでも焼き付けていくことになろう。

このように「菜園家族」は、日常のゆとりある暮らしの中で、三世代が相互に知恵や経験を交換し合い、切磋琢磨しながら、土地土地の風土に深く根ざした〝循環の思想〟に彩られた倫理、思想、文化の体系を長い歴史をかけて育んでいく。やがて、こうした暮らしの中から、素朴で郷土色豊かな手仕事の作品をはじめ、大地とその暮らしに深く結びついた絵画や彫刻、民衆の心の奥底に響く歌や音楽や舞踊や演劇、さらには詩や散文など文学のあらゆるジャンルの作品が生み出されていく。作品の展示や発表など、交流の場も地域に定着していくことであろう。「菜園家族」とその地域は、歴史を重ねながら、市場競争至上主義の慌しい「拡大経済」の社会にはなかった、「自然循環型共生」の社会にふさわしい、ゆったりとしたリズムとおおらかな世界観を基調とする新しい民衆の文化、生き生きとした民芸やフォークロアの一大宝庫を創りあげ、子どもや孫の世代へと受け継いでいくにちがいない。

「菜園家族」社会の際立った特徴は、週に（2＋α）日間、〝菜園の仕事〟をすると同時に、家事や育児や子どもたちの教育、それにこうした新しい文化活動を楽しみながら、両親を基軸に、子どもたちや祖父母の三世代家族が全員そろって協力し合い、支え合っている点にある。

両親が基軸になって活動しながらも、子どもたちは子どもたちの年齢に見合った活動をし、祖父母は祖父母の年齢にふさわしい仕事をする。それぞれの年齢や性別によって、仕事の種類や内容はきわめて多様であり、知恵や経験も、そして体力も才能もまちまちである。こうした労働の質の多様性を総合することによって、「菜園家族」はきめ細やかに無駄なく円滑に、仕事や活動の総体をこなしていく。その中で、「菜園家族」に蓄積されたこまごまとした〝技〟が、親から子へ、子から孫へと継承されていく。

子どもたちが病気で寝込むこともあろう。その時には、両親や祖父母が看病し面倒を見ることになる。また、祖父母が長期にわたって病床に伏すこともあろう。その時には、子どもたちが両親に代わって枕元にお茶やご飯を運んだり、祖父母の曲がった背中や冷えた手足をさすったりする。子どもたちができることは、子どもたちが手伝ってくれる。そこには自ずと温もりある会話も生まれる。

こうした家族内の仕事の分担や役割は、子どもたちの教育にも、実に素晴らしい結果をもたらすことになる。祖父母の苦しみを見つめ、それを手助けする。このような日常普段の人間同士の触れ合いの中から、子どもたちの深い人間理解が芽生えてくる。言ってみれば、子どもが枕元にお茶を運ぶという一つの行為が、祖父母にとっては心あたたまる何よりの介護となり、かつ子どもにとってはかけがえのない人間教育にもなっているというように、一つの行為が二つの機能を同時に果たしていることにもなる。しかもこの二つの機能は、それぞれ金銭的報酬によって成立しているわけではない。このことは、社会的分業化と専門化が極度に進む現代では、かえって人間の行為が本来持つ機能の多面性が分割・単純化され、暮らしの身近な場面で豊かな人間発達の条件が奪われ、経済的合理性をも同時に損なう結果になっていることを意味している。このことに刮目する必要があろう。

三世代「菜園家族」を基盤に成立するこの社会は、市場原理至上主義の「拡大経済」社会に対峙するところの「自然循環型共生」の社会である。この自然循環型共生社会に暮らす人々は、これまでの「拡大経済」社会のように、欲望を煽られ、〝浪費が美徳〟であるかのように思い込まされることもなくなる。相手を倒してまでも生き残らなければ生きていけないような、そんな弱肉強食の熾烈な競争原理がストレートに支配する社会ではないのである。

それどころかこの「菜園家族」社会では、人々は大地に直接働きかけ、みんなそろって仕事をし、共に助け合い、共に暮らす「共生」の喜びを享受することになる。人々は、自然のリズムに合わせてゆったりと暮らし、自然の厳しさから敬虔な心を育んでいく。

人々は、こうした自己形成、自己実現によってはじめて、自己の存在を日々確かなものにしていく。そして、〝競争〟にかわって、〝自己鍛錬〟が置きかえられ、その大切さをしみじみと実感する。それが生きるということなのである。かつての農民や職人たちのひたむきに生きる姿を思い浮かべるだけでも、人間にとって〝自己鍛錬〟のもつ意味が頷けるような気がする。

やがて、「菜園家族」を基盤に地域社会が形成され円熟していくならば、こうした「菜園家族」内に培われる〝自己鍛錬〟のシステムと、先にも触れた家族が本来もっている子どもの教育の機能とがうまく結合し、その土台の上にはじめて公的な学校教育が、子どもたちの成長を着実に促していくことになる。家族が空洞化し、その両者の結合と、それを基盤にした公的教育の成立を不可能にしているところに、今日の学校教育の破綻の根本原因があるのではないだろうか。

「菜園家族」の人々は、やがて市場原理至上主義「拡大経済」下の営利本位の過酷な労働から次第に解き放たれ、自分の自由な時間を自己のもとに取り戻し、「菜園」をはじめ、文化・芸術など創造的で精神性豊かな活動に振り向けていくことであろう。そして、大地に根ざした素朴で強靱にして繊細な精神、慈しみの心、共生の思想を育みながら、人類史上いまだかつて経験したことのなかった、いのち輝く暮らしと豊かな精神の高みへと、時間をかけてゆっくりと到達していくにちがいない。

家族小経営の歴史性と生命力

日本の近現代史に則して振り返ってみればはっきりしてくるように、明治以来、日本資本主義は自己の発展のために、初期の段階から、農村社会の基盤を成す農民家族から娘を紡績女工として引き抜き、また農家の次男・三男を賃金労働者として大量に都市へ連れ出し、農民家族をたえずその犠牲にしてきた。そして、戦後においてもある意味では大きく内外の諸条件が好転したものの、その傾向が一貫して貫かれてきたという点では変わりはなく、今日においてもその傾向は引き継がれている。

戦後間もなく農地改革が断行され、地主・小作制は廃止され、土地は農民の手に返ってきたものの、それも束の間、戦後資本主義の復活は急速に進んだ。高度経済成長期の農村からの中・高校生の集団就職をはじめ、恒常的な大都市への労働人口の移動の加速化によって、農村と農業は切り捨てられていった。こうして、工業製品の大量輸出、工業用原料と農産物の大量輸入を基調とする今日の大量生産・大量浪費・大量廃棄型の経済の基礎が築かれ、市場原理至上主義アメリカ型「拡大経済」の道を突き進んでいった。

この歴史的経過の中でおこなわれてきたことは、徹底した分業化の遂行と、資本の統合による産業の巨大化であり、これによって農村における農民家族の経営基盤の衰退と、都市における家族機能の空洞化が加速され、その結果、都市のみならず、今日では農村においても家族は危機的状況に晒されている。

「菜園家族」を基調とするCFP複合社会は、世界史的に見れば、一八世紀イギリス産業革命以来の一貫した生産の分業化と資本の統合による巨大化の道に歯止めをかけ、さらにその向きを逆転させようとするものである。それは、家族および家族小経営それ自体がもつ人間形成の優れた側面と、小経営そのものに内在するエコロジカルな本質の現代的意義の再評価によるものなのである。

また、日本の近代史に則して説明するならば、明治初期の日本資本主義形成期の時点に遡り、そこから出発して、資本主義セクターと家族小経営セクターとが、いかなる相互関係のもとに形成されてきたのか、その過程を十分に検証しつつ、未来にむかってその両者の関係を適正かつ調和のとれたものに組み換え、さらに社会の枠組みを根源から建て直そうとする試みでもある。

しかしそれは、単に昔にそのまま戻るということを求めているのではない。戦後の農地改革以前にあっては、地主・小作関係のもとで、農民家族の大部分は土地を奪われ、地主に小作料を支払わなければならないというきわめて過酷な状態にあり、家族小経営の基盤そのものが脆弱であったのに対して、「菜園家族」は、土地を自分のものとして保有しており、自立した健全な家族小経営の基盤の上に成立し得るというきわめて有利な点が挙げられる。

もう一つの利点は、今日では、明治初期の産業革命当初とは比較にならないほど高度な科学技術の水準にあり、これを自然循環型共生の生産と暮らしのために適正に活用することが可能であれば、セクターFの家族小経営は、はるかに明るい展望のもとに生き生きと甦ってくる可能性が大いにあるということである。

こうした現代的利点を考えると、「菜園家族」を基調とするこの自然循環型共生のCFP複合社会は、決して空想などではなく、二一世紀をむかえた今、一八世紀以来の歴史的経験と今日の現実の発展水準を組み込む時、きわめて現実性のある構想として浮かびあがってくるのである。

「菜園家族」は、自然の中で大地に直接働きかけ、自己の自由な意志にもとづいて自ら経営し、その成果を直接的に身近に肌で感じ、自己点検と内省を繰り返しながら絶え間なく創意工夫を重ねていく。「菜園家族」は、CFP複合社会の中にあって、人々の自己鍛錬と人間形成の大切な〝学校〟の役割を担うものである。しかも、家族という小さな共同体の場で、人々が共に生きるという〝共生の精神〟を同時に育み、それを土台にして、さらに地域へとその広がりを見せていく可能性がある。

人類が科学技術の発達のみではなく、ほんとうに人間精神の進歩を期待するのであれば、この家族小経営は、おそらく永遠といってもよいほどの長期にわたって、人類史上必要不可欠なものとして存在し続けることであろう。家族小経営セクターFから輩出される新しいタイプの人間群像の如何によって、CFP複合社会の成否と未来への展望は決定される。

永遠とも思える長期にわたる人間鍛錬の歴史のあかつきには、人間の魂は精神の高みに達し、やがて、「菜園家族」を基調とするCFP複合社会の大多数の人々がその域に達した時に、「欲望原理」を基本に成立する資本主義セクターCは、次第にその存立の根拠を失い衰退し、「共生原理」を基本とする公共的セクターPへの移行は、徐々に、しかもきわめて自然な形ではじまるにちがいない。しかも、その時期においてさえ、セクターFの家族小経営は、依然として、大地と人間をめぐる悠久の循環の中に融け込むように、人間精神の安定した〝よすが〟として存在し続けることは間違いないであろう。

この「菜園家族」構想は、人類史における家族小経営の歴史のどの時代にもなかった、そしてこの地球のどの地域にも見られなかった、「自立と共生」の理念にもとづく家族小経営の素晴らしい高みを実現する試みとして、位置づけられるべきものなのである。

※二一世紀の社会構想としての「菜園家族」構想は、二〇〇〇年以来数次にわたって検討を加え、その都度改訂を重ね今日に至っている。以下に列挙する。

『週休五日制による三世代「菜園家族」酔夢譚』(小貫雅男、Nomad、B5判・八九頁、二〇〇〇年)
『菜園家族レボリューション』(小貫雅男、社会思想社・現代教養文庫、二〇八頁、二〇〇一年)
『森と海を結ぶ菜園家族 ―21世紀の未来社会論―』(小貫雅男・伊藤恵子、人文書院、A5判・四四七頁、二〇〇四年)
『菜園家族物語 ―子どもに伝える未来への夢―』(小貫・伊藤、日本経済評論社、A5判・三七三頁、二〇〇六年)
『菜園家族21 ―分かちあいの世界へ―』(小貫・伊藤、コモンズ、四六判・二五五頁、二〇〇八年)
『グローバル市場原理に抗する 静かなるレボリューション ―自然循環型共生社会への道―』(小貫・伊藤、御茶の水書房、A5判・三六九頁、二〇一三年)

第五章
「菜園家族」構想の現実世界への具体的適用とその展開
― 実現可能性を探る ―

日本の農村・農業の現実 ― 反転、そして再生へ

「菜園家族」は、単独で孤立しては暮せない。「菜園家族」を育む地域共同の場が不可欠である。「菜園家族」の集落の形成過程を考える時、さまざまなケースが浮かんでくる。

初期の段階では、農業技術の蓄積があり、その上、農地も家屋もあるといったように、あらゆる面で一番条件が備わっている従来の兼業農家が、おそらくいち早く脱皮して、「菜園家族」に移行していくにちがいない。そして、この農業技術や経験の豊かな「菜園家族」や中規模専業農家の近隣に、都市から移住してきた新参の若者や家族が住居を構え、これら先輩家族から営農や農業技術のこまごまとした指導を授かり、支援を受け、相互に協力し合いながら、自らも本格的な「菜園家族」に育っていくことになるであろう。

やがて「菜園家族」は、数家族、あるいは十数家族が集落を形成し、新しい地域共同体を徐々に築きあげていくことになる。こうして森と海を結ぶ流域地域圏《エリア》の上流域の山あいから平野部の川筋に沿って、「菜園家族」の美しい田園風景がくり広げられていくことであろう。

農業は〝森〟と〝水〟と〝野〟を結ぶリンケージの循環の中で成立している。大小さまざまな水路の確保・維持や、農道や畦《あぜ》の草刈り、里山の保全など細やかな作業は、小規模農家や集落の〝共同〟の労働に

よって伝統的に支えられてきた。さらに、子育て・介護など生活上の助け合いや、地域に根ざした文化も、多世代が共生する家族たちや集落によって担い育まれ、人間の潤いある暮らしを成り立たせてきた。火事、洪水、雪かき・雪おろし、地震など自然災害への対策や相互救援の活動もまた、家族間の協力や集落の共同の力なくしては考えられない。

今ここであらためて農村集落の実態を見るならば、農業経営の八割近くを兼業農家が占めるに至り、高齢化がすすみ、農業労働に従事することが困難になっている。農業機械がますます大型化・精密化し、高価になっている今、兼業のサラリーマンとしての給与所得を得ているうちは何とか維持できても、退職後はそれも不可能になる。そして、後継者もないまま、多くの農村で耕作放棄地が増大するとともに、農村地域コミュニティは衰退の一途を辿っている。

農水省は、その解決策として、こうした高齢化した兼業農家を集めて、「集落営農」の組織化をすすめてきたが、高齢化した個々の農家は、後継者が得られなければ遠からず自然消滅する運命にある。このような形の「集落営農」は、先の見えない緊急避難的な対処にすぎない。いずれ遠からず、集落営農としての性格は完全に失われ、ついには、農地の本格的な集約化と大規模化につながっていく。

しかも、現在、「集落営農」組織を中心的に担っている者自身が、すでに六〇～七〇歳代である。彼らは、農作業のみならず、その段取りや農家間の調整、経理などの取りまとめを一手に引き受けなければならない。その上、兼業農家であるがゆえに日々の会社勤めも重なり、過重な負担に苦しんでいるケースが多く見られる。それでは創造的で積極的なたのしい農業の再生は、望むべくもない。

そして、いくら規模拡大したところで、日本とは比較にならないほどはるかに大規模な農業を営む外国からの輸入農産物との競争に晒されたままでは、価格面からだけでも太刀打ちできないのは目に見えている。

親の苦労を見ているこうした農家の息子や娘は、このような「農業」なら後を継ぎたいとは思わない。親も先祖伝来の田畑を自分の代で手放しては申し訳ないと、何とか維持してはいるものの、息子や娘には同じ苦労をさせたくないので、無理してまで継がなくてもよいとさえ思っているのが実情である。農業を継がないこうした若者の就職先の確保は、都市部における経済成長頼みとならざるをえない。しかし、かつてのような右肩上がりの高度経済成長は望むべくもない今、親の世代にはどうにかありつけた都市部での勤め口の確保も、これからの若者世代にはますます困難になるにちがいない。

これが今日の日本の農山村に共通して見られる、偽らざる実態ではないだろうか。

時どきの政権交代によって農政が若干手直しされたとしても、本質的問題は何ら解決されるものではない。工業製品の輸出拡大を狙う外需依存の「成長戦略」から脱却しない限り、貿易自由化の枠組みの中で、これまで以上に農産物の大量輸入を許し、「国際競争に生き残る農業」の名のもとに、結局は外部資本や大企業の参入をも許す、農業の規模拡大化の道を踏襲せざるをえなくなるであろう。仮に大規模経営体（大規模専業農家、あるいは企業参入による大規模農業経営体）が競争に「生き残った」としても、農家の大多数を占める小規模農家が衰退すれば、農村コミュニティは破壊され、〝森〟と〝水〟と〝野〟のリンケージも維持困難に陥ることは、容易に予測されるところである。

安倍首相は二〇一三年二月二八日の施政方針演説の中で、「……『攻めの農業政策』が必要です。日本は瑞穂《みずほ》の国です。息をのむほど美しい棚田の風景、伝統ある文化。若者たちが、こうした美しい故郷《ふるさと》を守り、未来に『希望』を持てる『強い農業』を創ってまいります。」と心にもない空言を弄しているが、言っていることと実際にやっていることはまったく逆である。「聖域なき関税撤廃」を原則とするTPPを強行すれば、日本の農業・農村はいよいよ最後のとどめを刺され、地域社会は土台から崩れ、再起不能の壊滅的事態に陥ることは分かっているはずだ。美辞麗句を並べ立てれば、農民をはじめ国民を騙すことができるとでも思っているのであろうか。

〝菜園家族群落〟による日本型農業の再生 — 高度な労農連携への道

日本はもともと中山間地帯が国土の大きな割合を占め、急峻な斜面の耕地が多い土地柄である。こうした日本特有の国土や自然の条件を考えても、大規模経営体はそぐわず、日本の条件に適った中規模専業農家を育成すべきである。そして、新しく生まれてくる小規模家族経営である週休（2＋α）日制の多くの「菜園家族」が、こうした中規模専業農家の間をうずめていくことになるであろう。

このように「菜園家族」構想は、日本の農業・農村のあり方を長期的展望に立って見据え、兼業農家や新規就農者を週休（2＋α）日制の「菜園家族」に積極的に改造・育成していく。そして中規模専業農家を核に、その周囲を一〇家族前後の「菜園家族」が囲む、いわば植物生態学で言うところの〝群落〟の形成を追求する。こうして形成される農と暮らしの村落共同体を、ここでは〝菜園家族群落〟と呼ぶことにしよう。

〝菜園家族群落〟の核となる中規模専業農家は、特に失業や不安定労働に悩み、農ある暮らしを求めて都会からやって来る新規就農者や、かつてふるさとの親元を離れ都会に出た帰農希望者や、兼業農家の後継者でありながら農業を知らない息子・娘に対して、農業技術を伝授・指導したり、堆肥をまとめて生産したりして、「菜園家族」を育成・支援する中核的な役割を果たす。一方、「菜園家族」は、自家の「菜園」を営むほかに、集落共同の水利・草刈りなど農業生産基盤の整備に参加したり、子育てや介護や除雪など暮らしの上で協力したりする。このようにして、中規模専業農家と「菜園家族」との間に、深い相互理解と信頼に基づくきめ細やかな協力関係が、時間をかけて熟成されていく。

「菜園家族」型ワークシェアリングで例えば週休5日制であれば、週2日の〝従来型〟のお勤めで安定的に得られる現金収入によって家計が補完されるので、残りの5日は、安心して「菜園」で自給のための多品目少量生産に勤しみ、大人も子どもも家族総出の創造的活動をたのしみ、自己実現をはかることになる。若干の余剰生産物は、近所にお裾分けするか、近傍の市街地の青空市場に出品して、地域や街の人々との交流をこれまたたのしむのである。中規模専業農家も、新鮮な地場の農産物や加工品を供給し、森と海を結ぶ流域地域圏《エリア》の地産地消を支える。こうしてはじめて、流域地域圏《エリア》の中核地方都市も、農山漁村部とのヒトとモノと情報の密な交流によって活性化し、再生のきっかけをつかんでいく。

もちろん中規模専業農家が規模と技能を生かして、米や麦や生鮮野菜など特定の品目を量産して、遠隔の大都市にも供給するという社会的役割は当面は必要であろう。この社会的役割を考慮して、農産物の価格保障と所得補償は、もっぱらこの中規模専業農家に集中的になされることになる。

一方、小規模家族経営である「菜園家族」に対しては、国や地方の自治体は、あるべき未来社会の新しい芽をいかに育成するかという視点から、その創出と育成のための制度的保障や「菜園家族インフラ」の整備・拡充などの形で、財政的・経済的支援を積極的におこなう必要がある。

将来の農村や山村や漁村における地域編成はどうあるべきかを考える時、政府の農業への財政支援は、はっきりした長期的ビジョンもないまま、闇雲なばらまきであったり、めまぐるしく変わる「猫の目農政」であってはならない。これでは、日本の農業・農村はますます衰退していくばかりである。市場原理至上主義「拡大経済」は、今や行き着くところまで行き着いた。その結果、経済や社会、教育や文化などあらゆる分野で問題が噴出している。こうした時だからこそ、農業・農村問題への施策は、二〇年、三〇年、五〇年先を見据えて、遠大な長期展望のもとに目標を定め、何に、何を、どのような手立てで支援していくのかを明確にした上で、限られた財源を有効に活用し、メリハリをつけたものでなければならない。

農業・農村のあり方をめぐる議論は、経済効率とか、自由貿易とか、国際競争での勝ち負けといった目先の利益や都合に矮小化するものであってはならない。しかもこのことは、「農業従事者」だけの問題にとどまるものではない。むしろこれは、戦後高度経済成長の過程で大地から引き離され、根なし草同然となって浮遊し、都市部へと流れていった圧倒的多数の現代賃金労働者《サラリーマン》の生活そのものを今後どのようにしていくのかという問題であり、都市住民のライフスタイルは今後どのようにあるべきなのかというきわめて重い、根源的な問題なのである。つまり、今日の都市部での深刻な労働力過剰を吸収できる、基本的でしかも広大な潜在的可能性をもっているのは、長きにわたって見過ごされてきた国土面積の圧倒的部分を占める農山漁村であり、こうした可能性を生かすことによって、農山漁村自身も再生へのきっかけをつかむ。このように、農業・農村問題は、わが国社会全体のあり方そのものの質を根底から決定づける、国民共通の大テーマなのである。

熾烈なグローバル市場競争のもとでは、科学・技術の発達による生産性の向上は、人間労働の軽減とゆとりある生活につながるどころか、社会はむしろ全般的労働力過剰に陥り、失業や、派遣・期間工・パートなど不安定労働をますます増大させていく。〝菜園家族群落〟による日本型農業の再生は、こうした二律背反とも言うべきこの社会の矛盾を、次第に解消へと向かわせていくにちがいない。それを可能にする肝心要のテコは、紛れもなく都市と農村の垣根を取り払い成立する、賃金労働者と農民の深い相互理解と信頼に基づく、週休（2＋α）日制の「菜園家族」型ワークシェアリングなのである。

「土・日農業」という後ろ向きで、きわめて消極的な農業を長い間強いられてきた、農家の圧倒的多数を占める兼業農家をはじめ、失業と不安定労働に悩み苦しむ都市からの新規就農希望家族も、この週休（2＋α）日制の「菜園家族」型ワークシェアリングによってはじめて、時間的にも余裕のある、創造的で豊かな多品目少量生産の、人間味あふれる楽しい農業に勤しむことが可能になるであろう。

これは、戦後六〇数年間にわたって低迷を続けてきた日本農業の大転換であり、都市住民の働き方、生き方をも根底から変え、今日の社会の混迷と閉塞状況を打ち破る決定的な鍵となる。現代賃金労働者《サラリーマン》と「菜園」という生産手段とのこの歴史的とも言うべき再結合を果たすことによって、市場原理の作用を抑制し、それに対抗しうる免疫を家族と地域社会の内部につくりあげ、秩序ある理性的で公正な調整貿易のもとに、わが国の自然や国土にふさわしい、「菜園家族」型内需主導の日本独自の農ある暮らしの道（B型発展の道）を追求するのか。それとも、ただ消費のために必死に働かされる、内面生活の伴わない、浅薄でうわべだけの「経済成長」を金科玉条の如くいまだに追い求め、大地に生きる精神性豊かな未来への可能性を閉ざしてしまうのか。今、その選択が問われている。残された時間はそれほどない。

農地とワークの一体的シェアリング ― 公的「農地バンク」、その果たす役割

こうした「B型発展の道」（「菜園家族」を基調とするCFP複合社会を経て、自然循環型共生社会、さらには高次自然社会へ至る道）は、もちろん今日の市場原理至上主義アメリカ型「拡大経済」に異議を唱え、「菜園家族」基調の自然循環型共生への道に賛同する広範な住民や市民の支持のもとに、地方自治体レベルで、さらには国レベルで「民主的政府」が成立することによって本格的に進展していくことは言うまでもない。新しく生まれたこの「民主的政府」は、直接生産者である現代賃金労働者《サラリーマン》と生産手段との再結合による「菜園家族」の創出を何よりも優先的に実現する独自の諸政策を打ち出していくことになるであろう。

現実に週休（2＋α）日制のワークシェアリングによる「菜園家族」構想を実行に移すには、さまざまな障害や困難が予想される。調査と研究の長い準備期間が必要である。とくに「菜園家族」創出のスタートの段階、そして生成期には、国や都道府県、市町村の自治体は、「菜園家族」構想の真の意義を深く理解し、その創出と育成のための明確な展望と具体的な地域政策を持つことが大切である。

都市部から新規就農を希望してやって来る若者や団塊世代にとっても、もともと農山村の集落に暮らす兼業農家やその息子・娘にとっても、適正な規模の「菜園」、つまり自給限度の農地と、週休（2＋α）日制に基づく安定的な勤め口の確保をどうするのかが、最大の関心事であり課題になるであろう。

その解決のためにはまず、農地とワーク（勤め口）の両者のシェアリングを有機的に結合し、それらを一体的に捉えることによって、農地を有効かつフレキシブルに活用できる体制を早期につくりあげることが必要である。現実には農地は、所有や相続や先祖伝来の土地に対する根強い意識などさまざまな問題が絡むので、個々人の間で個人的に融通し合うよりも、市町村レベルに公的な「農地バンク」を設立し、そ

の公的保障と仲介のもとにすすめる方がよりスムーズに運ぶであろう。農地が本来、すべての国民にとって公共的な機能と性格をもつことからも、公的機関が担うことが適切である。

同時に、週休（2＋α）日制の「菜園家族」型ワークシェアリングのもとで、〝従来型〟の数日間の仕事を安定的に保障する、〝就業に関する法律〟の整備も必要になってくる。そして、森と海を結ぶ流域地域圏《エリア》内の中小都市にある小学校・中学校・高校・大学・保育園・幼稚園・病院・市役所・町村役場・図書館・文化ホール・福祉施設などの公的機関、そして社会の主要なセクターを占める民間企業や、その他諸団体など、ありとあらゆる職場にわたって、まず「勤め口」の詳細な実態を正確に把握することが大切である。その上で、週休（2＋α）日制のワークシェアリングの可能性を具体的に検討し、それを促進するための素案を作成しなければならない。

そのためには、森と海を結ぶ流域地域圏《エリア》内に、民間企業や公的機関の職場代表、市町村レベルの地方自治体、それに広範な住民の代表から構成される、農地とワーク（勤め口）のシェアリングのための三者協議会（仮称）を発足させることが必要であろう。この協議会が、「点検・調査・立案」の活動をスタートさせ、農地とワーク（勤め口）のシェアリング実施の三者協定を結ぶのである。

「菜園家族」構想においては、週休（2＋α）日制のワーク（勤め口）のシェアリングは、農地のシェアリングと密接に連動する。というのは、後継者確保に悩む兼業農家が、余剰農地を公的「農地バンク」に預ける際、その見返りとして、息子や娘に週数日の〝従来型の仕事〟が斡旋される仕組みになっていれば、彼らは次代の三世代「菜園家族」としての条件を得て、すぐにでもスタートすることが可能になるからである。こうして、農地所有者から公的「農地バンク」への余剰農地の預託は、スムーズに促進されていくであろう。

一方、農地をもたないサラリーマンも、自らがすすんでワークをシェアすることによって、公的「農地バンク」を通じて農地の斡旋を受けることになる。また、失業や不安定労働に悩む都市や地方の人々に対しては、この公的「農地バンク」のシステムによって、農地とワーク（勤め口）の斡旋をおこなう。住居についても、公的「農地バンク」を通じて、空き農家の斡旋を受けられるような体制になっていることが大切である。長らく空き家となり閉ざされたままでは朽ちるのを待つばかりの古民家も、新たな住人を得て再び息を吹き返すことになる。

こうして、公的「農地バンク」は、後継者に悩む農家にとっても、これから農地や住まいを必要とするサラリーマンや不安定雇用に悩む人々にとっても、「菜園家族」的な暮らしに移行するにあたって、なくてはならない重要な役割を果たしていくことになるであろう。

このように、農地のシェアリングとワーク（勤め口）のシェアリングは、密接に関連してくるので、特に市町村の自治体は、このことを十分に考慮し、総合的に計画・立案しなければならない。もちろん、こうしたことは、民間の企業サイドおよび公的機関など、職場の理解が得られなければ前進しないのは言うまでもない。

ワークシェアリングにともなって必然的に減収する給与所得は、こうして周到に準備され、確立された社会的体制のもとで形成される「菜園」や「匠・商」の自営基盤によってはじめて、安定的に補完されることが可能になる。今日、一般的に言われているワークシェアリングが、不況期の過剰雇用対策としての対症療法の域を出ないものであるのと比べれば、この「菜園家族」型ワークシェアリングは、未来のあるべき社会、すなわち自然循環型共生社会へおのずと連動する鍵となるメカニズムを内包している点で、世界的に見てもはるかに先進的な優れたシステムであると言えよう。

いずれ遠からず、地域の将来構想に責任のある国や地方自治体は、この「菜園家族」型ワークシェアリング実施の検討を迫られることになるであろう。地方自治体の職員はじめその他の公務員は、誰よりも率先して自ら範を示し、週休（2＋α）日制によるこの「菜園家族」型ワークシェアリングを積極的に実践することが必要である。

公的機関がまず自らすすんで、この週休（2＋α）日制による「菜園家族」型ワークシェアリングを実行すれば、週に（2＋α）日は自らの「菜園」、あるいはさまざまな「匠・商」の自営業に携わりながら、同時に週の残りの日は、国や地方自治体の官庁や学校・病院などの公共機関の職場でも現役のままで働くという画期的な体制が、地域に広がり定着していく。その結果、地域のさまざまな職種の人々の意志や経験が、より直接的に、しかも恒常的に国や地方の行政に、色濃く反映されることにもなる。今までには考えられもしなかった形で、行政は日常普段から住民との結びつきを強め、活性化していくことであろう。本当の意味での住民の行政参加が実現され、行政のあり方も根本から大きく変わっていくにちがいない。これこそが本来あるべき、究極の住民自治による行政のあるべき姿ではないだろうか。

国や地方自治体など公的機関からはじまる「菜園家族」型ワークシェアリングのこうした動きは、次第に民間の企業にもおよび、さらなる広がりを見せていくことになるであろう。

このような具体的施策を実行できるかどうかは、何よりもまず国や地方自治体が国民や地域住民の総意に基づいて、自らの長期計画の中に国づくり・地域づくりの基本政策として、週休（2＋α）日制の「菜園家族」型ワークシェアリングを本気になって位置づけることができるかどうかにかかっている。

現実に、フランス・オランダなどの西欧諸国では、働き過ぎからゆとりのあるライフスタイルへの移行をめざして、一人当たりの週労働時間短縮によるワークシェアリングの様々な試みが、実行へと移されている。『オランダモデル ―制度疲労なき成熟社会―』（長坂寿久、日本経済新聞社、二〇〇〇年）によれば、特にオランダでは、一九八〇年代初頭に高失業率（一九八三年に十二％）に悩まされた経験から、その克服の道を政労使三者で模索し、パートタイム労働の促進によって仕事を分かちあうワークシェアリングへと合意形成を積み重ねていった。これは、単なる失業対策にとどまらず、一人当たりの労働時間の短縮によって、「仕事と家族の関係を和解させたい」という多くの労働者の願いを実現しようとするものでもあった。

オランダの労働者がパートタイム労働の促進に期待したのは、一つ目に何よりも「健康と安全」、二つ目は「労働と分配の再配分」と「雇用創出」、三つ目は労働時間の多様化によって「支払い労働（雇用）と不支払い労働（家事・子育てなど）の再配分」、つまり「男性と女性の分業」の克服をはかること、四つ目は個人の自由な時間を増やし、自分で時間の支配が可能となれば、「個人の福祉の増加」につながり、「社会参加」の可能性を広げるであろうこと、という四つの観点からであった。それは、夫婦がともにフルタイム勤務で企業の賃金労働に自己の時間の大部分を費やすのではなく、いわば夫婦二人で「一・五人」前という新しい働き方の確立を望む声でもあった。そして、フルタイム労働とパートタイム労働の「対等の取り扱い（イコール・トリートメント）」を求める長年の努力は、一九九六年に「労働時間差による差別禁止法」の制定へと結実していった。こうした傾向は、ますます世界の趨勢になっていくことであろう。

このようなことを考えると、週休（2＋α）日制による「菜園家族」型ワークシェアリングも、決して夢物語や空想ではないはずである。しかも、人間の本来あるべき暮らしのあり方を求めて、「菜園」や「匠・商」の自営基盤で補完することによって、これまで国内外で実施あるいは提唱されてきたワークシェアリングの欠陥を根本から是正し、実現可能なものとして提起している。「百年に一度」とも言われる世界同時不況、そしてそれに引き継ぐ3・11後という新たな状況のもとで、これまでの社会のあり方そのものが根本から問われている今、私たちは、いつまでも従来型の「経済成長」の迷信に頑《かたく》なにしがみついているのではなく、大胆に第一歩を踏み出すときに来ているのではないだろうか。

もちろん、直接生産者と生産手段との「再結合」によって、おびただしい数の小さな私的生産手段が新たに発生することになるのであるが、新しく生まれる「民主的政府」のもとで、当然、これら生産手段の私的所有は、家族が生きていくために必要な限度内に制限されることになるはずである。こうした一定の制限枠が設定されなければ、生産手段の小さな私的所有が契機となって再び階層分化が進行し、やがては資本主義へ逆戻りすることにもなりかねない。そのまま放置しておけば、理論上、歴史は繰り返されることになる。したがって「民主的政府」は、新しい社会への明確な目標を堅持し、こうした事態を抑制・制御する民主的力量とその政策やシステムを備える必要がある。

草の根民主主義熟成の土壌 ― 森と海を結ぶ流域地域圏《エリア》の再生

「菜園家族」構想の核心は、週休（2＋α）日制のワークシェアリングによる「菜園家族」を基調とするCFP複合社会の形成であり、その発展・円熟にある。基礎的にもっとも大切なことは、この社会基盤に農的な家族である「菜園家族」を据え、拡充していくことであるが、その際不可欠なのは、「菜園家族」

育成の場としての森と海を結ぶ流域地域圏《エリア》の再生である。先に述べた中規模専業農家を核に形成される〝菜園家族群落〟も、農業を基盤にする限り、〝森〟と〝水〟と〝野〟を結ぶリンケージ、つまり森と海を結ぶ流域地域圏《エリア》の中ではじめて生かされてくる。

ここでは、「菜園家族」を基礎単位に形成される地域共同の特質について、「菜園家族」のゆりかごともいうべき森と海を結ぶ流域地域圏《エリア》の形成過程との関連で、さらに詳しく見ていくことにする。

「菜園家族」は、家事や生産などさまざまな「なりわい」（生業）での協同・相互扶助の必要から、その上位の次元に、自己の力量不足を補完するための協同組織を形成する。この協同組織を「なりわいとも」と呼ぶことにする。この「なりわいとも」は、旧ソ連のコルホーズ（農業の大規模集団化経営）などに見られるような、農地など主要な生産手段の共同所有のもとで、工業の論理を短絡的に取り入れ、作業の徹底した分業化と協業によって生産の効率化をはかろうとする共同管理・共同経営体ではない。あくまでも自立した農的家族小経営、つまり「菜園家族」が基礎単位になり、その家族が生産や流通、そして日々の生活、すなわち「なりわい」の上で、自主的、主体的に相互に協力し合う「とも」（仲間）を想定するものである。

この「なりわいとも」は、集落（近世の〝村〟の系譜を引く）レベルの「なりわいとも」が基軸となるものの、それ単独で存在するのではなく、地域の基礎的単位である一次元の「菜園家族」にはじまり、二次元の「くみなりわいとも」（隣保レベル）、三次元の「村なりわいとも」（集落レベル）、四次元の「町なりわいとも」（市町村レベル）、さらには五次元の「郡なりわいとも」（森と海を結ぶ流域地域圏《エリア》、つまり郡レベル）、六次元の「くになりわいとも」（県レベル）といった具合に、多次元にわたる多重・重層的な地域構造を形づくっていく。それはあたかも土壌学で言うところの滋味豊かなふかふかとした団粒構造に酷似している。先に述べた〝菜園家族群落〟は、この多重・重層的な地域団粒構造全体の中では、三次元の団粒「村なりわいとも」（集落レベル）の主要な構成要素に当たるものである。

さて、この地域団粒構造の各レベルに現れる「なりわいとも」のそれぞれについて、もう少し具体的に見ていこう。地域団粒構造の一次元に現れる「菜園家族」は、作物や家畜など生き物を相手に仕事をしている。一日でも家を空けるわけにはいかない。夫婦や子ども、祖父母の三世代全員で助け合い、補い合うのが前提である。けれども、それでも人手が足りない場合、特に週休（2＋α）日制のもとでの〝従来型〟の出勤の日や、あるいは病気の時などは、隣近所の家族からの支援がなければ成り立たない。やむなく夫婦ともに出勤したり、外出したりしなければならない留守の日には、近くの三家族ないしは五家族が交代で作物や家畜の世話の手助けをすることになる。これが、二次元に現れる「くみなりわいとも」の果たす基本的な役割になる。

週休（2＋α）日制のもとでは、週数日は従来型のサラリーマンとしての勤務に就く必要から、「くみなりわいとも」には、近世の農民家族間にはなかった「菜園家族」独自の、新たな形態の〝共同性〟の発展が期待される。もちろん、お互いに農業を営んでいることから、〝森〟と〝水〟と〝野〟のリンケージを維持・管理するために、近世農民的な〝共同性〟が必要不可欠であることに変わりはない。したがって、「くみなりわいとも」には、近世の〝共同性〟の基礎の上に、「菜園家族」という「労」・「農」一体の二重化された性格から生まれる独自の近代的な〝共同性〟が加味されて、新たな〝共同性〟の発展が見られるはずである。「くみなりわいとも」は、このような〝共同性〟の発展を基礎にした三〜五の「菜園家族」から成る、新しいタイプの隣保共同体なのである。

この隣保共同体で解決できない課題は、「くみなりわいとも」が数くみ集まってできるその上位の三次元の協同組織「村なりわいとも」で取り組まれる。集落レベルで成立するこの「村なりわいとも」は、「菜園家族」という「労」・「農」一体的な独特の家族小経営をその基盤に据えていることから、基本的には近世の〝村〟の系譜を引き継ぎ、その〝共同性〟の内実を幾分なりとも継承しつつも、同時に、イギリスにおける近代資本主義の勃興期に資本主義の横暴から自己を防衛する組織体として現れた近代の協同組合《コープラティブ・ソサエティ》の性格をも併せ持つ、新しいタイプの地域共同の組織として登場する。

このように、近世の地域社会の系譜を引く共同体的組織を基盤に、地域団粒構造のさまざまなレベルに前近代と近代の融合によって新たに形成される「菜園家族」構想独特の協同組織体を、ここでは一般的に「なりわいとも」と総称しておきたい。

さて、三次元の「村なりわいとも」が成立する地理的範囲となる集落がもつロケーションは、自然的・農的立地条件としても、人間が快適に暮らす居住空間としての場としても、長い時代を経て選《え》りすぐられてきた優れたものを備えている。おおむね今日の行政区画上の大字《おおあざ》あるいは地区に相当するこうした農村集落は、少なくとも循環型社会の円熟期とも言われる近世江戸時代にまで遡ることができる〝村〟の伝統を受け継ぐものである。この伝統的〝村〟は、戦後の高度経済成長期を経て過疎高齢化が急速に進行し、今や限界集落と化し、深刻な問題を抱えてはいるが、それでも何とか生き延びて今日にその姿をとどめている。「村なりわいとも」は、こうした近世の系譜を引く伝統的な集落を基盤に甦ることができるならば、「菜園家族」構想が自然循環型共生社会をめざす以上、きわめて理に適ったものであり、森と海を結ぶ流域地域圏《エリア》の地域構造の様々な次元に形成される「なりわいとも」の中でも、基軸となるべき協同組織として特別な意義を有するものになると言ってもいい。

「村なりわいとも」を構成する家族数は、一般に三〇~五〇家族、多くて一〇〇家族程度であるから、合議制に基づく全構成員参加の運営が肝心である。自分たちの郷土を点検し、調査し、立案し、未来への夢を描く。そしてみんなで共に楽しみながら実践する。時には集まって会食を楽しみながら対話を重ねる。こうした日常の繰り返しの中から、ことは動き出すのである。

「村なりわいとも」の基盤となる集落が、森と海を結ぶ流域地域圏《エリア》の奥山の山間地にあるのか、山麓に広がる農村地帯にあるのか、あるいは海岸線に近い平野部にあるのか。それぞれの自然条件によって、「菜園家族」とその「なりわいとも」の活動のあり方は、だいぶ違ってくる。「森の民」であり、森の「村なりわいとも」であれば、放置され荒廃しきった森林をどのように再生し、どのように「森の菜園家族」を確立していくのか。そして、過疎化と高齢化の極限状態に放置された山村集落をどのように甦らせるのか、森の「村なりわいとも」の直面する課題は実に大きい。廃校になった分校を再興し、子どもたちの教育と郷土の文化発信の拠点に育てることも、老若男女を問わず集落ぐるみで取り組める楽しい活動となるであろう。また、平野部農村の「野の民」であり、野の「村なりわいとも」であれば、農業後継者不足や耕作放棄地などの問題をどう解決するかが差し迫った課題になる。「海の民」であり、海の「村なりわいとも」であれば、沿岸の自然環境を守りながら風土に適した漁業を育て、田畑や果樹園などもうまく組み合わせた暮らしを確立していかなければならない。若い後継者が根づき、多世代がともに暮らす家族と地域が甦れば、自然災害への対策にも展望が開けてくるにちがいない。このように森から海に至る流域に沿った地域地域において、それぞれ特色のある「菜園家族」を、そして「村なりわいとも」を築き、取り組んでいくことになるであろう。

それぞれの地形や自然に依拠し、土地土地の社会や歴史や文化を背景にして、森と海を結ぶ流域地域圏《エリア》内には、集落（近世の〝村〟の系譜を引く）を基盤に、おそらく一〇〇程度の新しい「村なりわいとも」が誕生するであろう。これらの「村なりわいとも」は、それぞれ個性豊かな「森」の幸や、「野」の幸や、「川・海」の幸を産み出す。「村なりわいとも」の構成家族全体で、または数家族がグループで小さな工房・工場を設営し、こうした幸を加工することもあるだろう。「村なりわいとも」が流通の媒体となって、モノやヒトが森と海を結ぶ流域地域圏《エリア》内を循環し、お互いに不足するものを補完し合う。こうした交流によって、森と海を結ぶ流域地域圏《エリア》としてのまとまりある一体感が次第に育まれていく。

森と海を結ぶ流域地域圏《エリア》の中核都市では、地場産業や商店街が活気を取り戻し、「匠商《しょうしょう》家族のなりわいとも」や住民の地域コミュニティも息づいてくる。高度経済成長期に急速に肥大化した巨大都市の機能は、やがて地方へ分割・分散され、活気を取り戻した地方の中小都市を核に、美しい田園風景が流域地域圏《エリア》に繰り広げられていく。今、衰退の一途を辿る流域地域圏《エリア》の中核都市は甦り、地方経済の結節点としての機能を果たしながら、文化・芸術・学問・スポーツ・娯楽などをもとめて人々が集う交流の広場として、精神性豊かなゆとりのある文化都市に次第に変貌していくにちがいない。

このようにしてつくりだされた物的・精神的土壌の上に、森と海を結ぶ流域地域圏《エリア》の「なりわいとも」、つまり「郡なりわいとも」が形成されることになる。地域の事情によっては、今日の市町村の地理的範囲に、「郡なりわいとも」の下位に位置する「町なりわいとも」が形成される場合もある。そして、下から積み上げられてきた住民や市民の力量によって、さらに県全域を範囲に「郡なりわいとも」の連合体としての六次元の「くになりわいとも」（県レベル）が、必要に応じて形成されるであろう。この場合の「くに」とは、古代の風土記や江戸時代の旧国名にあるような「国」、例えば近江国《おうみのくに》、常陸国《ひたちのくに》等々の「国」から名づけたものであり、今日の場合、県に相当する地理的範囲を想定している。

このように見てくると、来たるべき自然循環型共生社会としての広域地域圏（県）内には、地域の基礎的単位である「菜園家族」からはじまり「くになりわいとも」（県レベル）に至る、一次元から六次元までの多重・重層的な地域団粒構造が形成されていくことになる。単独で孤立しては自己を十分に維持し生かすことができないそれぞれの次元の「なりわいとも」が、より有効な協同の関係を求めて、地域団粒構造のそれぞれのレベルのより上位の次元の「なりわいとも」と、生産活動や日常の暮らしにおいて必要に応じて自由自在に連携することになる。こうして、自己の弱点や力量不足を補完する、優れた多重・重層的な地域団粒構造のシステムが次第に形成されていくことになるであろう。

団粒構造とは、隙間が多く通気性・保水性に富んだ、作物栽培に最も適したふかふかの肥沃な土を指す土壌学上の用語である。このような土は、微生物が多く繁殖し、堆肥などの有機物もよく分解され、養分の面でも、単粒構造のさらさらとした砂地やゲル状の粘土質の土とは比較にならないほど優れた特質を備えている。多次元にわたる重層的な団粒構造の土壌は、微生物からミミズに至る大小さまざまな生き物にとって、実に快適ないのちの場となっている。それぞれが相互に有機的に作用し合い、自立した個体がそれぞれ自己の個性にふさわしい生き方をすることによって、結果的には他者をも同時に助け、自己をも生かしている、そんな世界なのである。

一次元の「菜園家族」から六次元の「くになりわいとも」（県）に至る各次元に位置するそれぞれの「団粒」が、個々に独自の特色ある個性的な活動を展開することによって、結果的には総体として森と海を結ぶ流域地域圏《エリア》（郡）や広域地域圏（県）は、ふかふかとした滋味豊かな「自立と共生」の多重・重層的な地域団粒構造の土壌に、長い歳月をかけて熟成されていく。地域の発展とは、上から「指揮・統制・支配」されてなされるものではなく、あくまでも底辺から自然の摂理に適った仕組みの中で保障されるのではないだろうか。まさにこの地域団粒構造は、草の根の民主主義思想形成の何ものにも代え難い優れた土壌にもなっているのである。

五年、一〇年、あるいは二〇年以上の実に長期にわたる、本当の意味での民衆主体のこうした熟成のプロセスなくしては、「民主的な地方自治体」も、それを基盤に成立する一国の「民主的な政府」も、名ばかりの内実を伴わない絵に描いた餅に終わらざるをえないであろう。私たちは、目先にのみとらわれ一喜一憂することなく、こうした遠大な展望のもとに今、何を成すべきかを真剣に考えなければならない時点に立たされている。

もしも、この「なりわいとも」を基盤にした地域社会が現実に誕生し、首尾よく成功したとすれば、それは、世界史上画期的な出来事と言わなければならない。一九世紀に世界史上はじめてイギリスにおいて協同組合《コープラティブ・ソサエティ》が出現しながらも、その後、世界各国の資本主義内部においてこの協同組合《コープラティブ・ソサエティ》は十分に発展し、開花することができなかった。この協同組合《コープラティブ・ソサエティ》の発展を阻害してきた要因を、生産手段と現代賃金労働者《サラリーマン》との再結合による労農一体的な性格を有するこの「菜園家族」を地域社会の基礎単位に導入することによって克服し、さらには森と海を結ぶ流域地域圏《エリア》を滋味豊かな多重・重層的な地域団粒構造に築きあげることができたとするならば、それは、時代を画する人類の素晴らしい成果であると言わなければならない。新たに形成されるこの新しいタイプの「なりわいとも」は、産業革命以来今日に至るまで一貫して歪曲と変質を余儀なくされてきた地域の構造を根本から変え、やがて自然循環型共生社会へと導いていく決定的に重要な槓杆としての役割を果たしていくにちがいない。

ここで話題は直近の現実に戻るが、今、騒がれている「大阪都構想」なるものの指向する実に怪しげな「地域主権」（混同してはならない、これは決して住民主権とは何の縁もゆかりもない代物である）や、「決定できる民主主義」（民意を正しく反映できない選挙制度によって混迷している今日の議会の現状を逆手に取り、事の本質をそらす実に狡猾なスローガン）なるものの本質は、結局、多様で小さな草の根の声を圧殺し、強引に「上からの統治機構」の強化をはかり、ファシズムへと道を開けるものではないのか。ヒトラーの独裁政権の形成過程や、旧社会主義政権の中央集権的独裁体制の形成過程など、過去の苦い歴史的体験からしても、私たちはこのことを自戒を込めて深く反省し、最大限の警戒を怠ってはならない。

人間の深層に潜む本性には、正と負の二つの資質が分かち難く絡み合い共存している。この正、負二つの資質は、社会的、歴史的客観条件の如何によって、いずれかが頭をもたげ顕在化する。したがって人間社会は、状況によっては負の資質が顕在化し、社会を壊滅的な事態にまで陥らせるリスクを絶えず負わされていると見なければならない。草の根の民主主義の土壌である地域団粒構造創出の必要性をここで縷々述べてきたのも、人間の本性のもつこうした危うさと、過去に繰り返されてきた専制的独裁体制がもたらした悲劇とは決して無縁ではなく、したがって状況の如何によってはいつでもその悲劇は起こり得るものであることを痛切に感じてのことである。

二〇一二年十二月の衆院選について、一票の格差をめぐって各地の高裁で「違憲」あるいは「無効」とする一連の判決が次々に下された。より本質的には、得票率と議席獲得率が極端に乖離する小選挙区制そのものに問題がある。その弊害があらわになってきた今こそ、ファシズム台頭の脅威に抗して、民主主義の根幹を成す選挙制度のあり方を根本から検討し直さなければならない。と同時に、本当の意味での「民主主義」とは一体何なのか、そしてそれを身近な「地域」から如何に一つ一つ積み上げていくのかをあらためて深く考えなければならない時に来ている。

第六章
「匠商《しょうしょう》家族」と地方中核都市の形成

都市と農村の共進化

非農業基盤の家族小経営―「匠商家族」

ここであらためて確認しておきたいことがある。これまで一般的に「菜園家族」という時、狭義の意味では、週のうち（2＋α）日は家族とともに農業基盤である「菜園」の仕事に携わり、残りの週数日はCFP複合社会の資本主義セクターC、または公共セクターPのいずれかの職場に勤務して応分の現金収入を得ることによって自己補完する形態での家族小経営を指してきた。そして、広義の意味では、狭義のこの「菜園家族」に加え、非農業部門（工業・製造業や商業・流通・サービスなどの第二次・第三次産業）を基盤とする自己の家族小経営に週（2＋α）日携わり、残りの週数日を資本主義セクターC、または公共セクターPのいずれかの職場に勤務するか、あるいは自己の「菜園」に携わることによって自己補完する家族小経営も含めて、これらを総称して「菜園家族」と呼んできた。

ここでは、後者の家族小経営を、狭義の「菜園家族」と区別する必要がある場合に限って、「匠商《しょうしょう》家族」と呼ぶことにする。

そこで、「匠商家族」とその「なりわいとも」について述べていきたいのであるが、その前に、一般的に言って、非農業基盤に成立する従来の家族小経営にはどんなものがあるのか、思いつくままに若干、例示しておきたい。

食品製造では、豆腐屋さん、お餅屋さん、酒やみそ・しょうゆをつくる工場、パン屋さん、和菓子屋さん、ケーキ屋さん等々。呉服屋さん、仕立て屋さん、服飾デザイナーの店。各種多様な家内工場経営から、伝統工芸・手工芸などの工房に至るまで。電機や機械の修理店。建設業関係では、大工さん、左官屋さん、指物師、畳屋さん、建具屋さん、設計士さん、建築事務所……。商業・流通・サービス産業の分野では、日常雑貨店から八百屋さん、魚屋さん、肉屋さん、酒屋さん、お米屋さん、お茶屋さん、果物屋さん、それに靴屋さん、かばん屋さん、傘屋さん、うつわ屋さん、金物屋さん、布団屋さん、布地屋さん、洋品店、メガネ屋さん、時計屋さん、家具屋さん、大工道具や農具を売る店、種苗屋さん、肥料屋さん、花屋さん、楽器屋さん、おもちゃ屋さん、本屋さん、文房具店などの小売商店。食堂、レストラン、料理店、喫茶店、居酒屋等々の飲食店。クリーニング店、理容店、美容院、写真屋さん、印刷屋さん等々のサービス業。医療関係では、薬局、整骨院、鍼灸院、歯科・眼科・耳鼻科・内科・外科等まちのお医者さん。文化・芸術の分野では、作家、画家、書家、写真家、映像作家、陶芸家、音楽家、舞踊家、劇団、ギャラリーや小ホール・スタジオの主宰、ジャーナリスト、地域の新聞・情報誌の出版等々、枚挙にいとまがない。

周知のように、家族を基盤に、家族構成員の協力によって成り立っているこれら多種多様な零細家族経営は、中小企業とともに、わが国の第二次・第三次産業においてきわめて大きな比重を占め、細やかで優れた技術やサービスを編み出し、日本経済にとって不可欠で重要な役割を果たしてきた。にもかかわらず、大企業との取引関係でも、金融面や税制面でも不公正な扱いを受け、経営悪化に絶えず苦しめられ、今日、その極限状態にまで追いつめられている。

アメリカ発信のグローバリゼーションのもと、アメリカ型経営モデルが強引に持ち込まれ、「消費者主権」

の美名のもとに「規制緩和」がすすめられ、地方では大資本による郊外型巨大量販店やコンビニエンスストア、ファストフード等のチェーン店が次々と進出し、零細家族経営や中小企業は、破産寸前の苦境に追い込まれている。今や全国地方都市の商店街では、多くの店のシャッターがおろされ、人影もまばらな閑散とした風景が、当たり前のように広がっている。

こうした弱小の経営形態は、アメリカ型「拡大経済」下の市場競争至上主義の効率一辺倒の風潮の中では、たしかにとるに足らない、経済成長には何の役にも立たないものに映るのかもしれない。しかし、零細家族経営によって支えられ成り立っていた地域社会は、一九五〇年代半ばにはじまる高度経済成長期以前にあっては、「下町」として実に生き生きと息づいていた。

そしてそれは、地域の人間の暮らしを潤し、自然循環型社会にふさわしいゆったりとしたリズムの中で、人々の心を豊かにし、和ませてきた。商店街の流通は緩慢で非効率ではあったけれども、人と人が触れ合い、心の通い合う楽しい暮らしがそこにはあった。時間に急き立てられ、分秒を競うようなせかせかとした暮らしなどは、そこにはなかった。

戦後間もなく、わが国にアメリカ型「拡大経済」が移植され、やがて高度経済成長によってもたらされたものは、市場競争と効率を至上と見なすプラグマティズムの極端なまでに歪められた拝金・拝物主義の薄っぺらな思想であった。人々の心の奥深くまで滲み込んだこの思想は、人間にとって大切な森や農地や川や海、さらにはものづくり・商いの場といった生きる基盤や、人と人とのふれあいをもないがしろにして、農山漁村や都市部のコミュニティを破滅寸前にまで追い込んでしまった。

巨大企業を優先する政府の利潤第一主義の生産と「地域開発」の政策は、零細家族経営のみならず、国民全体の生命と健康にかかわる生活と環境の問題でも、それらの破壊を全国的な規模で引き起こしてきた。そして政府は、今なお巨大企業優先の経済・財政政策を続け、多額の国家予算が大型公共事業やIT産業やいわゆる防衛費なるものに向けられ、国民生活に直結する社会保障や教育への公的支出は、資本主義諸国の中でも最低水準にある。しかも、一九九七年~二〇〇七年の一〇年間で一四二兆円から二二〇兆円に急増し、さらに二〇一五年には三〇一兆円にものぼるといわれる莫大な内部留保を積み増してきた巨大企業や、証券・金融取引等による巨額の所得に対しては税率を優遇する一方、生活苦や将来不安に悩む庶民には、社会保障の充実のためと称して一貫してさらなる消費税増税を目論もうとする。手元資金に限っても六四兆円におよぶという巨大企業の内部留保は、ここ一〇年来、派遣労働など非正規の不安定雇用を増大させ、リストラと賃下げ、下請け中小・零細企業に対する単価の切り下げなど、庶民の犠牲のもとに巨額の利潤を上げ、法人税減税など数々の優遇政策のもとで積み増しされていったものである。

それでも、この反国民的な財政政策を、今もって変えようとしない。こうした背景には、政治家、特権的官僚、巨大資本のいわゆる政・官・財の鉄のトライアングルが形成され、汚職、腐敗の温床となっている事実があることについては、多くの国民がうすうす感じているところである。

私たちが未来にどんな暮らしを望むのかによって、社会のあり方の選択は決まってくる。「菜園家族」構想は、資源やエネルギーの限界性からも、差し迫った地球環境の限界からも、人道上も、市場競争至上主義のアメリカ型「拡大経済」が許されるものではないとする立場から、持続可能なそれこそ本物の自然循環型共生社会への転換をめざしている。そして、何よりも、多くの人々が今、切実に望んでいるものは、人間の心を潤し、子どもの心が、そして人の心が育つ暮らしである。であるならば、なおさら私たちは、ないがしろにされ放置されてきたこうした零細家族経営や中小企業が成り立つ、かつての自然循環型の人間味溢れる地域社会を今一度見なおし、巨大企業優先の今日の経済体系に抗して、その再生をはからなければならないのではないか。

「菜園家族」構想は、まさにこうした状況の中で、人間の暮らしのあり方を根底から問いただし、農山漁村においても、都市部においても、「菜園家族」や今確認してきた「匠商家族」を基盤にして、地域の再生をめざそうとしている。「菜園家族」構想において、「匠商家族」は変革を担うもう一つの大切な主体であり、「菜園家族」と「匠商家族」は、いわば車の両輪ともいうべきものなのである。

「匠商家族」とその協同組織「なりわいとも」

前章までは、農業を基盤とする狭義の「菜園家族」を基礎単位にして成り立つ「なりわいとも」について考えてきたのであるが、ここからは、工業や商業・流通・サービス分野、つまり第二次、第三次産業を基盤にした「匠商家族」を基礎単位に成立する「なりわいとも」について考えてみたい。

狭義の「菜園家族」の「なりわいとも」は、近世の〝村〟の系譜を引く集落基盤を発展的に継承し、農業を基盤とする性格上、農的・自然的立地条件に大いに規定される。それゆえ、森と海を結ぶ流域地域圏《エリア》の奥山の山間部から下流域の平野部へと、「村なりわいとも」、「町なりわいとも」、「郡なりわいとも」というように、ある意味では地縁的に地域団粒構造を形づくりながら展開していく。一方、「匠商家族」の「なりわいとも」は、それと同じではない。むしろ、農業を基盤とする狭義の「菜園家族」の「なりわいとも」とはかなり違った、独自の「なりわいとも」の地域編成の仕方が見られるはずである。

一口に第二次産業の製造業・建設業の分野、第三次産業の商業・流通・サービス業の分野といっても、職種や業種も多種多様である。したがって、「匠商家族」の「なりわいとも」は、職種による職人組合的な「なりわいとも」であったり、同業者組合的な「なりわいとも」であったり、あるいは市街地の様々な商店が地域的・地縁的に組織する商店街組合のような地縁的な「なりわいとも」であったりするであろう。

いずれにせよこれらは、今日の行政区画上の市町村の地理的範囲内で、職人組合的な「町・村なりわいとも」や、同業者組合的な「町・村なりわいとも」、あるいは商店街組合的な「町なりわいとも」としてそれぞれ形成されてくる。そして、それらを基盤にして、さらにそれぞれの上位に、森と海を結ぶ流域地域圏《エリア》全域（郡）の規模で、「郡なりわいとも」が形成されることになる。この「郡なりわいとも」は、対外的にも大きな力を発揮することが可能になるであろう。

巨大企業の谷間であえぐ零細家族経営だけでなく、中小企業についても、そのおかれている状況は同じである。森と海を結ぶ流域地域圏《エリア》の自然資源を生かし、地域住民に密着した地場産業の担い手として、中小企業を育成していかなければならない。零細家族経営と中小企業の両者が、同じ森と海を結ぶ流域地域圏《エリア》にあって連携を強めることによって、相互の発展が可能になってくる。中小企業の「なりわいとも」への参加をどう位置づけ、両者がいかに協力し合っていくのか。これは、今後研究すべき重要な課題として残されている。

放置された巨大資本の専横。それを許してきた理不尽な政策。こうした中で苦しみあえぎながらも、人々は自らの生活の苦しみとますます悪化する地球環境に直面して、ようやく本当の原因がどこにあるのかに気づきはじめた。最後の土壇場に追いつめられながらも、何とか足を踏ん張り反転への道を探ろうとしている。人間の欲望を手品師のように操りもてあそぶ、市場原理至上主義「拡大経済」という得体の知れない巨大な怪物に抗して、自らが築く自らの新たな体系を模索していかなければならない。

ところで、本来都市とは、ある一定の地域圏《エリア》内にあって政治・経済・文化・教育の中核的機能を果たし、人口の集中したその区域のみならず、地域圏《エリア》全域にとっても重要な役割を担うものである。古代ギリシャ・ローマにおいては、国家の形態をもち、中世ヨーロッパではギルド的産業を基礎として、時には自由都市となり、近代資本主義の勃興とともに発達してきた。こうした都市の発展の論理には、一定の普遍性が認められる。特定の国や地域の都市の考察においても、この普遍的論理は注目しておかなければならない。

ギルドはよく知られているように、中世ヨーロッパの同業者組合である。封建的貴族領主や絶対王権に対抗して、同業の発達を目的に成立した。まず商人ギルドが生まれ、手工業者ギルドが派生する。こうして台頭してきた新興の勢力は、都市の経済的・政治的実権をも掌握するようになり、中世都市はギルドによって運営されるに至る。

しかし、近代資本主義の勃興によって、ギルド的産業のシステムは衰退し、都市と農村の連携から地域のあり方までが激変していった。それは、まさに中世・近世によって培われ高度に円熟した、循環型社会のシステムそのものの衰退によるものであった。

それでは私たちの現代は、歴史的にどんな位置に立たされているのであろうか。それは歴史の長いスパンで考えるならば、まぎれもなくこの中世・近世の循環型社会の衰退過程の延長線上にあると言わなければならない。今日の市場原理至上主義アメリカ型「拡大経済」は、結局、この延長線上にあって、商業や工業における零細家族経営から弱小な中小企業に至るまで、ありとあらゆる小さきものたちを破壊していくのである。企業、銀行などあらゆる経済組織は、再編統合を繰り返しながら巨大化の道を突き進み、大が小を従属させる寡頭支配の論理が貫徹していく。東京など巨大都市に本社をおく巨大企業は、周縁の地方にもそのネットワークを広げ、地方経済を牛耳ることになる。地方はますます自立性を失い、中央への従属的位置に甘んじざるを得ない事態にまで追い詰められていく。

こうした流れに抗して、「菜園家族」構想は地域の再生をめざす。そうであるならば、中世や近世の商人・手工業者が、封建的貴族領主や絶対的王権に対抗して、自らの同業の自衛のために同業者組合ギルドをつくったように、今日の市場原理至上主義アメリカ型「拡大経済」下の巨大企業や巨大資本に対抗して、森と海を結ぶ流域地域圏《エリア》内における商業・手工業の家族零細経営が「匠商家族」という新しいタイプの家族小経営に生まれ変わり、それを基盤に「匠商家族のなりわいとも」を結成するのは、ある意味では歴史の必然であると言ってもいいのかもしれない。

ギルドは中世および近世の循環型社会の中にあって、きわめて有意義的かつ適合的に機能していた。「菜園家族」構想が近世の円熟した循環型社会への回帰の側面を持つ以上、「匠商家族のなりわいとも」の生成は、当然の帰結と言えよう。そして、巨大化の道を突き進むグローバル経済が席捲する今、この「匠商家族のなりわいとも」が、前近代の中世ギルド的な〝共同性〟に加え、資本主義に対抗して登場した近代的協同組合《コープラティブ・ソサエティ》の性格をも合わせもつ、二一世紀の新しいタイプの都市型協同組織としてあらわれてくるのも、歴史の必然と言わなければならない。地方中小都市の未来は、こうした「匠商家族のなりわいとも」を、主にその市街地にいかに隈なく組織し、編成するかにかかっている。

肝心なことは、森と海を結ぶ流域地域圏《エリア》全域を視野に入れて、この「匠商家族のなりわいとも」と、森林地帯に展開する〝森〟の「菜園家族のなりわいとも」や、田園地帯に広がる〝野〟の「菜園家族のなりわいとも」、海辺に息づく〝海〟の「菜園家族のなりわいとも」との連携を強化していくことである。そして、これらによる柔軟にして強靭な「なりわいとも」ネットワークをその全域に張りめぐらしていくことである。こうした基盤の上に、〝森〟と〝野〟と〝海〟と〝街《まち》〟をめぐるヒトとモノと情報の交流の循環がはじまる。こうしてはじめて、市場原理至上主義アメリカ型「拡大経済」に対峙して、相対的に自立したひとつのまとまりある自然循環型共生の森と海を結ぶ地域経済圏の基底部が、徐々に築きあげられ熟成していくのである。

「なりわいとも」と森と海を結ぶ流域地域圏《エリア》の中核都市

森と海を結ぶ流域地域圏《エリア》が相対的に自立自足度の高い経済圏として成立するための前提条件について、「なりわいとも」と中核都市との関連で、ここでもう少しだけ触れておきたい。

まず、森と海を結ぶ流域地域圏《エリア》（おおむね今日の郡の地理的範囲に相当する）内の基礎自治体である市町村が連携して、長期的展望に立った自らの流域地域圏《エリア》の基本構想を立案し、それを計画的に実行していく体制を整える必要がある。そして、今日の税制のあり方を抜本的に改革し、地方自治体の財政自治権を確立し、自治体が自らの判断で的確な公共投資を計画的におこなえるような、地域政策投資のシステムを構築しなければならない。

また、相対的に自立自足度の高い経済圏が成立するためには、流域地域圏《エリア》内でのモノやカネやヒトの流通・交流の循環の持続的な成立が大切になってくる。そのためにはまず、流域地域圏《エリア》内での生産と消費の自給自足度、つまり地産地消の水準が可能な限り高められなければならない。そして、地域融資・地域投資の新しい形態として注目されているコミュニティ・バンクの創設や地域通貨の導入などによって、自立的な経済圏を支える経済システムを整えていく必要がある。このコミュニティ・バンクは、土地や建物を担保にお金を貸す従来型のバンクではなく、事業性や地域への貢献度から判断してお金を貸す、本当の意味での地域のための金融機関として確立されていかなければならない。

今日では、地域住民一人一人の大切な預貯金は、最終的には大手の都市銀行に吸いあげられ、都市銀行にとって投資効率のよい、流域地域圏《エリア》外の重化学工業やハイテク産業や流通業など第二次・第三次産業の「成長分野」に融資されている。農業や林業や漁業、零細家族経営や中小企業のようなもともと本質的に生産性の低い、しかしながら流域地域圏《エリア》の自然環境や人間の生命にとって直接的にもっとも大切な分野には、なかなか投資されないのが実情である。これはまさに市場原理によるもので、こうした状況を放置しておくならば、いつまでたっても地域経済を建て直すことはできない。

ヨーロッパは、日本とはかなり事情が違うようである。イギリスやオランダやドイツでは、経済的利益だけではなく、環境、社会、倫理的側面を重視して活動する金融機関「ソーシャル・バンク」が存在し、主に個人から資金を預かり、社会的な企業やプロジェクト、チャリティ団体やNPOなどに投融資を行ない、社会的にも重要な役割を果たしている。こうした金融機関では、通常の預金や融資、投資信託などとは異なり、資金提供者が重視する価値を実現するための仕組みが金融商品や資金の流れに組み込まれている。地域づくりや環境問題においても、相互扶助を基本理念に今日的な「意志あるお金」の流れの活性化に貢献している。このようなソーシャル・バンクが存在している要因はいろいろ考えられるが、歴史的には、イギリス産業革命以来の協同組合運動発祥の地としての伝統の裾野の広さがあげられるであろう。

日本では、信用組合や信用金庫があるにはあるが、実際には金融庁の統括のもとにあって、大銀行と同じような規制で縛られており、小規模の事業に対する融資や補助金の斡旋がきわめて不十分であると言わざるをえない。とはいえ、過去において、金融の相互扶助の伝統が皆無であったというわけではない。前近代の循環型社会において、特に室町時代から江戸時代にかけて各地の農村でさかんであったといわれている「頼母子講《たのもしこう》」は、相互扶助的な金融組合であった。組合員が一定の掛け金をして、一定の期日にくじまたは入札によって所定の金額を順次、組合員に融通する仕組みだったといわれている。

今日の中央集権的、寡頭金融支配のもとでは、「菜園家族」や「匠商家族」が森と海を結ぶ流域地域圏《エリア》を舞台に、新しい相互扶助の精神にもとづく協同組織「なりわいとも」を結成し、流域地域圏《エリア》の再生をめざして活動を開始しようとしても、その芽はことごとく摘まれてしまうであろう。原初的な相互扶助の精神に支えられた金融機関の伝統が日本にもあったことを考える時、二一世紀の未来に向けて、地域における新しい金融のあり方を模索し、その可能性をもっともっと広げていくべきである。前近代に胚胎していた伝統的精神を生かし、ヨーロッパの優れた側面を取り入れながら、「菜園家族」構想独自の金融システムを地域に確立して、顔の見える相互扶助の地域経済をつくっていかなければならない。

コミュニティ・バンクのような比較的大きな財政的支援を必要とする金融機関の創設については、流域地域圏《エリア》の自治体だけではなく、広域地域圏すなわち都道府県レベルとの連携共同による支援体制が必要である。そのシステムが確立されれば、巨大都市銀行に頼ることなく、住民一人一人の善意の小さな財力を、新しい独自の金融・通貨システムを通じて地域に還流させることが可能になるであろう。住民自らが新たにつくり出したこの新しい金融・通貨システムを通じて、住民が自らの地域経済の自立のために、ささやかながらも常時貢献する道が開かれていくことになる。

森と海を結ぶ流域地域圏《エリア》に創設されるコミュニティ・バンクにとって大切なことは、活動の理念の明確化である。つまり、流域地域圏《エリア》を「菜園家族」構想に基づき自然循環型共生社会に再生させ、人間復活をめざす活動の支援に徹するという理念である。その上で、融資先の明確化と持続的な支援活動が重要になる。コミュニティ・バンクは、こうした零細家族経営や中小の事業を支援することによって、地域のきめ細やかな雇用づくりにも寄与する。このようなコミュニティ・バンクの活動は、第九章で述べるCSSK（国および都道府県レベルに創設される「CO_2《C》削減と菜《S》園家族創出の促《S》進機《K》構」）との連携のもとで相互補完しつつ、両者それぞれの特性を生かしながら進められていくことになるだろう。

もちろん、コミュニティ・バンクの創設とその運営、そしてそのありようは、「菜園家族」を基調とするCFP複合社会がどのように展開し、円熟していくかによって変わっていく。こうしたコミュニティ・バンクを強化し、CFP複合社会を発展させていくことによって、資本主義セクターC内の従来型の巨大都市銀行も、次第に自然循環型共生社会に適合したものに変質せざるを得なくなるであろう。

さて、物流に関して言えば、森と海を結ぶ流域地域圏《エリア》内市町村の中心街の各所に定期的な青空市場を設置するなど、近郊農山漁村に散在する中規模専業農家の生産する作物や「菜園家族」の余剰農産物を流通させる新たなシステムをつくり出す必要がある。日本は先進諸国の中でも、長距離輸送による食糧・木材供給への依存度が異常なまでに高い国である。地産地消システムの確立は、フード・マイレージ、ウッド・マイレージの観点から、CO_2排出量削減にもおおいに寄与するであろう。中規模専業農家に加え、〝森〟

と〝野〟と〝海〟の「菜園家族のなりわいとも」および「匠商家族のなりわいとも」は、こうしたシステムづくりを担う重要な役割を果たす。同時に、外部資本による郊外の巨大量販店に対しては次第に規制を強め、零細家族経営や中小業者を守り、育成していく条件を整えることが必要である。

また、流通システムの環境整備の点からは、新しい交通体系の確立が大切である。日本の伝統的旧市街や商店街が集中する都市中心部では、クルマ社会に対抗する交通システムの整備がきわめて遅れている。郊外型巨大量販店の出店を許している客観的条件として、この都市中心部における交通システムの整備の遅れが指摘されてきた。中核都市の中心部における拠点駐車場の設置と、これにつながる自転車・歩道網の整備などが重要な課題になる。同時に、中心市街地においても、近隣の農山漁村地域と結ぶ交通網においても、公共交通機関のあり方をあらためて見直さなければならない。燃料についても、化石燃料に代替する、森と海を結ぶ流域地域圏《エリア》内の自然資源を活かしたエネルギーを研究開発し、人々の暮らしを支え、環境の時代にふさわしい新しい交通体系を確立する必要がある。こうした自然循環型の農村・都市計画における流通・交通体系の研究開発の分野でも、第九章で述べるＣＳＳＫとの連携の強化によって、いっそうの成果をあげることができるにちがいない。

森と海を結ぶ流域地域圏《エリア》に自立的な経済圏を確立していく上で、中核都市の都市機能の充実の重要性をもう一度確認しておきたい。城下町や門前町としての歴史的景観の保全、文化・芸術・教育・医療・社会福祉機能の充実、さらには商業・業務機能と調和した都市居住空間の整備を重視し、かつ市街地内においても「菜園」をきめ細やかに配置し、緑豊かな田園都市の名にふさわしい風格あるまちづくりをめざさなければならない。それは、森と海を結ぶ流域地域圏《エリア》全域に広がる〝森〟と〝野〟と〝海〟と〝街《まち》〟の「菜園家族」や「匠商家族」のネットワークの要《かなめ》としての都市であり、森と海を結ぶ持続的な流域循環の中軸としての機能を担う、新しい時代の地方都市の姿でもある。

「なりわいとも」の歴史的意義

団粒構造のふかふかとした土が、植物の生育にとって快適で優れた土壌であるのと同様に、「菜園家族」や「匠商家族」を基礎単位に「なりわいとも」が形成され、多重・重層的な団粒構造に熟成された地域社会は、人間一人ひとりにとっても豊かで理想的な社会であるはずだ。そこでは、人間の様々な個性が生かされ、まさに多重・重層的な人間活動が促される。こうした人間活動の成果が、養分として「地域」という土壌に蓄積され、それによって地域社会は、より豊かなものに熟成されていく。団粒構造の滋味豊かな土を思い起こすだけでも、そのことは実に理に適っていると頷ける。

森と海を結ぶ流域地域圏《エリア》では、先にも触れたように、多重・重層的な地域団粒構造の各次元にあらわれる「菜園家族」、「くみなりわいとも」、「村なりわいとも」、「町なりわいとも」、「郡なりわいとも」などの協同組織体が、それぞれの次元にあって、自律的、重層的に機能し、その結果、森と海を結ぶ流域地域圏《エリア》全体として人間の多次元的で多様な活動が活性化され、それにともなって創造性あふれる〝小さな技術〟が絶え間なく生み出されていく。その結果、人間の側からの自然に対する働きかけが、流域地域圏《エリア》の総体として極めてきめ細やかなものになり、自然を無駄なく有効に活用することが可能になってくる。活動の分野も、農林漁業や畜産に限らず、手工業・手工芸の分野から、さらには教育・文化・芸術に至るまで、人間の幅広い活動が豊かに展開されていくのである。

かつて上から強引にすすめられた社会・経済・文化・教育等々におよぶいわゆる「小泉構造改革」、そして今騒がれている「大阪維新の会」の「地域主権改革」なるものも、やがて、薄っぺらなまやかしのまがいものであることが白日の下に晒されることになるであろう。この「地域主権改革」なるものは、むしろ国民の中に経済・教育・文化の格差を広げ、弱肉強食の競争を煽り、人間不信とモラルの低下をますます強め、財界主導の従来型巨大プロジェクトへのヒト・モノ・カネの集中と引き換えに、地域の衰退にさらなる拍車をかけるものである。

人間を支え、人間を育む基礎的「地域」の内実の根本的変革なしには、経済の変革も、政治の変革も、教育・文化の変革も、徒労に終わらざるをえない。経済の源泉は、まぎれもなく草の根の「人間」であり、「家族」であり、「地域」である。そして民主主義の問題は、究極において人格の変革の問題であり、人格を育むものは、人間の生産と暮らしの場である「家族」と「地域」である。したがって、この「家族」と「地域」を時間がかかってもどう建て直し、どう熟成させていくかにすべてがかかっていると言わなければならない。

「菜園家族」の中で育まれる夫婦や親子や兄弟への愛、ここからはじまる人間と人間の良質な関係、これが「くみなりわいとも」や「村なりわいとも」へ、さらには、森と海を結ぶ流域地域圏《エリア》に形成される「郡なりわいとも」から、県レベルの「くになりわいとも」へと拡延され、地域社会全体に広がっていく。人間性に深く根ざした人への思いやり、お互いが尊重し合い、相互に助け合う精神が培われていくのである。「地域」における〝もの〟の再生産と〝いのち〟の再生産の安定した循環の中に身をおき、親から子へ、子から孫へとつながる永続性を肌で感じ、精神の充足が自覚される時、人間は心底から幸せを実感する。そして、やがて「地域」に新しい精神の秩序が形づくられていく。これこそが、精神の伝統というべきものではないだろうか。

森と海を結ぶ流域循環型の地域形成は、ただ単に経済再建だけが目的ではない。こうした「地域」熟成の中から、市場原理至上主義「拡大経済」社会にはみられなかった地域独自の新たな生活様式が確立され、民衆の新しい倫理や思想が、そして文化や芸術が生み出されていく。今日の精神の荒廃は、こうした大地に根ざした独自の文化や精神を育む地域社会の基盤を失い、それを新たに再生し得ずにいることと関連している。今、私たちにとって大切なことは、時間がかかっても、ゆっくりとこうした「家族」と「地域」の再建からはじめることであり、上からの「地域主権改革」などではない。

森と海を結ぶ流域地域圏《エリア》の多重・重層的な地域団粒構造内部の各次元にあらわれる、協同組織体としてのそれぞれの「なりわいとも」は、ある意味では、現実世界の歴史過程にあらわれた発展の階梯としても捉えることができよう。三次元にあらわれる「村なりわいとも」までの協同組織体は、主として前近代において極めて長期にわたって、ひたすら民衆の知恵と努力によって編み出され熟成されてきたものである。これは、基本的には、世界のいかなる地域にも共通してあらわれる普遍的な現象であり、民衆の長きにわたる努力の成果であるといっていいものである。

これに対して、その後にあらわれる四次元の「町なりわいとも」や、森と海を結ぶ流域地域圏《エリア》を基盤に形成される五次元の「郡なりわいとも」と、それらの成立を支える思想は、まさに近代の産物というべきものなのかもしれない。この思想は、資本主義の勃興期に、不条理でむき出しの初期資本主義の重圧のもとで、あのロバート・オウエンの思想と彼のコミュニティ実験の経験の上に成立した「ロッチデール公正開拓者組合」に端を発した協同組合運動《コープラティブ・ソサエティ》の「一人は万人のために、万人は一人のために」の合言葉に象徴される、「協同の思想」として誕生したものである。それは一八四〇年代のことであるから、今から一七〇年も前のことであった。

前近代の基盤の上に築く新たな「協同の思想」

資本主義のもとで、私的利益を追求する企業社会とは別の、もう一つの経済システムへと人々の心を駆り立てたものは、「協同の思想」によって、自らと仲間の〝いのち〟と〝暮らし〟を守ろうとする民衆の自衛精神であった。したがって、森と海を結ぶ流域地域圏《エリア》に新たに築かれる「郡なりわいとも」は、自然発生的なものというよりも、むしろ近代の超克の結果あらわれる「労」「農」融合の「菜園家族」を拠りどころに、人間の自覚的意識に基づいてなされる地域住民、市民主体の高度な人間的営為であると言わなければならない。

それだけに、森と海を結ぶ流域地域圏《エリア》全域に形成される「郡なりわいとも」には、困難が予想される。一九世紀の「協同の思想」の先駆者たちの悲願は、二〇世紀において無惨にも打ち砕かれ、二一世紀へとその達成が残されたままになっている。引き継がれ残されたこの課題を克服し、成功へと導く鍵は、すでに述べてきたように、現代賃金労働者《サラリーマン》と生産手段との再結合によって、「賃金労働者」と「農民」という二重の性格を備えた二一世紀独自の新たな人間の社会的生存形態と、その家族小経営としての「菜園家族」を創出することであり、それに基づく協同組織「なりわいとも」によって、「地域」を再編することである。

巨大資本の追求する私的利益と、地域住民・市民社会の公的利益との乖離が大きくなればなるほど、もう一つの経済システムの可能性をもとめて、多くの試みがなされるのは当然の成り行きであろう。そして、それは歴史の必然でもある。むき出しの私的欲求がまかり通る時、資本主義内部に抗市場免疫の民衆の優れた自衛組織、対抗勢力としての「菜園家族」と「匠商家族」が生まれ、その協同組織「なりわいとも」が台頭してくるのもまた、歴史の必然の帰結というべきである。

二一世紀をむかえ、現代世界は、あまりにも私的利益と公的利益の乖離が大きくなり、解決不能の状況に陥っている。一七〇年前のイギリスとはまた違った意味で、今、新たに本格的な「協同の思想」到来の客観的条件が熟しつつある。本章で述べてきた多重・重層的地域団粒構造の各次元に形成される「なりわいとも」、そのなかでも基軸的協同組織体として要の位置にある「村なりわいとも」、そして森と海を結ぶ流域地域圏《エリア》全域を範囲に形成される「郡なりわいとも」、さらには非農業基盤に成立する「匠商家族」とその「なりわいとも」。これらすべては、まさにこうした世界の客観的状況と歴史的経験を背景に、前近代的なるものと近代的なるものとの融合によって、新たなる協同の社会、つまり「菜園家族」を基調とする抗市場免疫の自律的な自然循環型共生社会を築く試みなのである。

つまりそれは、近世の〝村〟や地域団粒構造といった前近代的な伝統の基盤の上に、「協同の思想」という近代の成果を甦らせ融合させることによって、二一世紀にむけて新たな「地域の思想」を構築しようとする人間的営為でもある。これは決して特殊な地域の特殊な事柄ではなく、人類史上、人々によって連綿として続けられてきた、そして今でも続けられている、普遍的価値に基づく未完の壮大な実験を二一世紀において何とか成就させせんとする、人間の飽くなき試みなのである。

第七章
高度経済成長の延長線上に現れた３・11の惨禍

３・11フクシマ原発事故から五年。あれだけの大惨事を経てもなお、原発の国内稼働と海外へのトップセールスが息を吹き返すこの国の現状。今こそその根底には何があるのかを突きつめて考え、そこからの転換を本気ではからなければならない時に来ている。

「資源小国」日本は、最先端の科学技術に立脚した工業製品の開発と輸出を梃子に、「貿易立国」として経済成長を遂げることに命運をかけ邁進してきた。こうした急速な高度経済成長が人々の暮らしと地域に何をもたらしたのか、今一度このことを省みることからはじめたい。

高度経済成長が地域にもたらしたもの

戦後高度経済成長期の産業公害である水俣病。加害企業チッソは、原因が自社の工場廃水にあると知りながら真実を隠蔽し、大量に垂れ流し続け、被害を拡大させた。

二〇一二年七月三一日、水俣病被害者救済法（「水俣病特措法」）に基づく救済策の申請受け付けが締め切られた。偏見を恐れ申請をためらう人たちがいる一方、救済対象外とされている地域や年齢の人たちの中にも、今になって次々と症状が見つかっているという。一九五六年の公式確認から半世紀以上の歳月が経っている。生命誕生の母胎とも言うべき聖なる海を穢した人間の愚かな行為が、今なお人々を苦しめ続けていることの重大な意味をあらためて思い知らされる。

不知火海に面したこの水俣の漁村に育ち、「ただの貧しい一主婦」として暮らしを送っていた石牟礼道子さん（一九二七年〜）は、ふるさとが見舞われた恐るべき事態を、ある僻村で起こった特殊な「奇病」、「公害」とその「対策」という言葉では決してとどめることのできない「文明と、人間の原存在の意味への問い」として感じとり、近代化とは何か、日本資本主義とは何かについて根源的な思索を深め、作品に著していった。

完結まで四〇年を費やしたという『苦界浄土』三部作には、被害患者とその家族の苦悩や、深くかかわることになった実際の救済運動について、きわめて人間的な情念に関わる深みから描かれているのと同時に、原因企業チッソの前史として、明治の水俣で欧米からの移入技術を革新し、他社に先んじて独自のものを確立することによって、化学工業界のトップの地位を築いていった会社草創期にはじまり、戦前・戦中の植民地政策のもとでの朝鮮半島への進出、そして敗戦により水俣に引き揚げ、残された頭脳と技術を足がかりに急速な成長を遂げていく過程をも巧みに織り交ぜ精緻な筆致で述べられている。その意味で、日本の近代化を具体的な一地域において克明かつ多面的に辿ることのできる、いわば優れた地域史・地域研究になっているとも言える。

それは、著者の幼年期の原体験をもとにした『椿の海の記』（一九七六年）に重ね合わせた時、思わぬ世界が見えてくる。この自伝的作品には、水俣病以前の自然と人間がまさに一体となり「海と山と川と暮らしが、不可分のものとして」とけあっていた頃のふるさとの様子や、「歳時記とは暦の上のことではなくて、家々の暮らしの中身が、大自然の摂理とともにある」ような家族のなりわいと地域の人々の姿が、昭和初期という時代に起因する老若男女の人生の哀切と、それゆえに深まるひたむきで素朴な人間性への信頼とを色濃く滲ませながら、余すところなく描かれている。まさにそれは、わが国の前近代と近代のはざまにある人間存在と地域を、いっそう重層的で深みのある像として結び、浮かび上がらせるのである。

水俣病は、このようなかけがえのない自然と長い歴史をかけて培われてきた生産と暮らしのありようを破壊した上に、さらには漁民と工場労働者や市民との間など、この地域に生きる人々の中に複雑な対立関係をもたらし、もっとも身近で親密であるはずの集落や家族の中でさえ、人間と人間の素朴な絆をズタズタにしてしまった。そしてその傷は、今なお完全に癒されることなく続いている。石牟礼さんは、「この地球全体がおかしくなったと言われるような時代になった、その核のようなものが水俣にはあると思う。それは人間の生身を通じてあると思う」と語る（ＥＴＶ特集『花を奉る ―石牟礼道子の世界―』ＮＨＫ教育テレビ、二〇一二年二月二六日放送）。

一九七一年から患者たちは、東京丸の内にあったチッソ本社前で一年七ヵ月におよぶ座り込みを行った。その時の印象を、石牟礼さんは「東京は大地が生き埋めになっている。その上にコンクリートが物量となってこの大都会ができていて、あの異様な建物の感じをその時、近代の卒塔婆だと思った」と回想する（前掲ＥＴＶ特集）。

この一九七一年は、東京電力福島第一原子力発電所の1号機が運転を開始した年でもあった。実質経済成長率が一〇％を超えた一九六〇年代後半、エネルギー需要は拡大を続け、一九六五年～一九七四年の一〇年間に二倍強、一九五五年頃から見れば実に七倍に増大していたのである（独立行政法人環境再生保全機構ホームページ http://www.erca.go.jp/ の「大気環境の情報館 ―日本の大気汚染の歴史」を参考）。

それから四〇年。二〇一一年三月十一日、東日本大震災による事故は起きた。ふるさとの山河や海を放射能に汚染された人々は住み慣れた場を追われ、家族や地域は引き裂かれた。3・11のもたらした容易には取り返しのつかないこの惨状を前に、水俣病という国民的体験をもいつしか忘れ、この四〇年間われわれが安住してきた経済社会とは何だったのか、厳しく自問せずにはいられない。歴史をより遡れば、明治以降の日本が突き進んできた「国家繁栄」の道とは、そして「大東亜共栄」の道とは一体何だったのか、そもそも近代とは何なのか。

3・11を経て石牟礼さんは「今度、世紀が変わるとしたら、まったく異なる世紀が生み出されるといいなと思う」と心底語る（前掲ＥＴＶ特集）。「まったく異なる世紀」へと歩みはじめる契機は、四〇年前の時点にすでにあったのだ。その可能性はいかに歪められ、それを逸することになったのだろうか。

今日の歪められた国土構造を誘引し決定づけた『日本列島改造論』

一九七一年は、高度経済成長に伴って日本各地で顕在化した大気汚染や海洋・河川の汚染など公害問題の深刻化と、それに対する国民世論の高まりを受け、環境庁が発足した年でもあった。

翌一九七二年に発表された田中角栄の『日本列島改造論』で示された日本の将来展望は、このような公害問題や、都市の過密と農山村の過疎など、戦後高度経済成長によって国土の自然と人々の暮らしにもたらされた様々な歪みを指摘し、その解決の必要性を説くものの、その実、そこからの根本的転換をはかるどころか、むしろその路線をますます徹底化させ、拡大・推進するものであった。

この本の中で、田中は次のように述べている。

……都市集中のメリットは、いま明らかにデメリットへ変わった。国民がいまなによりも求めているのは、過密と過疎の弊害の同時解消であり、美しく、住みよい国土で将来に不安なく、豊かに暮らしていけることである。そのためには都市集中の奔流を大胆に転換して、民族の活力と日本経済のたくましい余力を日本列島の全域に向けて展開することである。工業の全国的な再配置と知識集約化、全国新幹線と高速自動車道の建設、情報通信網のネットワークの形成などをテコにして、都市と農村、表日本と裏日本の格差は必ずなくすことができる。

（田中角栄『日本列島改造論』日刊工業新聞社、一九七二年、「序にかえて」より）

そして、田中は次のように説いている。

一部の人びとは『高度成長は不要だ』『産業の発展はもうごめんだ』とか『これからは福祉の充実をはかるべきだ』と主張している。しかし『成長か福祉か』『産業か国民生活か』という二者択一式の考え方は誤りである。福祉は天から降ってくるものではなく、外国から与えられるものでもない。日本人自身が自らのバイタリティーをもって経済を発展させ、その経済力によって築きあげるほかに必要な資金の出所はないのである。

（前掲書、Ⅲ章「平和と福祉を実現する成長経済──成長追求型から成長応用型へ──」より）

工業の再配置、過密都市の再開発、道路、下水道など社会資本の充実、公害絶滅技術の早期開発などに要する膨大な資金は、低い経済成長のもとでは捻出できず、高成長が可能となる体制を前提としない限り、日本が直面する問題の解決は困難だと言うのである。

一九七〇年代初頭といえば、民間設備投資や国内需要の伸びが大きく期待できず、高度成長にかげりが見えはじめていた頃である。こうした中、もはや「日本経済の高度成長は終わった」という見方に対して、田中は、「わが国経済の成長を支えうる要因はまだ十分に存在している」と主張する。それが財政出動による社会資本の拡大であり、それまでの民間設備投資主導を転換して、公共部門投資主導の路線を政策の根幹に据えることであった。加えて教育、医療など社会保障の拡充により老後の不安が払拭されれば、生活水準の向上に伴い高度化・多様化する欲求に呼応して、個人消費はまだまだ拡大するし、伸びが鈍化している民間設備投資についても、省力化、公害防止、安全確保、住宅、交通、医療などに対する新技術の応用へは活発な投資が期待され、それが知識集約型産業の次の発展の促進につながると見る。このようにして、福祉への投資が成長を生み、成長が福祉を約束するという好循環を創り出すことが可能だというのである（前掲書、Ⅲ章）。

『列島改造論』は、全国津々浦々に建設ラッシュとともに、地価上昇を生み出し、「狂乱物価」を招くことになった。とりわけモータリゼーションの上昇期・全盛時代に、ガソリン税や自動車重量税などからの巨額の税金を道路特定財源に、全国高速自動車道をつくり続けていった。

大規模工業基地のさらなる拡大のためには、一九八五年度には発電能力を一九七一年度末の三・五倍以上に引き上げなければならず、このうち火力発電が半分、原子力発電が三割と見込んで、大規模エネルギー基地建設の必要性を説き、いわゆる「電源三法」を導入し（一九七四年）、立地予定地域の人々の不安や抵抗を抑え込みつつ、莫大な交付金や補助金によって地方での原発建設を進めていったのもこの頃からである（前掲書、Ⅳ章「人と経済の流れを変える――日本列島改造の処方箋1――」）。

また、田中はこうも述べている。

人びとは、週休二日制のもとで、生きがいのある仕事につくであろう。二十代、三十代の働きざかりは職住近接の高層アパートに、四十代近くになれば、田園に家を持ち、年老いた親を引き取り、週末には家族連れで近くの山、川、海にドライブを楽しみ、あるいは、日曜大工、日曜農業にいそしむであろう。

（前掲書、「むすび」より）

はたして、その後の日本と私たちの暮らしは、『列島改造論』が描いた通りの姿になったのであろうか。その結果は、その後の経過を見れば分かるように、地域住民から乖離したこうした上からのゼネコン主導の「土木工事」では、かつての「高度成長」を維持することはもはや不可能であった。やがて、巨額の道路特定財源を強力なバックに、道路の必要からではなく、道路をつくることそれ自体が自己目的化していく。その後も歴代の政権は、道路の必要からではなく、景気対策としても利権がらみで道路をつくり続けなければならないという、本末転倒の悪循環に陥っていった。加えて一九九〇年代には、建設国債を財源に、過度な需要見込みに基づいた港湾や空港、高速道路、巨大ダム、干拓など不要不急の大型公共事業が膨張した。こうして、財政出動によって需給の円環を回すことは、国や地方に莫大な財政赤字を累積し、将来世代に借金としてのしかかることとなった。公共事業へのこうした依存体質は、それ以外の地域産業育成の芽を摘み、地域の自主性を阻み、一九八〇年代後半の空前のバブル景気による享楽的物質文明の爛熟とともに、人々の意識や価値観さえ変えていった。

『列島改造論』が「必ずなくすことができる」と謳った地域間格差についても、その解消どころか、「貿易立国は不変の国是」であり、「工業は地域開発の起爆剤」とする重化学工業優先の基本路線（前掲書、Ⅲ章・Ⅳ章）のもとでは、結局、地域の生業と暮らしの根本基盤である農林漁業は、莫大な貿易黒字と引きかえに絶えず犠牲にされていった。新幹線や高速自動車道の大がかりな建設は、むしろ大都市への人口集中に拍車をかけ、大規模開発による自然の破壊、兼業農家の増大による家族農業経営の衰退、農山漁村からの若年世代の流出と過疎・高齢化を招き、田中が言うところの調和のとれた国土でのゆとりある家族の暮らしどころか、家族と地域の崩壊をいっそう加速させていった。「劇症」の公害に直接的に見舞われなかった地域も、例外なく慢性的に衰退させられていったのである。

それは、二一世紀に入り私たちが直面する山村における「限界集落」の続出や、平野部農村でさえあまねく見られる農業の担い手の高齢化、手入れを放棄された山林や耕作地の増大、他方、第二次・第三次産業で増大する失業や不安定雇用、商店街やニュータウンを含む都市コミュニティの崩壊、年間自殺者一四年連続（一九九八～二〇一一年）三万人超という、非人間的な惨憺たる今日の「無縁社会」に繋がる遠因となった。田中をはじめ為政者たちの主観的意図がどうあれ、すべてが裏目に出たのである。私たちが調査してきた犬上川・芹川流域地域圏《エリア》をはじめ、滋賀県を構成するその他すべての流域地域圏《エリア》も、同様にこうした状況に陥り苦悩している。こうした問題を、経済の繁栄のためなら世の中の多少の歪みはやむを得ないと見過ごし、そうした事態をもたらした経済社会構造の根本原因自体を問い直すことなく、その場凌ぎの対症療法を施すだけでは、もはやどうにもならない。国土の構造全体が土台から変質させられてしまったのである。今、私たちは、この歴史の教訓からあらためて何を学び、どうすべきなのかを真剣に考えなければならない時に来ている。

『日本列島改造論』の地球版再現は許されない

こうした歴史の省察もないまま、今、また本質的には同じことを繰り返そうとしている。それが、『日本列島改造論』の地球版とも言うべきものである。

リーマン・ショックによる世界経済の危機。先行きの見えない鬱屈したどうしようもない二一世紀初頭の今日の状況を何とか変えたいと、新たなビジョンへの待望から、「成長戦略」なるものへの漠然とした期待が高まっていく。「エコ」を御旗に、まずは当面の景気刺激策として、省エネ家電に対する「エコポイント」や環境対応車への「エコカー減税・補助金」によって、官製の「エコ特需」が巨額の税金を投入してまでつくり出される。そして、「日本版グリーン・ニューディール」なるものが、鳴り物入りで政策の基軸に据えられていく。

すでに一九七〇年代初頭に、民間設備投資の伸びに期待できず、高度成長がかげりを見せはじめたその時、持続的な経済成長と国民が望む環境保全や福祉の充実との両立を謳い、田中が『日本列島改造論』を引っさげて登場し、全国新幹線や高速自動車道などの巨大公共投資にシフトし危機回避を計ろうとしたように、

「土建国家」からの脱皮を掲げて「政権交代」を実現したはずの鳩山政権、それを引き継ぐ菅政権のもとでもなお、「百年に一度」といわれる世界経済の混迷と閉塞状況の中、中国、インド、ベトナム、その他東南アジア諸国の経済成長に乗じて、「東アジア共同体」構想をバックに、「新成長戦略」の名のもと、その域内の「内需」を取り込めとばかりに、ハイブリッド車や電気自動車など「エコカー」や、最新鋭の新幹線やスマートグリッド（次世代双方向送電システム）など巨大パッケージ型インフラ、さらには「CO_2排出量ゼロのクリーン・エネルギー」を売り物にした原発の売り込みを、他国に遅れてはならじと政・官・財が一体となって推進していった。

3・11後の野田政権においても、福島原発事故のあれだけの大惨事を経たにもかかわらず、財界の意のままに関西電力大飯原発三、四号機（福井県おおい町）の再稼働を強行し、事故前と何ら変わることなく原発の輸出にこだわり、「新成長戦略」とその焼き直しである「日本再生戦略」（二〇一二年七月三一日閣議決定）に邁進した姿は、恐るべきというほかない。

二〇一二年十二月に返り咲いた自民党安倍政権の大胆な「金融緩和」、放漫な「財政出動」、「成長戦略」の「三本の矢」で当面のデフレ・円高を脱却し、日本経済を再建するという「アベノミクス」なるものも、本質的にはこれら従来の一連の政策路線の延長上にあるものにすぎず、いっそうなりふり構わず露骨に市場原理至上主義「拡大経済」を推し進めるものにほかならない。

これらの根底にある思想は、一九七〇年代の『日本列島改造論』と本質においてどこも変わるところがない。変わったのは、「場」を国内から他国へといっそう広げ、いよいよ地球大の規模へと拡延しようとしているだけのことである。その主観的な意図や建て前が先進国と後進国の格差を解消し、地球温暖化防止や環境問題に日本の優れた科学技術によって貢献し、同時に日本の「経済成長」に結びつけることにあるとしても、『日本列島改造論』が私たちの社会にもたらした悲惨な結果から学べば、その「地球版」は、意図に反して遠からず相手国の社会にも、わが国自身の社会にも、取り返しのつかないさらなる歪みと重大な打撃を与えるであろうことは予想できるはずである。目先のほころびはしばしの間、繕うことができたとしても、長い目で見れば、かつての『日本列島改造論』とその後の政策によってもたらされた日本社会の今日の深刻な矛盾を国内でさらに深めることはもちろん、地球大の規模にますます拡延していくことになるのは間違いないであろう。

グローバル化のもとで「拡大経済」を前提とする限り、「エコ」の名のもとに、市場競争は今までにも増して熾烈を極めていく。国内需要の低迷が続く中、世界的な生産体制の見直しを進める多国籍巨大企業は、「国際競争に生き残るために」という口実のもとに、安価な労働力と新たな市場を求めて海外移転を進め、いとも簡単に国内の雇用を切り捨てる。ＴＰＰなど貿易自由化のさらなる推進と引きかえに、特に農林漁業における家族小経営はいよいよ壊滅的な打撃を被ることになるであろう。

日本をはじめ先進工業国に加えて新興諸国までもが「拡大経済」を追求する現在、そうした国々の地方や、さらにその周縁のアジア（モンゴルを含む）・極東・中東・アフリカ・ラテンアメリカなどは、開発の名のもとに地下鉱物資源（石油・石炭・天然ガス・ウラン鉱等エネルギー資源、ベースメタル、レアメタル、レアアース等）や、水、森林などの天然資源、食料、繊維原料などの格好の収奪先となり、「援助」と称して鉄道・道路の輸送網が整備されていく。かつての日本で自然と人々のいのちを蝕んだ公害は再現される。農民や牧畜民など大地に生きる人々は、主体的な地域づくりの芽を外国資本と結びついた自国政府の開発指向・

家族小農軽視の政策のもとで無惨にも踏みにじられ、かけがえのない自らの地域から放逐されてしまう。大地から引き離され、なりわいを失い、根なし草となった人口は都市部に流入し、グローバル企業の現地生産や国際下請け生産などに安価な労働力を提供することになる。こうして、いつしかこうした国々も際限のない市場競争至上主義「拡大経済」に呑み込まれ、自立の基盤を失い、独自の進むべき道を閉ざされていく。これこそ凄まじい環境の破壊であり、伝統に根ざした暮らしの破壊でなくて何であろうか。

市場原理至上主義「拡大経済」の枠内に留まっている限り、今、世界の先進資本主義諸国が競ってすすめようとしている「グリーン・ニューディール」なるものも、結局は、人々の期待に反して、地球全体を土俵に仕立てた「エコ・ウォーズ」という名の熾烈な市場競争を巻きおこし、この「戦争」に勝ち抜いた強者が弱者を呑み込む、徹底した弱肉強食の世界を新たに再現することになるであろう。わが国がすでに経験した『列島改造論』の後遺症を今もって引きずり苦しんでいる苦い体験からも、このことを心底から危惧する。

先頃開かれたG7伊勢志摩サミットに向けて安倍首相が発表した「質の高いインフラ輸出拡大イニシアティブ」(二〇一六年五月二三日)は、さらに露骨に日本の巨大グローバル企業の利権獲得を後押しするものになっている。投資対象をアジアから世界全体に拡大、資源エネルギー等も含む広義のインフラ案件に、今後五年間の目標として約二〇〇〇億ドルの資金等を供給、迅速化のための制度改善や関係機関の体制強化と財務基盤の確保を行うとされている。高度成長が頭打ちとなる中、「一帯一路」構想を掲げ、アジアインフラ投資銀行(AIIB)を主導する中国との間で、利権獲得競争がいよいよ鮮烈化するにちがいない。

最果ての「辺境」の地を含め、地球まるごと全体を巻き込むこの予測される事態が、あまりにも大がかりで重大であるがゆえに、私たちはこうした時代の潮流に抗して、抗市場免疫の自然循環型共生の本当の意味での「持続可能な」もう一つの道を、今度こそ何としてでも探しもとめなければならない。3・11後の私たちは今、まさにこの二つの道の岐路に立たされている。

今こそ「成長神話」の呪縛からの脱却を

「強い経済、強い財政、強い社会保障」を旗印に登場した菅政権は、発足するなり突如、前言を翻し、大衆収奪と地域経済萎縮の最たる消費税増税を急ぎ、目論む始末であった。その後を引き継いだ野田政権も、「どじょう内閣」と庶民受けを演出し、低姿勢を装いながら自らが約束したマニフェストすらことごとく反古にし、かつての自民党政権でさえ躊躇した政策を平然と推し進めるに至った。

その後、政権に復帰した自民党安倍内閣も、「強い日本を取り戻す」と嘯きますます従来型のこの路線を露骨に強行していく。こうした方法でしか、今日の経済と社会の閉塞状況から抜け出す活路を見出せないところに、むしろこの国の社会の矛盾の根の深さがあると言える。結局それは、私たちの社会が、一八世紀イギリス産業革命以来の賃金労働者という人間の社会的生存形態を暗黙の前提に組み立てられたこれまでの枠組みでは、どうにもならないところにまで至ったこと、つまり、いまや近代社会そのものが末期重症に陥ったことを示しているのではないだろうか。

今後どんな政治家や党派が、装いも新たにいかに表面上は聞こえのいい、あるいはいかに勇ましく、もっともらしいスローガンを掲げて登場してきたとしても、そしてそれが一時的に国民を騙すことができたとしても、こうした明確な時代認識のもと、この国の社会の深部に蓄積されてきた積年の構造的矛盾を明らかにし、その根本解決のために敢然と踏み出すことができない限り、またもや頓挫することはまちがいない。小泉政権以来この十余年の間、猫の目のように変わる短命政権の交代劇が数次にわたって繰り返されてきたことからも、それは明らかであろう。

この社会の深刻な構造的根本矛盾の解決を先延ばしすることは、もはや許されないのである。今こそ自然と人間、人間と人間のあり方を根源から問い直し、認識と思考の枠組みを根本から変えるパラダイムの転換が求められている所以である。

ここであらためて問題にしたいことは、今日ここに至ってもなお目先の損得に終始する、近視眼的思考に陥っているこの国の政治的状況である。それをつくり出している原因は、もちろんいろいろ考えられる。しかし、その責任を為政者のみに負わせるのは簡単ではあるが、それでは、本当の意味での解決にはつながらない。むしろ、この国の未来のあるべき姿が見えないところで、絶えず目先の小手先の処方箋のみに終始する議論を強いられ、あるいはそれを許してきた国民サイド、なかんずく自戒を込めて「研究者」の弱さにも、もっと目を向けなければならないのではないか。加えてわが国の政治風土には、為政者が民衆にお恵みを施す式の古色蒼然たる前世紀の遺物とも言うべき「上からの統治の思想」が根強く、民衆側の思考も未だそこからの脱却を果たし得ていないことにも気づかされるのである。

世界のすべての人々にとって焦眉の課題である地球温暖化による気候変動の問題は、二〇〇八年七月に北海道洞爺湖でG8サミットが開催されたこともあり、私たちの社会の未来の姿はどうあるべきかを、自分自身の問題として真剣に考える千載一遇の機会であるはずだった。ところが、その年から数年間、マスメディアなどを通じて流布され、多くの人々が疑いすら抱くことなく進もうとしていたわが国の針路とは、一体何だったのか。3・11後の今、国民一人ひとりがあらためて厳粛に省みなければならない。

3・11東日本大震災の前年にあたる二〇一〇年に里山研究庵Nomadのホームページ（http://www.satoken-nomad.com/）上に公表した小文『菜園家族宣言』の中で、当時の状況への憂慮から次のように書き記した。

市場原理に抗する免疫力のない脆弱な体質をもった、根なし草同然の現代賃金労働者《サラリーマン》。こうした人間によって埋め尽くされた旧来型の社会が世界を覆っている限り、同次元での食うか食われるかの力の対決は避けられず、血みどろのたたかいは延々と続くであろう。市場競争は、地球大の規模でますます熾烈さを極め、世界は終わりのない修羅場と化していく。

こうした社会の危機的状況を作り出している根源を不問に付したまま、環境技術による「省エネ」や「新エネルギー」開発に奔走し、装いも新たに未だ「成長戦略」に固執し、その施策を競い合っている姿は、時代錯誤を通り越して、滑稽というほかない。

先にも述べたように、このような時代認識に基づく今日の地球温暖化対策は、一時はうわべを糊塗することができたとしても、決して本質的な解決にはつながらない。それどころか、人類を破滅の道へと誘いかねない。今や世界経済の牽引役と期待されている中国も、これまでの市場原理至上主義「拡大経済」とは同根であり、本質的に何ら変わるものではない。こうした「成長戦略」に乗りにのって勢いづいている中国に、いずれ遠からずやってくるその後の結末と、世界経済への計り知れない衝撃の連鎖を想像するだけでも、こうした危惧の念を単なる取り越し苦労と、一笑に付すわけにはいかないであろう。

こうした「成長戦略」が広がる中、もはやチェルノブイリ原発の大惨事（一九八六年）は遠い過去のものとなり、忘却の彼方へと追いやられていく。「CO_2排出量ゼロのクリーン・エネルギー」を売り物に、原子力発電所は、悪性の癌細胞が増殖と転移を繰り返しながらいのちを蝕むかのように、世界各地に競って建造され、拡散していく。その布石は、もうすでに打たれている。核エネルギーに下支えされた、快適で便利で「豊かな」暮らし。「エコ」とは裏腹に、危険は地球に拡散し、充満していく。このような地球の未来を想像するだに恐ろしい。こんな地球を子どもや孫たちに渡すわけにはいかない。

（『菜園家族宣言』、小貫・伊藤、二〇一〇年より）

このように書き記し、危惧の念を強くしていた矢先、二〇一一年三月十一日、まさに自らの足元で東京電力福島第一原子力発電所の大惨事が起こった。

3・11後の今こそ私たちは、一八世紀産業革命以来、長きにわたって拘泥してきたものの見方・考え方を支配する認識の枠組みを根本から転換しなければならない。そして、新たなパラダイムのもとに、これまでとはまったく次元の異なる視点から社会変革の独自の道を探り、歩みはじめる勇気と覚悟を迫られている。

これは日本のみならず世界のすべての人々に負わされた、避けては通れない二一世紀人類の共通にして最大の課題である。そうでないというのであれば、現状を甘受するほかなく、やがて人類は、熾烈な市場競争の果てに、人間同士の醜い争いによって滅びるか、それとも、地球環境の破壊によって亡びるしかないであろう。

第八章
「菜園家族」の台頭と資本の自然遡行的分散過程

戦後わが国は、科学技術という知的資産を最大限に活用して産業を発展させ、高い経済成長をもって国際経済への寄与を果たすとする「科学技術立国」なるものをめざしてきたし、これからもめざそうとしている。しかし、はたして私たちは、これを手放しで喜ぶことができるのであろうか。科学技術は市場原理と手を結ぶやいなや、人間の無意識下の欲望を掻き立て、煽り、一挙に暴走をはじめ、ついには計り知れない惨禍をもたらす。3・11フクシマ原発事故は、その象徴的な事件であった。科学技術はいつの間にか本来の使命から逸脱し、経済成長の梃子の役割を一方的に担わされる運命を辿ることになったのである。

前章までは、主に労働の主体としての人間の社会的生存形態に着目し、この側面から未来のあるべき社会の姿を見てきたのであるが、この章では、労働と表裏一体の関係にある資本の側面、とりわけ資本の自己増殖運動と科学技術との関連で考えたい。つまり、「菜園家族」という新たな人間の社会的生存形態の創出が、資本の自己増殖運動の歴史的性格と、その制約のもとで歪められてきた科学技術にいかなる変革をもたらすことになるのか、そしてこのこととの関わりで、未来社会はどのように展望されるのか、少なくともその糸口だけでも探り当てたいと思う。

資本の自己増殖運動と科学技術

さて資本とは、自己増殖する価値の運動体である。できるだけ多くの剰余価値を生み出し、その剰余価値の内からできるだけ多くの部分を資本に転化して旧資本に追加し、絶えずより多くの剰余価値を生産しようとする。資本は、市場の競争過程において自己の存立を維持するために絶えず生産規模を拡張し、生産力を発展させていかなければならない。それは、資本の蓄積によってのみ可能である。こうして、蓄積のための蓄積、生産のための生産の拡大が至上命令となる。結局、資本の所有者は、諸々の資本の運動が織りなす資本主義社会の客観的メカニズムによって、価値増殖の「狂信者」にならざるをえない。こうして、絶えず剰余価値は資本に転化され、社会的再生産の規模が拡張されていく。こうした価値の自己増殖運動の中で、技術は大きな役割を担うことになり、それがかえって資本に対して従属的な性格を強めていくことになる。

技術とは、もともと歴史的に見るならば、人間が自己と自己につながる身近な人間の生存を維持するために生まれたものであり、食べ物を採取したり獲物を捕るための労働や、農耕、牧畜、漁撈に必要な技術がその基本であった。身体を守り暖を取るための衣服や住まいの技術、そして病を治す医療の技術も不可欠だった。人間の活動が広がるにつれて技術は多様化し、地域地域の風土に根づいた人間の身の丈にあった技術の実に緩やかな発展が見られた。これこそが本源的な技術である。しかし、どこかの時点から技術は自然と人間から急速に乖離し、次第に精密化・複雑化・巨大化し、自然そして人間とは対立関係に転化していった。そのメルクマールは、イギリス産業革命の進展によって、石炭エネルギーによる機械制大工業が確立した一九世紀二〇年代初頭と見るべきであろう。

特に現代においては、経済成長を成し遂げるには、労働力や資本以上に技術が果たす役割が以前のいかなる時代にも増して重要になり、技術的優位性が国内外の市場での競争力強化と超過利潤獲得のもっとも重要な要因となっている。一九世紀以前においては、技術者・技能工の接触や移民によって経験や勘からなる技術・技能が比較的容易に移転したのに対して、技術が科学との結びつきを強め、抽象的かつ複雑高度になるにつれて、また、資本の集中の進行によって技術独占が強固になるにつれて、技術開発や技術移転は組織的計画的活動なしには困難になっていく。こうして、科学技術はますます巨大資本に集中し、独占されていく。そして科学技術者は、このような状況下の資本の自己増殖運動の中で、決定的に大きな役割を演じさせられ、ついには資本の僕《しもべ》の地位にまで貶められていく。

資本の従属的地位に転落した科学技術、それがもたらしたもの

人類始原の石斧など実に素朴な技術からはじまり、精密化・複雑化・巨大化した現代の「高度」な科学技術体系に至るまで、人類の二百数十万年の歴史からすれば、産業革命からわずか二百数十年という瞬くほどのあっという間に、私たちは原発という不気味で巨大な妖怪の出没を可能ならしめた。それを可能にしたのは、まさに資本の自己増殖をエンジンに駆動する飽くなき市場競争であり、今日の市場原理至上主義「拡大経済」である。

こうして現代の科学技術は、ますます資本の自己増殖運動の奉仕者としての役割を担わされていく。鉄道、自動車、航空等による輸送・運輸は超高速化するとともに、量的拡大を続ける。都市には超高層ビルが林立し、地下鉄は地中深く幾層にも張りめぐらされる。上下水道、電気、ガス、冷暖房施設等のインフラが整備され、通信・情報ネットワークも急成長を遂げ、パソコン、携帯電話、スマートフォン、タブレット端末等々の普及・利用は著しい。さらには昨今の人工知能開発への野望。開発の「フロンティア」は、海底に、そして宇宙に際限なく拡大していく。一方、ＤＮＡレベルの解析や量子力学など極小世界の研究と、それらを応用したバイオテクノロジーやナノテクノロジーやマイクロマシンなど新規技術、製品開発もいよいよ進む。科学・技術の対象は、極大と極小の両方向にとめどもなく深化していく。

商品開発の資金力、技術力、それにメディアを利用する力は巨大企業に独占される。最先端の科学的知見と技術の粋を動員して、新奇な商品の開発に邁進したり、些細なモデルチェンジをひたすら繰り返し使いこなせないほどの多機能化をはかったりするのと同時に、テレビのコマーシャルや新聞などの広告によって人間の好奇心や欲望を商業主義的に絶えず煽り、強引に需要をつくり出していく。企業の莫大な資金力によって築き上げられた情報・宣伝の巨大な網の目の中で、人々は知らず知らずのうちに、浪費があたかも美徳であるかのように刷り込まれ、大量生産、大量浪費、大量廃棄型のライフスタイルはいよいよ助長されていく。人間は、自然から隔離された狭隘な人工的でバーチャルな世界にますます閉じ込められ、野性を失い、病的とも言える異常な発達を遂げていく。それが快適な生活で幸福な暮らしだと思い込まされている。

欲望を煽られても買わなければいい、と言われるかもしれない。ある面ではそうかもしれない。しかし、消費者は同時に企業の労働者であり、企業が窮地に陥れば、企業の労働者である消費者も同じ運命にあるという「悪因縁の連鎖」の中にあることも事実である。この市場原理至上主義「拡大経済」の社会のほとんどすべての人々は、この「悪因縁の連鎖」につながっているのである。しかも、消費も生産もともに絶え間なく拡大させ、その需給のコマを絶えず円滑に回転させせなければ不況に陥るという宿命にある。こうした社会にあっては、浪費は美徳として社会的にも定着していかざるをえない。

現代の私たちは、あまりにも忙しい暮らしを強いられている。目的に至るプロセスの妙を愉しむ余裕など、すべて切り捨てられてしまった。コマネズミのように働かされ、効率と時間短縮ばかりを余儀なくされ、目先の利便性だけを求めざるを得ないところに絶えず追い込まれている。その結果、こうした忙しい人々のニーズに応えるかのように、多種多様な、しかも莫大な数量の出来合いの選択肢が街中に安値で氾濫し、私たちは仕掛けられた目に見えないこの巨大で不思議な仕組みの中で、ただただ狼狽し目移りしながら、追われるように買い求めていくのである。

こうしたエネルギーと原材料の大量消費、その行き着く先の大量廃棄を前提とする市場原理至上主義「拡大経済」は、地球環境や地域の自然に不可逆的な損傷を与えている。そして人間の物質生活のみならず、精神さえも歪め荒廃させていく。科学技術はこのように経済社会システムに照応する形で発達を遂げ、危機的状況を迎えている。科学技術には紛れもなく経済社会システムの矛盾が投影されているのである。

そしてついに現代科学技術は原子核に手をかけ、世界でもっともシンプルでもっとも美しいと言われているアインシュタインの数式E＝ mc^2 （エネルギーE、質量m、光速c）どおりに、自然から実に人為的に途方もなく巨大な核エネルギーを引き出し、実用化に成功したかのように見えた。しかし、天の火を盗んだ人間界にゼウスが持たせ寄越したパンドラの箱はついに開けられ、収拾不能の事態に陥ってしまったのである。際限のない資本の自己増殖運動がもたらした現代科学技術のこの恐るべきあまりにも悲惨な結末に、私たち現代人はどう向き合い、どうすべきかが今、問われている。

ＧＤＰの内実を問う——経済成長至上主義への疑問

「快適さ」や「利便性」や「スピード」への人間の飽くなき欲求。私たちはこれまで、巨大資本の広告の氾濫の中で欲望や好奇心を煽られ、モノを買わされてきた。こうした「つくり出された需要」を絶えず生み出すために、科学技術は動員され、歪められてきた。それが巨大な商品であればあるほど実に大がかりに、しかも組織的に行われていく。私たちの身の回りにあるもので、はたして自分の生存にとって本当に必要なものはどれだけあるのであろうか。それどころか、自らの手でモノをつくり出す力を奪われ、何よりも人間の身体を、そして精神をどれだけ傷つけ損なってきたことか。無理矢理「つくり出された需要」によって需要と供給の円環を絶えず回すことで、経済は好転すると信じられてきた。そしてこの虚しい需要と供給の回転ゴマを絶えず回すために、イノベーションと称して科学技術は実にけなげに奉仕させられてきたのである。資本の自己増殖が自己目的化され、科学技術は、市場競争至上主義のこの本末転倒の経済思想によって、組織的でしかも大がかりな魔術にかけられ、猛進してきたのではなかったのか。

こうして市場に氾濫していく商品の中には、程度は様々ではあるが、人間の生存にとって本当に必要かどうか疑わしいもの、それどころか危害や害悪すら及ぼすものも少なくない。リニア新幹線などますます超高速化する運輸手段しかり。首都圏直下型地震の危機迫る中でも、人口分散の発想とは全く逆に、再開発によってなおも人口集中を促す巨大都市しかり。莫大な資金を投じ、子どもじみた好奇心を煽り騒ぎ立て、人寄せする東京スカイツリーはさしずめその象徴か。高速鉄道、巨大空港・港湾施設、未来都市スマート・シティ等々、巨大パッケージ型インフラしかり。いったん事故が起これば空間的にも、時間的にも、社会的にも計算不可能な無限大の被害を及ぼす危険きわまりない原発しかり。果てには人間を殺傷する巨大武器体系（陸上の軍事基地施設から海洋、宇宙空間にも及ぶ）しかり。例を挙げれば、身の回りの雑多な商品から巨大商品まで枚挙にいとまがない。まさにこれら膨大な商品の堆積物は、資本の自己増殖運動の落とし子そのものなのである。

そうだとすれば、一年間に生産された財やサービスの付加価値の総額を国内総生産（ＧＤＰ）とするその内実は、様々な疑問や問題点を孕んでいることになる。ＧＤＰには、人間にとって無駄なもの、不必要なものどころか、人間に危害や害悪すら及ぼすもの、自然環境の破壊につながる経済活動や、人のいのちを殺傷する武器生産など、これら生産活動から生み出される莫大な付加価値も含まれていると見なければならない。しかも近年、その比重がますます高まる傾向にある。その上、サービス部門の付加価値の総額は、一貫して増大の傾向にあり、とりわけ金融・保険および不動産部門については、アメリカをはじめ日本など先進資本主義国では、ＧＤＰに占めるこの割合をますます増大させている。

一般的にサービス部門の付加価値総額の増大の根源的な原因には、歴史的には、まぎれもなく直接生産者と生産手段との分離にはじまる家族機能の著しい衰退がある。金融・保険および不動産部門の付加価値総額のＧＤＰに占める割合の急激な増大の背景には、金融資本の経済全般への君臨・支配とその跳梁が透けて見える。そこには、実体経済への撹乱とやがて陥る社会の壊滅的危機への影を見て取ることができる。

さらに注視すべきことは、ＧＤＰには個人の市場外的な自給のための生活資料の生産や、例えば家庭内における家事・育児・介護などの市場外的なサービス労働、非営利的なボランティア活動等々、それに非商品の私的な文化・芸術活動などによって新たに生み出される価値は、反映されていない。今後、グローバル市場競争がますます激化していけば、こうした商品・貨幣経済外の非市場的で私的な労働や生産活動が生み出す多様で豊かな計り知れない膨大な価値は、いつの間にか狭隘な経済思想のもとに、強引にしかも大がかりにますます排除されていくのではないかと憂慮せざるを得ない。

このように考えてくるならば、経済成長のメルクマールとされてきたこれまでのGDPに基づく成長率には、もはや前向きで積極的な意義を見出すことができないのではないか。それどころか、皮肉にもある意味では、市場原理至上主義「拡大経済」社会という名の、いわば人間のからだの内部に発症した癌細胞の増殖と転移の進み具合を示す指標としての意味しか持ちえないことにもなりかねないのである。

資本の自然遡行的分散過程と「菜園家族」の創出

さて、先にも触れた原発事故に象徴される今日の科学技術の「収拾不能の事態」に至るまでの資本の自己増殖運動、つまり資本の蓄積過程には、大きく二つの歴史的段階があった。一つは、前近代から近代への移行期における「資本の本源的蓄積過程」であり、もう一つは、それによって準備された原初的な資本の基盤の上に展開される、全面的な商品生産のもとでの本格的な「資本の蓄積・集中・集積過程」であり、その延長線上に現れた今日の巨大資本の形成過程である。この資本の自己増殖運動の全歴史の終末期の象徴とも言うべき今日のこの科学技術の「収拾不能の事態」は、私たちにこれまでの「資本の蓄積・集中・集積過程」からの訣別と、それに代わるべき「資本の自然遡行的分散過程」の対置をいやが上にも迫っている。こうした時代を迎えるに至ったのは、成るべくして成った歴史の必然と言わなければならない。

ところで、二一世紀の未来社会論としての「菜園家族」構想は、既に見てきたように、現代賃金労働者《サラリーマン》と生産手段との再結合によって未来社会を展望するのであるが、週休（2＋α）日制の「菜園家族」型ワークシェアリングに基づくこのCFP複合社会においては、一人の人間の労働時間から見れば、一週間のうち資本主義セクターCに投入される労働は、従来の5日から（5－α）日に減少する。つまりこのことは同時に即、純粋な意味での賃金労働者としての社会的労働力の絶対的減少をも意味している。

したがって、このことを資本の側面から見るならば、それは剰余価値の資本への転化のメカニズム、つまり資本の自己増殖運動のメカニズムを漸次衰退へと向かわせ、やがて巨大資本は質的変化を遂げながら縮小・分割・分散の道を辿っていく運命にあることを意味している。こうした資本の自己増殖の衰退傾向は、これまでのような巨大資本による科学技術の独占を困難にし、科学技術が資本の僕《しもべ》の地位から次第に解き放たれ、自由な発展の条件を獲得していく過程でもある。

一方、「菜園家族」型ワークシェアリングによって、人々が「菜園」や「匠・商」の自営基盤を自らのものにし、家族や地域に滞留する時間が飛躍的に増えることは、人々の知恵と力が家族小経営セクターFに集中して注がれ、その結果、地域にもともとあった自然的・人的・文化的潜在力が最大限に生かされ、人間性豊かな地域づくりが可能になることを意味している。こうして、森と海を結ぶ流域地域圏《エリア》の農山漁村部に新たに創出される「菜園家族」や「匠商家族」、そして流域地域圏《エリア》の中核都市の「匠商家族」が担い手となって、自然循環型共生の「新たな技術体系」創出の時代を切り拓いていくことになる。

各地の風土と長い歴史の中で育まれ、市場原理の浸蝕にもめげずにそれでも何とか生き残ってきた農林漁業の細やかな技術や知恵、民衆のものづくりの技や道具、それに土地土地の天然素材を巧みに生かした伝統工芸や民芸に象徴される、実用的機能美に溢れた精緻で素朴な伝統的技術体系は、自然科学の発展に伴って人類が到達する新たな知見から再評価されることにもなろう。同時に、「資本の自然遡行的分散過程」の進展に伴い地方に分割・分散されていく「高度な」科学技術との融合もはじまる。このことは、これまでには見られなかった全く異質の自然循環型共生の「新たな技術体系」が地域に創出されていく可能性が、大きく開かれていくことを意味しているのである。

先にも触れたように、CFP複合社会の展開過程におけるC、F、Pそれぞれのセクター間の相互作用に注目するならば、「菜園家族」や「匠商家族」が熾烈な市場競争に抗して自己の暮らしを守るために、生活と生産の基盤を日常普段に自らの手で築いていく結果、家族小経営セクターFは全体として次第に力をつけ、大勢を占めるに至る。これと同時併行的に、資本主義セクターCは相対的に力を弱め縮小過程に入っていく。それに伴い公共的セクターPも次第に強化されていく。家族小経営セクターF内の「菜園家族」と「匠商家族」の個々の構成員を見ると、週休（2＋α）日制の「菜園家族」型ワークシェアリングが制度的にも定着していく中で、週に（2＋α）日間は自己のセクターF内で家族とともに働き生活し、残りの週数日間は資本主義セクターCまたは公共的セクターPの職場に勤務することになる。

このように、一人の人間が日常的に二つの異なるセクターでの労働に携わることによって、人間の多面的で豊かな発達が日常的に保障されることになる。それはまた同時に、旧来の科学技術が、家族と地域という場において、自然に根ざした伝統的なものづくりの技術体系と融合し、質的変化を遂げていく条件を恒常的に獲得したことにもなるのだ。こうした新たな社会的条件のもとで、市場原理に完全なまでに統御され、歪められてきた従来の科学技術は新たな展開過程に入り、これまでとは全く異質な、自然循環型共生社会にふさわしい、つまり自然の摂理に適った「新たな科学技術体系」の創出がはじまるのである。これはまさに、C、F、P三つのセクター間の相互補完的相互作用の展開過程の中ではじめて保障されるものであると言ってもいいであろう。

こうして「菜園家族」や「匠商家族」は、産業革命以来奪われていったものづくりの力を自らの手に取り戻し、これまでには見られなかった新たな生活創造への意欲と活力を得て、市場原理至上主義に抗する自己正当防衛としての自らの協同組織「なりわいとも」を組織しつつ、やがて森と海を結ぶ流域地域圏《エリア》の中核都市を要《かなめ》に、自らの地域ネットワーク、つまり豊かで生き生きとした地域団粒構造をこの流域地域圏《エリア》全域に築きあげていくことになるであろう。

「菜園家族」と「匠商家族」を基盤に成立する抗市場免疫の自律的世界、つまり自然循環型共生社会では、四季折々の移ろいに身をゆだね営まれる人間の暮らしと、その母胎とも言うべき自然が根幹を成している。こうした中で人々は、自然と人間との物質代謝の循環に直接に関わっていることから、この循環のためには、いのちの源である自然そのものの永続性が何よりも大切であることを、日常的に身をもって実感し生きていく。したがって、この循環を持続させるために、最低限必要な生活用具や生産用具の損耗部分を補填しさえすれば、基本的には事足りると納得できるのである。自然との物質代謝の循環を破壊してまで拡大生産をしなければならない社会的必然性は、本質的にそこにはないのである。浪費が美徳でなければ成り立たない市場原理至上主義「拡大経済」の社会に対して、こうした社会ではモノを大切に長く使うことや節約が個人にとっても家族にとっても理に適っているのであって、それが社会の倫理としても定着していく。多くの人々が自然循環型の暮らしの中に生きていた高度経済成長以前のついこの間まで、日本社会において節約やモノを大切に使うことが美徳であったことを想起すれば、それは十分に頷けるはずである。

新たな科学技術体系の生成・進化と未来社会

3・11フクシマによってパンドラの箱の蓋が開けられ、「収拾不能の事態」に陥った今、現代科学技術を手放しで礼賛していればそれで済む時代はもうとうに過ぎてしまった。精密化・複雑化・巨大化への自己運動を続ける現代科学技術。得体の知れない妖怪としか言いようのないこの巨体は、大自然界の摂理に背き、ついには自己制御不能に陥り、同行者であり主《ぬし》でもある資本に人類を丸ごと生け贄として捧げるとでもいうのであろうか。ここに至った原因は一体何だったのか。そしてそれを克服していくためにどうすればいいのか。3・11は、これまでの科学技術のあり方と経済社会のあり方の両者を統一的に、しかも根源的に問い直すよう迫っている。

それには先にも述べたように、一八世紀イギリス産業革命以来、延々と続けられてきた厄介極まりないこの資本の自己増殖運動の過程に抗して、いよいよ「資本の自然遡行的分散過程」を対置する以外に道は残されていないのではないのか。たとえそれが三〇年、五〇年、八〇年先の遠い道のりであっても、二一世紀の全時代を貫く長期展望のもとに、その基本方向をしっかりと定めておくこと。こうすることによってはじめて、自然界の摂理に適った、自然循環型共生の二一世紀の新たな次元の科学技術体系の創出の可能性が見えてくるのではないだろうか。

そして、この可能性を確実に保障する現実社会における局面は、紛れもなく「菜園家族」を基調とする自然循環型共生社会を志向するC、F、P三つのセクター間の相互補完的相互作用の展開過程の中にある。特にこの展開過程において必然的に進行する、二一世紀の新しい人間の社会的生存形態としての「菜園家族」の創出それ自体が、剰余価値の資本への転化のメカニズムそのものを狂わせ、「資本の蓄積・集中・

集積過程」を抑制し、資本主義を根底から揺るがすものになっていること。つまり、社会の基礎単位である「家族」そのものを労・農一体的な新たな家族形態へと一つひとつ時間をかけて改造することが、資本の自己増殖のメカニズムを次第に衰退へと向かわせ、その結果として、「資本の自然遡行的分散過程」を社会の土台からゆっくりと着実に促す決定的に重要な契機になっていることに刮目しておきたい。

それはとりもなおさず、一八世紀イギリス産業革命を起点に成立した資本主義二百数十年におよぶ生成・発展の歴史過程において、おそらくははじめて、現実社会のさまざまな分野における広範な民衆一人ひとりの努力からはじまる、一見何の変哲もないこの「菜園家族」創出という日常普段の地道な人間的営為が、結果的にではあるが、市場原理に抗する免疫を自らの内部につくり出し、資本主義そのものの崩壊過程のはじまりを社会の基底部から確実に準備し、促進していくことになることに気づかなければならない。そこに、近代を根底から変え、歴史を大きく塗り替えていくその重大な世界史的意義を見出すことができるのである。それは同時に、この自然循環型共生の未来社会の成立を保障するだけにとどまらず、その内実をいっそう豊かにしていく重要なプロセスでもあるのだ。

こうして、精密化・複雑化・巨大化を遂げ、ついに母なる自然を破壊し、人間社会をも狂わせ破局へと追い込んだ現代科学技術に代わって、これまでとは全く異質な自然循環型共生の新たな科学技術体系が確立されていくであろう。それは、今から四〇年ほど前にE・F・シューマッハー（一九一一～一九七七）が著書『スモール・イズ・ビューティフル』の中で唱えた「中間技術」の概念をはるかに超え、3・11後という新たな時代状況の中で、いっそう豊かなものになっていくにちがいない。

巨大化し、ついに自然、そして人間社会との対立物に転化した現代科学技術に代わって、自然循環型共生にふさわしい、人間の身の丈にあった、これまでには想像だにできなかった全く異次元の「潤いのある小さな科学技術」が生成・進化していくにつれて、国内総生産（ＧＤＰ）を構成する価値の総体からは、人間にとって不必要なもの、無駄なもの、ましてや人間に危害や害悪を及ぼすもの、自然に対して不可逆的な破壊作用を及ぼすものは次第に取り除かれていくであろう。その代わりに、自然循環型共生の「潤いのある小さな科学技術体系」によってつくり出される新たな価値に置き換えられていくにちがいない。

このプロセスは、緩慢で実に長期にわたることが予想されるが、自然循環型共生のこの「潤いのある小さな科学技術」がやがて大勢を制するにしたがって、経済成長はもはや意義を失い、この新たな経済社会システムの持続可能性が最大の関心事になっていくであろう。その時、政策立案や経済運営にはなくてはならないものとしてこれまで後生大事にされてきた旧来の経済成長率の数値目標自体が、もはや全く意味を失い、それに代わってこの新たな経済社会システムの持続可能性を示し得る客観的指標の考案が社会的にも要請されてくるにちがいない。

イギリス産業革命以来長きにわたって一貫して資本の自己増殖運動に寄り添い、精密化・複雑化・巨大化を遂げ、ついにフクシマ原発の苛酷事故を引き起こし、母なる自然を破壊し、人間社会をも狂わせ、人々を破局のどん底に追い込んだ現代科学技術は、やがて自然の摂理、つまり自然界の生成・進化のあらゆる現象を貫く「適応・調整」（＝自己組織化）の普遍的原理に即して、人間と自然との融合の可能性を大きく切り拓く新たな科学技術体系に席を譲っていくことになろう。その時、科学技術は、資本の自己増殖運動に寄り添い従属するものとしてではなく、そこから解き放たれ、自由な世界へと羽ばたいていくことになるであろう。これまで科学技術が歩んできた道は、あまりにも歪められた実に悲惨な歴史であった。科学技術が本来の真価を発揮できる本当の歴史は、３・11を境にこれからはじまるのである。

第九章
自然循環型共生社会への現実的アプローチ
―四つの具体的提案を基軸に考える―

「菜園家族」構想、つまり自然循環型共生社会をめざすこの二一世紀の社会構想は、理想であり、願望であって、今さら実現など到底不可能であるといった諦念にも似た漠然とした思いが、人々の心のどこかに根強くあるようだ。

二一世紀こそ草の根の変革主体の構築を―「お任せ民主主義」の限界と破綻

よく考えてみると、それも無理もないことなのかもしれない。そもそも、戦後の焼け跡の中から営々と築きあげてきた今日の「快適で豊かな生活」に長い間どっぷり浸り、すっかり馴らされてきた大方の国民にとって、それ以外の生き方などとても考えられないからなのであろう。そして今は不況ではあるが、いずれ為政者が約束する「成長戦略」なるものによって景気は回復し、かつての繁栄も夢ではないのではないか、あるいは少なくとも、これまで享受してきたライフスタイルは何とか維持できるのではないか、といった他人まかせ、「政治屋」まかせの後ろ向きの受け身の淡い期待感が、いつも心のどこかにあるからなのであろう。こうした人々の保身の姿勢に深く根ざした心情や思考を背景に形成されてきた「お任せ民主主義」は、もう限界に来ている。

東日本大震災を境に、時代は大きく変わろうとしている。3・11の惨禍を体験した国民は、為政者の喧伝する「成長戦略」に惑わされ時間だけが虚しく過ぎていくうちに、いつかこの国は奈落の底に落ちていくのではないか、といった不安も感じはじめている。しかしこれとて漠然とした不安にすぎないものであって、そこから一歩踏み出し、自らの頭で考え、行動し、これまでとは違った自らの生き方を、さらにはこの国のあり方を真剣に探ろうという積極的で前向きな姿勢には、残念ながら至っていない。このことは、上から与えられた「アベノミクス」なるものに幻想を抱き、またもや懲りずに浮き足立っている昨今の世論の動向を見るだけでも分かるはずだ。

今日のわが国社会の行き詰まったどうしようもないこの体制を何とか修復し、維持しようとする財界、官僚、政界中枢の鉄のトライアングルにつながる、まさに国民の「一パーセント」にも満たない支配層は、戦後これまでに蓄積してきた莫大な財力を背景に、彼らの上からのシンクタンクを組織し、マスメディアをはじめ既成のあらゆる体制を総動員して、そこから繰り出す洪水のように氾濫する情報と、欺瞞に充ち満ちた政策によって国民を統治・支配してきた。これが今日までのこの国の偽らざる実態なのである。

こうした長きにわたる権力構造を背景に、民衆の「お任せ思考」はますます助長され、議会制民主主義は徹底して歪められ、民主主義はついに地に堕ちてしまった。議会は、国民の「九九パーセント」の意志をいかにも「合法的に」平然と無視し、国民の大多数の利益とは敵対する「一パーセント」を代弁する機関に失墜してしまった。これは、民主主義の名のもとに、しかも「合法的に」、民主主義の恐るべき歪んだ構造を自らの社会の中に深く抱え込んだだけではなく、本来、民衆が政治の主権者であるにもかかわらず、為政者を主人であるかのように看做すまでに、人々の精神をも根底から顚倒させてしまったのだ。

長い苦難の道のりになるけれども、私たちは今日のこの顚倒した偽りの「民主主義」に対峙して、自らの草の根の政策を具体的に提起し得る力量を高めていくことからはじめなければならない。国民の圧倒的多数を占める「九九パーセント」の中から叡知を結集し、自らの新たなる草の根のシンクタンク・ネットワークを構築し、自らの進む道を切り拓いていく時に来ている。私たちは、自らの理想を不可能だと決めつけ諦める前に、人類の崇高な理想をいかに実現していくのか、その方法と具体的な道筋をまず自らの頭で考え行動することからはじめなければならない。こうした長期にわたる忍耐強い日常普段の思索の鍛錬と実践を通してはじめて、自らを覆っている諦念と虚無感は払拭され、新たな創造的思考の世界へと道は切り拓かれていくのではないか。

莫大な財力を背景に今日まで圧倒的多数の国民を欺き、統治してきた財界・官僚・政界ベースのまさにこの上から目線のシンクタンクに対峙して、今こそ全国津々浦々に分散、潜在している多彩な叡知を結集し、主体的・自発的に連携し、自由闊達に考え行動するいわば無数の小さな「私塾」を結ぶネットワークづくりが何よりもまず必要になってきている。そしてその土台の上に、草の根の研究機関、二一世紀未来構想シンクタンクとも言うべきものの構築が待たれる。これらはさしずめ二一世紀未来構想「自然《じねん》ネットワーク」および「自然《じねん》シンクタンク」とでも名付けられるものである（「自然《じねん》」の概念については、わが国近世江戸の先駆的思想家安藤昌益から学び援用、「むすびにかえて」で触れる）。

こうした現状認識から、ここでは、以下「**その1**」から「**その4**」までの四つの具体的提案をおこなっていきたい。

まずは、市場原理至上主義「拡大経済」に対峙する自然循環型共生社会実現へのアプローチの一つの具体的方法として、「**その1**」でＣＳＳＫ方式を提起しておきたい。このことが、上からの「統治」に対峙する新たなる草の根の「自然《じねん》ネットワーク」づくりのスタートのささやかな契機になればと願っている。

このCSSK方式をめぐって、それが現実社会において有効に機能するためには、従来のマクロ経済論はどうあるべきか等々、多岐にわたって具体的に議論が深められていくことになるであろう。それはやがて来るべき脱成長時代のマクロ経済学はいかに変革されるべきかという、未来社会を視野に入れた一般原理論的レベルの問題へと必然的に展開していかざるを得ないであろう。

一八世紀産業革命以来今日まで支配的であった成長モデルに代わる新たなモデルがいまだ確立されていない現状を何とか打開し、今こそこの社会の未来への展望を確かなものにしていかなければならない時に来ている。3・11とその後五年におよぶ混迷は、まさにこの打開の必要緊急性と、そのための私たち自身の主体的力量をいかに培い発展させていくかという新たな難題を私たちに突きつけているのである。

自然循環型共生社会へのアプローチは、現実には資本主義セクターCと家族小経営（「菜園家族」）セクターF、および公共的セクターPの3つのセクターから成るCFP複合社会の生成・進化の中で展開していくのであるが、以下、「**その1**」から「**その4**」までの四つの具体的提案を基軸に、自然循環型共生社会へのアプローチを考えていくことにする。

その1　原発のない低炭素社会への道、その究極のメカニズム

「菜園家族」の創出は、地球温暖化を食い止める究極の鍵

今、世界の人々は、地球温暖化による気候変動がもたらす破局的危機が差し迫る中、この危機回避の重い課題を背負わされている。

今から九年ほど前になるが二〇〇七年の二月から五月にかけて、世界の科学者の研究成果を結集した「気候変動に関する政府間パネル」（ＩＰＣＣ）第四次評価報告書が公表された。「過去半世紀の気温上昇のほとんどが、人為的温室効果ガスの増加による可能性がかなり高い」こと、「平均気温が二〜三度上昇すれば、地球は重大な打撃を受ける」こと、そして、「今すぐ温室効果ガス排出量の削減に取り組み、二〇一五年までに排出を減少方向に転じ、二〇五〇年までに半減すれば、地球温暖化の脅威を防ぐことは可能である」ことを、あらためて科学的見地から確認した。こうしたＩＰＣＣの報告書や科学者の警告に基づき、同年十二月、第十三回国連気候変動枠組み条約締約国会議（ＣＯＰ13）では、二〇二〇年までに先進国は、CO_2など温室効果ガス排出量を一九九〇年比で二五〜四〇％削減するという中期目標と、二〇五〇年までに世界全体の排出量を半減するという長期目標が設定された。

この数年来、国連気候変動枠組み条約締約国会議（ＣＯＰ）や主要国首脳会議（Ｇ８サミット）などの開催を契機に、こうした科学的知見に基づく地球温暖化対策の議論が、国際的な広がりを見せながら深められるようになってきた。

ただしこうした議論には、際立った特徴が見受けられる。それは、CO_2など温室効果ガス排出量削減の対策が、エネルギー効率を上げる「省エネ技術」や新エネルギー技術の開発など科学技術上の問題と、経済誘導策としての排出量取引制度にもっぱら矮小化されていること。そして産業革命以来の工業化社会の大量生産・大量浪費・大量廃棄型の生産のあり方と、先進国の人間の際限のない欲望と放漫なライフスタイルそのものを根源から問い直し、市場原理至上主義「拡大経済」自体の変革を通じてエネルギー消費の総量を大幅に減少させていこうとする姿勢が、あまりにも希薄なことである。

このままでは、いずれ遠からず「環境ビジネス」という名の新たな巨大産業が出現し、ついには二一世紀型の新種の市場原理至上主義「拡大経済」が姿を変えて世界を風靡することになるのは、目に見えている。「エコ商品」の開発、生産、販売の熾烈な市場競争が繰り広げられ、新たな「エコ商品」の生産が拡大し、国内のみならず、ついには世界市場へと展開していく。これでは、廃棄物や温室効果ガスを抑制するどころか、むしろ、増大させる結果に終わらざるをえないであろう。

地球環境の問題は、「浪費が美徳」のこの市場原理至上主義に安住していては決して解決されることはない。なぜなら市場原理至上主義「拡大経済」においては、〝景気回復〟の方法は結局、消費拡大によって消費と生産の循環を刺激する以外になく、それは所詮〝浪費〟の奨励にならざるを得ない。「二一世紀は環境の時代」と言って「地球環境の保全」を声高に叫んでも、その同じ口から〝浪費〟を奨励しなければ立ち直れない、そんなどうしようもないジレンマに陥らざるを得ないからである。

こうした市場原理至上主義「拡大経済」の根本的転換によってエネルギー消費の総量自体を減らそうとしないならば、温室効果ガス大幅削減の目標達成のためには原発に頼るのもやむなし、とする危険な議論に陥ってしまう。今こそ私たちは、環境問題の原点に立ち返り、エネルギーと資源の浪費の元凶である市場原理至上主義アメリカ型「拡大経済」の変革という、いわば社会経済的側面をあえて重視し、これにこれまでの脱温暖化の国際的議論の到達点とその理論的成果をしっかり組み込みながら、より包括的で多面的な理論の構築とその実践に着手していかなければならない。

「菜園家族」構想では、経済成長と地球環境の保全とのジレンマに陥っている今日の「温暖化対策」の限界を克服すべく、それとは異なる新たな角度から、その解決に迫ろうとしている。つまり、CO_2削減の営為が、ただ単にその削減だけにとどまることなく、同時に、次代のあるべき社会の新しい芽（「菜園家族」）の創出へと自動的に連動するような、新たなメカニズムの創設の提起である。

　このメカニズムについては次の項目で具体的に述べるが、その前に忘れてはならない重要なことをおさえておきたい。それは自給自足度の高い、それゆえに市場原理に抗する免疫力に優れた「菜園家族」の創出そのものが、社会のエネルギー消費総量の大幅削減を可能にし、地球温暖化を食い止め、気候変動による地球環境の破局的危機を回避する決定的な鍵になるということである。と同時に「菜園家族」の創出それ自体が、資本主義社会の胎内にそれに代わる次代の新しい芽を育むことになるということである。やがてそれが今日の市場原理至上主義の生産体系とそのライフスタイルを根底から変え、原発のない自然循環型共生社会を生み出す確かな原動力になることに気づかなければならない。

原発のない低炭素社会へ導く究極のメカニズム ― ＣＳＳＫ方式

　原発のない低炭素社会、つまり本質的にエネルギーや資源の浪費とは無縁の自然循環型共生社会へ導くためには、主に企業など生産部門における CO_2 排出量の削減と、商業施設や公共機関や一般家庭などにおける電気・ガス・自動車ガソリンなど化石エネルギー使用量の削減を、「菜園家族」の創出と連動させながら、包括的に促進するための公的機関「CO_2《(C)》削減と菜園《(S)》家族創出の促進《(S)》機構《(K)》」（略称ＣＳＳＫ）の創設が鍵になる。国および都道府県レベルに創設されるこの機構は、これから述べるＣＳＳＫメカニズムの中軸に据えられる。

　ＥＵにおける排出量取引制度は、設定された排出枠、すなわち許可排出量の過不足分の売買を主に企業間で行うものである。ここで提起する案では、こうした排出権取引と並んで、一定規模以上の企業を対象にCO_2排出量自体に「炭素税」を課し、CSSKの財源に充てることになる。いわば「排出量取引」と「環境税」ともいうべき「炭素税」の組み合わせによって、国内のCO_2排出量の抑制を促す。そして、企業間の排出量取引額の一定割合を、炭素税とともにCSSKの財源に移譲する。

他方、商業施設や公共機関や一般家庭などでの電気・ガス・自動車ガソリンなどの化石エネルギー使用については、事業の規模や収益、家族の構成や所得、自然条件や地域格差など、さまざまな条件を考慮した上で、使用量の上限を定め、それを超える使用分に対しては、累進税を課すことになる。この「環境税」も、CSSKの財源に移譲する。

CSSKは、生産部門と消費部門から移譲される、このいわば「特定財源」を有効に運用して、「菜園家族」の創出とCO_2排出量削減のための事業を連動させ、同時併行して推進することになる。

CFP複合社会への移行を促すCSSKメカニズム

CSSKはまず、「菜園家族」の創出については、市町村に設置される農地とワーク（勤め口）のシェアリングの調整・促進のための公的「農地バンク」と連携しつつ、各地域において、今述べた「CSSK特定財源」をバックに、「菜園家族」の創出を目的に支援（助成金、融資など）を強化していく。具体的には、「菜園家族」志望者への経済支援、農業技術の指導など人材育成、「菜園家族」向けの住居家屋・農作業場や工房、農業機械・設備、圃場・農道の整備・拡充をはじめとする、いわば広い意味での「菜園家族インフラ」の総合的な推進である。

「菜園家族」へのこうした支援と併行して、先に第五章で触れたように〝菜園家族群落〟の核となる中規模専業農家に対しては、その社会的役割や機能に見合った形で、農産物の価格保障や所得補償制度を講ずることが必要になってくる。

森と海を結ぶ流域地域圏《エリア》の土台となる農林漁業を育てるこうした多面的な施策をすすめる中で、地方の第二次・第三次産業にも、細やかで多彩な仕事が新たに生み出され、地域経済は活性化へとむかっていく。地域密着型の新たな需要や雇用が創出され、地域は独自の特色ある自然循環型共生の発展を遂げていく。

今日、限界集落や消滅集落が続出し、田畑や山林の荒廃が急速に進んでいる過疎・高齢化の山村でも、あるいは、後継者問題や農業経営の行き詰まりに悩み、破綻に瀕している平野部の農村でも、こうした長期展望に立った総合的な政策のもとで、週休（2＋α）日制の「菜園家族」が着実に創出され、全国津々浦々へ広がりを見せていくことであろう。

国および都道府県レベルに創設されるこのＣＳＳＫと、市町村に設立される公的「農地バンク」との連携による強力な支援体制のもとではじめて、都市や地方の若者も、パートや派遣労働など不安定労働に苦しんでいる多くの人々も、脱サラを希望する人たちも、全国各地の農山漁村に移住し、それぞれの風土に適した「菜園家族」を築いていくことになるであろう。根なし草同然の不安定なギスギスした生活から、大地に根ざしたいのち輝く農ある暮らしに移行するのである。やがて日本の国土は、週休（2＋α）日制の「菜園家族」によって埋め尽くされ、森と海を結ぶ流域地域圏《エリア》が新たに甦っていくにちがいない。

これは、ＣＳＳＫメカニズムによって、いわば特定財源を強力な背景に、資本主義セクターＣ（Capitalism）の無秩序な市場競争を抑制し、その質的変化を促しつつ、「菜園家族」セクターＦ（Family）

を拡大強化し、公共的セクターP（Public）の新しい役割を明確に位置づけながら、「菜園家族」を基調とするCFP複合社会への移行を確実に促進することを意味している。この移行は、本当の意味での民主的な地方自治体の成立と、これを基盤に形成される真に民主的な政府のもとで可能となる。CSSKは、全国の市町村レベルに設置される公的「農地バンク」のネットワークと連携しつつ、二〇年、三〇年あるいは五〇年という長期にわたる移行期間の全過程を支えていくことになるであろう。

CSSK特定財源による人間本位の新たなる公共的事業

道路やハコモノなどといわれてきた従来の大型公共事業への財政支出は、工事執行の限られた期間だけにしか雇用を生み出すことができない。工事が終了すれば、基本的には道路やダムやトンネルなどといった大型建造物は公共財として残るものの、雇用は即、喪失してしまう。したがって、国・地方自治体や企業は、新たな需要を求め、また、失われた雇用を維持確保するためにも、さらなる大型公共事業を、現実の社会的必要性を度外視してでも、繰り返しつづけなければならないという悪循環に陥る。当初はそれなりに時代の要請に応じて行われてきた大型公共事業が、莫大な財政赤字を累積し、国民からしばしば「ムダ」と汚職の象徴と批判され、次第に精彩を失っていったのは、こうした事情による。

このような従来型の大型公共事業に対して、先に触れたCSSK特定財源による、CO_2排出量削減と「菜園家族」創出のために投資される新しいタイプの「公共的事業」であれば、事情は一変する。このCSSK特定財源による「菜園家族インフラ」への投資、つまり、「菜園家族型公共事業」であれば、従来のような巨大ゼネコン主導の大型技術によるものではなく、地場の資源を生かした地域密着型の中間技術による多種多様できめ細やかな仕事が生まれる。その結果、雇用も地域に安定的に拡充され、森と海を結ぶ流域地域圏《エリア》は大いに活性化する。

その上、この「菜園家族」型公共的事業であれば、財政執行の期間だけではなく、執行後においても、週休（2＋α）日制の「菜園家族」型ワークシェアリングのもとで、ＣＳＳＫメカニズムをバックに新しく地域に生まれる「菜園家族」そのものが、いわば新規の安定した「雇用先」となり、しかも永続的な「職場」として地域に確保されることになる。つまり、新しく生まれる「菜園家族」の構成員にとって、「菜園家族」それ自体が、もっとも身近で生活基盤に密着した、多品目少量生産の創造性豊かな、魅力あるまったく新しいタイプの「職場」になるのである。それにともない、「菜園家族」や「匠商家族」向けの住居・店舗や作業場・手工芸工房などの建築、農機具や家屋の修理・リフォーム、農道・林道の補修や圃場整備など、さらには、農作物加工、木工、工芸品の製作等々、中間技術による多種多様で細やかな仕事が生まれ、地域独自の特色ある持続可能な地場産業が育っていく。

それだけではない。未来を担う子どもや孫たちにとってこの上ない「菜園家族」という人間形成の優れた場が地域に創出されたことになる。それこそ本物の〝自然循環型共生地域社会〟という素晴らしい公共財が構築され、後世に継承されていくことになる。

国土の至るところに「菜園家族」が誕生し、そのネットワークが広がりを見せはじめると、中核都市を含む森と海を結ぶ流域地域圏《エリア》も、ようやく長い眠りから覚め、次第に甦る。これまで大都市に偏在し集中していた人々は、「菜園家族」の魅力に惹かれ、地方へと移りはじめる。中山間地にも奥山にも、「菜園家族」の暮らしは広がっていく。国土全体に均整のとれた配置を見せながら、平野部や山あいへと、土地土地に馴染んだ「菜園」と居住空間が美しいモザイク状に広げられていく。こうして人びとが山に入るにしたがって、針葉樹のスギ・ヒノキに代わって、ナラやブナやクリなどの落葉樹や、クスやカシやツバキなどの照葉樹も次第に植林され、森林の生態系は大きく変わっていく。暗い針葉樹の人工林から、色とりどりの明るく美しい山々に姿を変えていく。山あいを走る渓流や湖、平野を縫うように流れる川や、海や空も、甦っていく。

CSSK特定財源による「菜園家族型公共的事業」は、日本の国土に、かつての大型公共事業からは想像だにできない、美しい世界を現出させていくであろう。このように考えるならば、この「菜園家族型公共的事業」は、今日ますます深刻化する雇用問題や経済の行き詰まりを打開する緊急経済対策として有効なばかりでなく、長い目で見ても、日本の国土に調和した原発のない低炭素社会、つまり、自然循環型共生社会への道を切り開く、決定的に重要な役割を果たしていくに違いない。

本物の自然循環型共生社会をめざして

先にも述べたように、排出量取引と炭素税の組み合わせによる新たなCSSKメカニズムのもとで、生産部門におけるCO$_2$排出量と、消費部門における化石エネルギー使用量が次第に抑制されていくのであるが、同時に「環境技術」の開発も、このCSSKによって促進されていくことになるであろう。特にエネルギー生産の具体的方法や技術については、こうした「菜園家族」を基調とするなりわいや暮らしのあり方が国土に広がるにつれ、それにふさわしいものが各地に編み出されていくに違いない。CSSKは、再生可能な自然エネルギー、なかでも大型で「高度な」科学技術に頼らない、「中間技術」による地域分散自給自足型の小さなエネルギーの研究・開発・普及を支援し、CO_2排出量の削減におおいに寄与することになろう。

ここで再度、確認しておきたいことは、ＣＳＳＫメカニズムによる「菜園家族」の創出と森と海を結ぶ流域地域圏《エリア》の再生そのものが、使い捨ての浪費に慣らされてきた私たち自身のライフスタイルと企業の生産体系を、根底から大きく変えていくということである。それはとりもなおさず、「環境技術」による「省エネ」や新エネルギーの開発のみに頼ろうとする今日の施策とは比較にならないほど大幅な消費エネルギー総量の削減を、企業のみならず、一般家庭においても可能にする。したがって、ＣＳＳＫ方式においては、「菜園家族」創出の事業そのものが、CO_2排出量削減の決定的役割を同時に担っているのである。

ＣＳＳＫ方式では、生産部門と消費部門から還流するいわば「特定」財源によってはじめて、CO_2排出量大幅削減とエネルギーや資源の浪費抑制の多重・重層的、かつ包括的なメカニズムが、全体として有効かつ円滑に作動する。つまりここで敢えて繰り返し強調するならば、このＣＳＳＫメカニズムは、CO_2削減の営為が単にその削減だけにとどまることなく、同時に次代のあるべき社会の新しい芽（「菜園家族」）の創出へと自動的に連動していくという、意外にも高次のポテンシャルを内包しているのである。これが、ＣＳＳＫメカニズムの優れたもっとも大切な特質であると言ってもいい。国連気候変動枠組み条約締約国会議（ＣＯＰ）が掲げる国際的約束、すなわちCO_2削減の数値目標も、このＣＳＳＫメカニズムによって、確実に達成されていくことになろう。

「菜園家族」そのものが自給自足度が高く、本質的に市場原理に抗する優れた免疫を備えており、CO_2排出総量削減とエネルギーや資源の浪費抑制の究極の鍵になっている。したがって、「菜園家族」を基盤に、二〇年、三〇年、五〇年という長い時間をかけてゆっくりと築きあげていくならば、この新しい社会は、ますますグローバル化する世界金融や国際市場競争の脅威にもめげることなく、それに対抗する優れた免疫力を発揮しつつ、自然に融和した抗市場免疫の自律的循環型共生社会へと着実に熟成していくにちがいない。それはとりもなおさず、外需に過度に依存する、無秩序で不安定極まりない輸出貿易主導型の今日の経済体系からの脱却であり、理性的に抑制された資源調整型の公正な貿易のもと、健全な内需主導型の経済へと着実に移行していくことでもある。私たちは二一世紀において、まずこのような方法によって新たな社会をめざしていくほかに、道は残されていないのではないだろうか。

その2　今こそ地域社会の本格的な実態把握を ― 新たなる未来の明日のために

今あらためて、戦後七〇年を振り返ると、私たちはあまりにも為政者の上からの政策に振り回されて来たのではなかったのか。特に農業・農村問題は、「猫の目農政」と揶揄されてきたように目まぐるしく変わり、その度に翻弄されてきた歴史であった。

そしてまたしても、アメリカ主導の環太平洋経済連携協定（ＴＰＰ）強行の動きの中で、「平成の開国」を喧伝しながらさらなる多国籍巨大企業、巨大金融資本優先の政策が打ち出され、外需依存型市場原理至上主義「拡大経済」の極限へと突き進んでいく。このままでは農業・農村をはじめ、中小・零細企業は壊滅的な打撃を蒙り、「家族」や「地域」は、いよいよ衰退への道を辿らざるを得なくなるであろう。ＴＰＰ参加による目先のカネ勘定の「メリット」、「デメリット」の試算どころの話ではない。わが国は今まさにその土台を揺るがす重大な歴史的局面を迎えようとしているのである。

今こそ私たちは、戦後七〇年の歴史から深く学び、上から与えられた政策ではなく、自らの頭で考え、自らのすすむべき道を探り、主体的に行動し、自らの地域を自らの手で主体的に築きあげていく時代を切り拓いていかなければならない。今日の社会の閉塞状況を本当の意味で打開するためには、何よりも基礎自治体としての市町村の地域社会の土台を成す家族と地域コミュニティに真っ正面から向き合い、地域社会の積年の根本矛盾の内実に迫らなければならない。

アベノミクスの「地方創生」は積年の悪弊の延長にすぎない

自民党政権のもと、一九六二年に「全国総合開発計画」（旧全総）が策定された。これは、一九六〇年に池田内閣が提唱した「太平洋ベルト地帯構想」が重化学工業重視、大都市重視であったため、「国土の均衡ある発展」を目標に策定され、過密と過疎の緩和・解消をめざしていた。その後、新全総（一九六九年）が出された。そして、一九七二年に田中角栄の『日本列島改造論』で示された日本の将来展望は、公害問題や都市の過密と農山村の過疎など、戦後高度経済成長の歪みを指摘し、その解決の必要性を説くものの、その実、そこからの転換をはかるどころか、むしろその目標とはまったく逆の方向へ拡大・推進するものになった。さらに三全総（一九七七年）、四全総（一九八七年）、『21世紀の国土のグランドデザイン』（五全総、一九九八年）、そして二〇一四年の『国土のグランドデザイン２０５０』も、それぞれの内容は若干異なるものの、「計画」の目標とその結果があまりにも乖離している点で共通している。

全国総合開発計画（旧全総）が一九六二年にはじめて策定されてから七年後の一九六九年に、地方自治法の改正により「総合十ヵ年計画」の策定が全国の地方自治体にも義務づけられた。それ以来、各都道府県、各市町村で半世紀の長きにわたって一〇年ごとに「総合十ヵ年計画」なるものが策定されてきた。この総合計画は周知のように、大手コンサルタント会社の主導のもとに作成され、電話帳のように分厚くカラフルで誠に立派なものであるが、絵に描いた餅とまで揶揄されてきた代物である。つまり、住民自らが自らの頭で考え立案したものではない借り物の計画であった。したがってそれは、ほとんどの住民にとって関心すらなく、他人事で、身につくはずもない「計画」になっても当然であろう。

こうした「計画」が戦後半世紀の長きにわたって延々と繰り返し続けられてきた結果失われたものは、コンサルタント会社に支払われたお金だけの問題ではない。もっと大切なものを失った。自らの地域は、自らの手足でその実態を調査し、自らの頭で考え、自らの知恵で計画を練りあげ、自らの力で構築していくという地方自治の真髄、民主主義の原点とも言うべき本来の精神を失うことになった。自らの地域の将来計画を長きにわたってコンサルタント会社や行政の上層に委ねてきたことと、本章の冒頭でも触れた「選挙」だけに矮小化した「お任せ民主主義」の両者の根っこにあるものとは、まさに同一のものなのである。自らの地域の将来計画をコンサルタント会社や行政の一部幹部に丸投げしてきたその姿勢が、「選挙」だけに矮小化した「お任せ民主主義」を地域住民の意識の中に生み出し、それをさらに助長してきた元凶であると言ってもいいのかもしれない。

安倍政権のもとで今推し進められている「地方創生」や「一億総活躍社会」なるものは、結局、上から財政的に誘導し、行政的手法でもって地域の主体性と創意性を圧し潰し、地方自治の精神を踏みにじるだけのものに終わるであろう。まさしくこれは、戦後歴代自民党政権が長きにわたって一連の「国土計画」

のもとに、地方自治体に「総合十ヵ年計画」を義務づけ押しつけてきた延長線上に現れたもので、何ら本質的に変わるものではない。こうしたことを今なお延々と繰り返している。

一つの具体的「地域」典型から、今何をなすべきかを考える

私たちが研究の拠点・里山研究庵Ｎｏｍａｄをおく滋賀県鈴鹿山中の大君ヶ畑《おじがはた》（犬上郡多賀町）。この奥山を水源に、犬上川が琵琶湖に注いでいる。森と琵琶湖を結ぶこの流域地域《エリア》圏の中流域の平野部に、甲良町という典型的な農村が位置している。湖畔の城下町・彦根市（人口十一万人）を中核都市に、犬上郡三町（多賀町・甲良町・豊郷町）を含むこの流域地域の「森の民」、「野の民」、「町の民」は、古来、互いの不足を補い合いながら、相対的に自給自足度の高い流域循環の暮らしを育んできた。

日本列島を縦断する脊梁山脈。この山脈を分水嶺に、太平洋側と日本海側に水を分けて走る数々の水系。この水系に沿って、かつては森と海（湖）を結ぶ流域循環型の地域《エリア》圏が形成され、日本の国土をモザイク状に覆っていた。森と琵琶湖を結ぶ犬上川・芹川流域地域《エリア》圏は、全国各地に散在するこうした流域地域《エリア》圏の一つであり、その中流域に広がる平野部農村の甲良町は、古来、良質の米の産地としても重要な役割を担い、今日に至っている。戦後七〇年の歴史の中で、全国の他の地方都市や農山漁村の例に漏れず、急激な高度経済成長のあおりを受け、この町の地域社会も衰退の一途を辿り、今や農家は高齢化に悩み、中小・零細企業は壊滅的な打撃を受け喘いでいる。こうした中にあっても、地域住民や地方自治体は、試行錯誤を重ねながら明日への道を懸命に模索している。

今から六年ほど前の二〇一〇年四月、甲良町は、一〇ヵ年を展望するまちづくりの指針『甲良町新総合

計画 二〇一〇～二〇二〇』をとりまとめ、スタートさせた。この『甲良町新総合計画』は、「町民主体のまちづくり」というこれまでの甲良の伝統を生かし、一年有余にわたってさまざまなレベルでの町民参画のプロセスを経ながらまとめられた点に、大きな特長があると言えよう。現実には住民不在の総合計画立案となる地方自治体が大方を占める中で、甲良町の場合、まだまだ課題は多いとは言え、こうした点で、今後、地域住民と行政が共同しながら、自らが考え、自らが実践し、議論を重ねつつ、まちづくりに取り組む新たな第一歩を踏み出す素地だけは、少なくともつくりだすことはできたと見るべきであろう。

二〇〇八年秋のアメリカ発のリーマンショックを引き金に、世界は大きな構造変化を起こしつつある。こうした中で、わが国の社会は戦後七〇年が経った今、特に地方は大きな転換の岐路に立たされている。甲良町がこの一〇ヵ年のまちづくりに取り組むにあたっても、市場競争至上主義「拡大経済」時代のこれまでの「経済成長」のパラダイムに囚われている限り、『甲良町新総合計画』が謳う町の将来像「―森と琵琶湖を結ぶ― 笑顔で暮らせる豊かな農村」の真の実現は、望むべくもない。

こうした懸念については、『甲良町新総合計画』の本文でも、その冒頭において、率直に確認されている。その上で、この『計画』で掲げられた町の将来像についても、まずは仮説としての指針（たたき台）として設定されたものであり、今後の「点検・調査・実践・再立案」という一連のサイクルを繰り返すことによって、その内実を改善し、高めていくと強調されている。

つまりそれは、この『甲良町新総合計画』をある意味では、地域住民の格好の「地域学習」の教科書として活用し、こうした地域住民による「地域学習」のプロセスによって、『計画』の内容そのものをいっそう充実させながら、真に住民が主体となる豊かなまちづくりを推進していきたいとする、積極的な姿勢の現れであると言えよう。そこからは、現実と理想との大きな落差を何とか克服しつつ、町の将来像に掲げる遠大な目標に向かっておおらかに挑もうとする、地域住民と行政の積極性と柔軟性が窺える。同時に、私たちが生きているまさに今日の時点が、社会の激動と大転換のまっただ中にあるがゆえになおのこと、この『甲良町新総合計画』を硬直した死んだ刊行物に終わらせるのではなく、むしろ地域住民の叡知によって、時代とともに絶えず変化発展する「認識と実践の深化過程」と捉え、町民主体の「地域学習」の源泉にしたいとする強い意志を読み取ることができる。

それを可能にし、そのように生かせるかどうかは、ひとえに今後の町民主体の地域活動の如何にかかっていると言わなければならない。結局は、ねばり強い不断の活動と、中・長期の課題意識を鮮明にした「地域学習」の中でのみ、現実社会への鋭い洞察力と未来への揺るぎない確信は培われていくものである。その集積なしには、ものの見方・考え方を支配する認識の枠組み、つまりこれまでのパラダイムの転換はあり得ないのである。

市町村における地域再生の本当の鍵は、農業・農村問題の解決である

実は、ここで取りあげた滋賀県甲良町に限らず、大都市や地方中小都市も含め、全国すべての市町村の地域や農山漁村の衰退の原因究明も、それによって自ずと導き出される未来への確かな展望も、さらには現実世界での新たな時代に応えうる具体的な実践も、私たちが長きにわたって拘泥してきたこれまでのパラダイムの転換なしには不可能であると言ってもいいであろう。その時機の到来は、今起こりつつある客観的世界の急激な構造変化にともなって、思いのほか早く加速的に近づいていると見なければならない。

そうであるとするならばなおのこと、一刻も早く今日の基礎自治体としての市町村の地域、とりわけ農山漁村の衰退の本当の原因とその真相を究め、何よりもその解決の糸口をつかむことからはじめなければならない。それは、甲良町のみならず、全国の他のすべての市町村におていも、農業に携わる者がますます減少し、しかも今では農家の圧倒的多数を占めるに至った兼業農家が、本来、家族や地域の場に滞留し農業に勤《いそ》しむはずの時間をほとんど奪われ、いわば「土・日農業」を強いられている現実をどう打開するのか、という戦後長きにわたって解決できなかったこの問題に、結局は行き着くことになるはずである。

そしてそれは、これまでの延長線上に、農地のさらなる集積による農業の規模拡大化の道を進むのか、それともも一度、本来あるべき原点に立ち戻り、農業に勤しむ時間的余裕が制度的にも、現実的にも十分に保障され、かつまた豊かな多品目少量生産が可能な、創造的で楽しい家族農業経営の新たな形態を創出し、これを基礎にさまざまな次元の営農形態を検証しつつ、農業・農村の新たなあり方を探り、さらにはその基盤の上に森と海(湖)を結ぶ流域地域圏《エリア》の再生をはかり、地方中核都市のあり方を探るのかという、素朴ではあるがきわめてオーソドックスな議論に収斂していくことにならざるをえないであろう。こうした議論を通じてはじめて、今日、都市部において極端なまでに膨れあがった労働力過剰を週休(2+α)日制の「菜園家族」型ワークシェアリングによって吸収しつつ、広大な農山漁村地帯を再構築する道を具体的に描くことが可能になるのである。

その際、肝に銘じておかなければならないことは、自然を直接相手にする農業とは、偏狭な生産効率主義にはおよそ馴染まない、本質的には「自然」と「家族」と「生業」の三位が一体となって深く結びついた、きわめて人間的で有機的なメカニズムの総体であるということである。他方、現今に見られる熾烈な市場競争下の無軌道できわめて商業主義的な「科学技術」の発展は、生活の極端な人工化と無機質化を急速におしすすめている。その結果、今や農家、非農家を問わず、大人にも子どもにもわずかながらも何とか残されてきた「野性」すらもますます衰弱させられ、いよいよ人間性の喪失という由々しき事態にまで追いやられている現実に刮目しなければならない。

こうした現実を冷静に直視し、この事態を深刻に受け止めるならば、市町村の中にわずかばかり残された「農業」・「農村」の再生は、ただ単に専業農家や兼業農家だけの問題ではないことが分かるはずだ。なぜならそれは、建設業や製造業、商業・流通・サービス業、そして教育・医療・福祉・公務など、第二次・第三次産業に携わり生活する大多数の地域住民と、その子どもや孫たちの将来の働き方・暮らし方をも、基礎的に決定づけることになるからである。言葉を換えて敷衍して言うならば、「農ある暮らし」の現代的意義の再評価のもとに市町村の地域の再生をはかっていくことが、今日いかに大切になってきているかということでもあろう。

それはまた、原発事故による放射能汚染や地球温暖化、乱開発による生態系破壊の脅威にさらされている今日、「自然と人間」という根源的な主題に絶えず立ち返り、市町村における地域住民のそれぞれの生業の立場を乗り越えて、新たな価値に基づく共通の理念を探りつつ、自然循環型共生の成熟した新しいライフスタイルへの移行を、地域の根底から積極的に促していくことでもある。

グローバル市場化が急速に進行する中、地方の自営業や中小・零細企業が苦境に立たされ、またかつては可能であった都市部での勤め口の確保も、いよいよ危うくなっている今日においてはなおのこと、こうした根源的でしかも包括的な地域政策が緊急不可欠になってきている。今や、基礎自治体としての市町村が農業・農村問題の解決に着手することこそが、農山漁村のみならず、地方中小都市やさらには大都市部をも含むすべての地域にとって、これまで述べてきた普遍的にして根源的な問題解決の鍵であり、地域再生の究極の鍵でもある。

古今東西を問わず、農業・農村問題は、しばしば国や地域の政策のアキレス腱とまで言われてきた。まさに今日のわが国の閉塞状況は、その箴言が的中し、戦後七〇年が経った今、その致命的とも言うべき社会の弱点が露呈し、窮地に陥っている姿だと言ってもいいであろう。戦後長きにわたって放置されてきた積年のこうした肝心かなめの社会の構造的根本矛盾には目もくれず、あいもかわらず表層的な目先の景気回復を叫び、アベノミクス「成長戦略」なるものを喧伝する。あるいは、今日の堕落した政治への民衆の不信と怒りを逆手に取って、「大阪都構想」をめぐる議論にも顕著に現れた「決定できる民主主義」とか上から目線の「統治機構の改革」なるものを煽るところに、この国の政治のどうしようもない末期的症状を見る思いがする。

地域社会には、今こそ精密検査による根本的な原因療法がもとめられている

精密検査による早期発見・早期治療は、今や医療では常識である。このことは、「地域」についても、踏みはずしてはならない大切な原則ではないだろうか。今、私たちに求められているものは、目先のその場凌ぎの対症療法などではなく、衰弱しきった農山漁村と地方の中核都市を全一体的に捉え、その両者の体質そのものをトータルに根本から変革していく原因療法とでも言うべきものなのである。今日の憂うべき事態から一日も早く脱却し、明るい未来への展望を切り拓くためには、時間がかかっても、このことからはじめる以外に方法はないであろう。地域社会は、今まさにこうした根本的な原因療法を必要とする時代を迎えていると言わなければならない。この時機を逃すことは、もはや許されない。

戦後七〇年の今、全国各地の市町村の住民と行政にあらためて課せられる、喫緊のいわば残された宿題は、窮地に陥り疲弊しきった地域社会の体質を根本から治すこうした原因療法に速やかに着手することである。既成の「十ヵ年総合計画」がすでに策定されている場合であっても、何はともあれ、原因療法に着手するための本格的で詳細なしかも体系的な実態調査をできるだけ早い時期にスタートさせることである。こうすることによって、既成の「総合計画」の内容そのものを今一度、点検し直し、原因療法をいち早くスタートさせる態勢を早期に整えることができる。

地域の「十ヵ年総合計画」は、こうした新たな態勢のもとではじめて、住民・市民の叡知によっていのちが吹き込まれ豊かなものに練りあげられ、真に生きた新たな「地域計画」として、人々の中で優れた役割を果たしていくことになるにちがいない。そうなるかどうかは、ひとえに地域住民の今後の学習と実践にかかっていると言わなければならない。

先に触れた『甲良町新総合計画二〇一〇～二〇二〇』（全二一一頁、発行　滋賀県甲良町、二〇一〇年四月）※は、第Ⅳ部（参考資料篇）に総合計画審議会会長（小貫雅男）からの提言「あらためて戦後六五年の歴史の中で甲良の未来を考える ―四〇年先の二〇五〇年を見すえて―」（一九〇～二〇一頁）が収められるなど、総合計画書そのものに住民の「地域学習」のためのいわば教科書の役割を担わせるよう配慮されている。

全国の多くの自治体にとって、時代の大きな転換期にあってはなおのこと、一時の流行《はや》りにすぎない上滑りの華々しい「成功事例」をその都度追い求めるのではなく、むしろ共通の悩みや困難を抱えながら地域再生への道を見出しあぐね、懸命に試行錯誤している地域の本当の姿を深く知り、互いに学びあい切磋琢磨しあうことこそが、今何よりも大切なのではないだろうか。

※『甲良町新総合計画 二〇一〇～二〇二〇』の全文（全二一一頁）は、甲良町役場のホームページに公開されており、ＰＤＦファイルをダウンロードできる。

本物の民主主義の復権と地域の再生

二〇一五年春の全国一斉地方選挙で、候補者が定員を満たさず無投票当選が続出した。こうした事態は、地方自治のあり方のみならず、民主主義のあり方、そして政治そのものが今や失墜の極みに達したことを物語っている。根本的に問われなければならない深刻な問題である。

今日急速に進行している地方自治の衰退、さらには民主主義の形骸化こそが、日本国憲法第九条の非戦・平和主義の精神に真っ向から敵対し、「戦争法案」をごり押しする安倍内閣のファッショ的反動政治を許している最大の温床なのだ。戦後民主主義とは一体何だったのか。根源的に問い直す時に来ている。

今、私たちが直面している問題は、社会上部の統治システムの改革などではない。草の根の民主主義をいかにして復活していくかである。「大阪都構想」なるものの指導者は、まさにこのことを見誤っている。私的な野望からの行動。だから嘘があまりにも多すぎる。こうした面で安倍首相と驚くほど酷似しているのは、両者が深いところで思想的にも通底しているからであろう。私たちは、社会の深層から今日を問い直し、何よりも私たち自身の主体性の再構築に腰を据えて取りかからなければならない。長期展望に立った未来社会のあり方の探求は、もはや避けることができない焦眉の課題になっている。

こうした未来のあるべき社会の探究と、その時どきの目前の反動攻勢に対処する実践とは、常に同時に私たちに課せられるものである。未来社会への洞察は、大きな時代の転換点に立たされている今だからこそなおのこと、当面する課題にどんなに忙殺されていようとも、後回しにすることは許されない。未来への洞察と併せ、絶えず現実を複眼的に捉えようとする姿勢こそが、アベノミクスの「積極的平和主義」の本当の狙いとファッショ的手法を弄してごり押ししてきた「戦争法案」の本質、そしてその対極にある日本国憲法第九条の非戦・平和主義の積極的意義の両者を、同時に浮き彫りにすることを可能にする。このことを肝に据えておきたい。

諦めてはならない。私たちの本当の歴史は、ここからはじまろうとしている。わが国近世中期の稀有なる思想家安藤昌益の自然《じねん》の思想の必要性を痛感したのも、戦後七〇年が経った今もなお、本物の民主主義が育っていない現状に気づかされたからにほかならない。今日の政治の堕落と地域衰退の原因のすべてが、このことに凝縮されているように思えてならない。本物の民主主義の復権と二一世紀のあるべき未来像をもとめる中に、その解答は得られるにちがいない。

その3「菜園家族」じねんネットワーク（ＳＪｎｅｔ）の構築、その多彩で豊かな展開

自然《じねん》の原理によって生まれ育つＳＪｎｅｔ

この章の冒頭で、上からの「統治」に対峙する草の根の二一世紀未来構想シンクタンクの必要性につい

て触れたのであるが、将来このシンクタンクが生まれてくるためには、まずその基盤となる「菜園家族《(S)》」じねん《(J)》ネットワーク《(net)》（略称ＳＪｎｅｔ）とも言うべきものが、その前提として構築されていなければならない。

第五章で詳述したように、一般的に、「菜園家族」が各地に生まれてくるのと同時に、その初期段階に「菜園家族」間の連携が自然発生的に生まれてくる。こうして生まれてきた「菜園家族」を基礎単位に、第一次元の団粒が現れ、しだいにその上位の第二次元、第三次元……へと団粒が形成され、やがて多重・重層的な地域団粒構造が広域的に構築されていく。こうした地域団粒構造が首尾よく形成されていくためには、初期段階から「菜園家族」が孤立するのではなく、新しく生まれたばかりの基礎的単位「菜園家族」が、他の「菜園家族」との相互連携を強化・発展させていく必要がある。こうした「菜園家族」の主体的、自発的な長期にわたる活動によって、上からの行政的手法ではない、まさに人々の叡知と自然《じねん》の原理によって生まれてくる連携の絆の網が、「菜園家族」じねんネットワーク（ＳＪｎｅｔ）なのである。

ＳＪｎｅｔの活動とその原理―自主、自発の原則

さて、「菜園家族」じねんネットワーク（ＳＪｎｅｔ）の活動であるが、それは何よりもお互いの身近な情報の交換からはじまる。そのこと自体がなくてはならない大切な基礎になる。そしてその上に、次なる活動へと展開していく。こうして「菜園家族」じねんネットワーク（ＳＪｎｅｔ）を基盤に、人々の学習活動が自ずから活性化していく。しかも、人々の視点は狭い特定の地域にとどまることなく、市町村、都道府県、そして国レベル、さらには世界へと広く学習の目は注がれていく。こうした学習活動を基本に、

世界動向とも関連づけながら自己の立ち位置を構造的に把握しつつ、自らの地域の実態を丹念に調査し、自らの地域を再認識し、地域の未来構想を練り上げ、五年、一〇年……五〇年先を見据え、自らの地域を着実に構築していくことになるであろう。

この「菜園家族」じねんネットワーク（ＳＪｎｅｔ）は、老若男女、職業の如何を問わず、宗派や党派の垣根を越えて、今日の市場原理至上主義の苛酷な弱肉強食の「拡大経済」システムに対峙して、「菜園家族」を基調に、人間の自由と尊厳を尊重する精神性豊かな自然循環型共生の二一世紀の未来社会をめざしていくことになろう。自由な個人やグループおよび団体（ＮＰＯ・ＮＧＯなどの法人や各種協同組合、農林漁業・商工業団体、ユニオンなどさまざまな形態の労働組合、教育・文化・芸術・芸能・スポーツなどのグループや団体等々）が相互に情報を交換し合い、学習し、切磋琢磨する、上下の関係を排したこれこそ対等で水平的な本物のネットワークなのである。

労働組合運動の驚くべき衰退、そこから見えてくるもの

二〇一四年十二月一六日、政府と労働界、経済界の代表が集まる「政労使会議」（政府側からは安倍首相、経営者側からは榊原定征・経団連会長、労働者側からは古賀伸明・連合会長などの面々）なるものは、春闘の賃上げに協調して「最大限努力する」との合意文書をまとめた。この会議で安倍首相は、居並ぶ経済界のトップたちに呼びかけた。「最大限の賃上げを要請したい」。賃上げの合意は、二〇一三年に続き二回目である。もちろん、中小・零細企業にどこまで広がるかは見通せない。

今日の労働運動の抱える最大の問題は、「労組離れ」だ。一九九五年、経団連が報告書で「非正社員の活用」

を提案し、労働規制の緩和が進んだ。専門職に限られていた派遣が一九九九年原則自由化され、二〇〇四年には製造業にも解禁された。非正社員として働く人は、今や全体の四割近くに達する。一方、一九七五年に三四パーセントあった労働組合の組織率は、二〇一四年には一七パーセントにまで低下。このうち連合に加盟する組合員は、雇用者全体の十二パーセントにすぎない（『朝日新聞』二〇一四年十二月一九日「春闘六〇年─だれのために（上）」を参照）。これが今日のわが国の労働運動の偽らざる現実である。

わが国における主流派労働組合運動は、今やアベノミクス主導のもと、「政労使会議」なるものによって、賃上げを話し合い、合意し、勧告するという、労働者の長くて苦しい闘いの歴史を欺く猿芝居を公然と国民衆目の面前で演出するまでに至ったのである。これは、労働者にとっても国民としても、実に恥ずべき驚くべき事態である。その責任を互いに他に転嫁する前に、まずは現代賃金労働者としては、そして国民としても実につらいことではあるが、何よりも厳しい自己との対話・内省を徹底して行うべき時に来ているのではないだろうか。

〈日本国憲法〉

第二七条　すべて国民は、勤労の権利を有し、義務を負ふ。

②　賃金、就業時間、休息その他の勤務条件に関する基準は、法律でこれを定める。

③　児童は、これを酷使してはならない。

第二八条　勤労者の団結する権利及び団体交渉その他の団体行動をする権利は、これを保障する。

本来、賃上げをはじめ労働条件の改善・向上は、労働者の生活権、人権を尊重し守るための大切な基本的要求である。そのために、日本国憲法第二七条および第二八条をはじめ労働法によって、労働者の団結権、団体交渉権、ストライキ等の団体行動権など諸々の権利が、法制的にも認められ確立されてきた。これらの労働者の権利は、わが国のみならず、世界の労働者の長い苦難の歴史の中で獲得されてきた権利である。これらの権利を空文に終わらせることなく、労働者自身が自らの意志と職場におけるたゆまぬ自覚的実践を通じて、その権利を実質化してきた。

今思いつくだけでも労働者が解決しなければならない課題は山積している。派遣法の抜本的改正、抜け穴のない有期雇用規制、公務員の労働基本権など、わが国の労働者にとって大切ないくつかの政策課題がある。水面下で政府に要望するだけでは何も実現しない。今のわが国の労働運動には、組合固有の労働者主体の実力行使があまりにも欠けている。日本国憲法をはじめ労働法が保障するストライキはもちろん、労働者の大規模なデモもない。要するに、政策課題を社会運動として展開する思想も気力も見られないのである。

労働者自らのあるべき権利は､労働者の代表を僭称する連合など主流派労働組合の一部の職業的幹部と、政府首脳と経済界トップによる「政労使会議」なるものの実にこざかしい「協議」によって横奪されたことになる。戦後の労働運動史上、これほどまでに労働者が自らの主体性を喪失し、後退・頽廃へと追い詰められた例は他に見ない。ここにも、労働者の労組幹部への根深い「お任せ民主主義」と同質の思考と心情を読み取ることができる。労働者としては実に屈辱的な事態と言うべきである。この事態を生み出した根源的な原因を突き止めることは、そうたやすいことではない。独り労働組合幹部・首脳にその責任を負わせて済むことでもない。何よりも二一世紀の今日の時代を的確に捉え、その上で新たな時代認識のもとに、私たち自身の問題として深刻に受け止めなければならない。そして、そこから何を学び、何をどうするかなのである。

二一世紀の労働運動と私たち自身のライフスタイル――「菜園家族」の新しい風を

「菜園家族」じねんネットワーク（ＳＪｎｅｔ）は、主流派労働組合の連合などに象徴されるように、労働者の代表を僭称する職業化された一部労組幹部によって長きにわたって牛耳られ、沈滞と後退を余儀なくされてきたわが国の労働運動に、根本からその変革を迫っていくものになるであろう。既成の労働運動が惰性に流れ、従来型の賃上げ要求の狭い枠組みに閉じ込められ、労働運動そのものが衰退と頽廃へと陥っていく中にあって、週休（２＋α）日制のワークシェアリングによって「菜園家族」の創出をめざすこのじねんネットワークの運動は、農民と賃金労働者という、いわば前近代と近代の人格的融合による労農一体的な二一世紀の新たな人間の社会的生存形態を構築していくその性格上、必然的にこれまでの労働運動には見られなかった新たな局面を切り拓いていくことになろう。それは、自ずから近代を社会の根底から超克するまさに新しい働き方、新しいライフスタイルの創出へと向かわざるを得ないものであり、そこに、これまでには見られなかった、「正規」、「非正規」の分断を乗り越えた、それこそ時代を画する多彩で個性豊かな広範な国民的運動へと展開していく可能性が秘められている。

二一世紀の今、国民の要求は多様化しているだけではなく、国民の九〇パーセントを超える根なし草同然の現代賃金労働者は、生活の不安定さと苛酷さゆえに、巨大都市化し極端なまでに人工化した生活環境の中で大地から乖離し、あるべき野性を失い、肉体も精神もズタズタにされ、衰弱していく。人々は自然回帰への志向をますます強め、自然融合の新しいライフスタイルとそれを支える新しい働き方をもとめている。今まさにこうした多様で広範な人々の切実な要求に応え得る、二一世紀にふさわしい新しい労働運動のあり方がもとめられている。

「菜園家族」じねんネットワーク（ＳＪｎｅｔ）は、こうした広範な国民の切実な要求を汲み上げ、国民から真に信頼されるに足る、二一世紀の新たな労働運動を社会の基底部から支える重要な役割を果たしていくことになろう。

それは、あたかも地下の深層にあって、表層のさまざまな人間的活動や社会的運動に必要不可欠な地域づくりと職場づくりのエネルギーを涵養し、蓄え、拠出する源泉とも言うべき役割を果たしていく。じねんネットワークは、このような存在であってほしい。それは、主観的願望ではなく、客観的に見てもそうならざるを得ないのである。それはなぜか。熾烈なグローバル市場競争によって、格差と不平等が社会を分断するまでに至った今、多くの人々がそれに代わる新たな社会の枠組みを切望している。こうした時代にあって、「菜園家族」じねんネットワーク（ＳＪｎｅｔ）が、市場原理至上主義「拡大経済」に対峙し、抗市場免疫の自律的な自然循環型共生の新たな地平をめざす時、それは農山漁村や巨大都市部を含めた国土全域において、賃金労働者、農林漁業や匠・商を基盤とする家族小経営、中小企業、そしてあらゆる自由な個人や団体をも包摂する広範な国民運動の大切な要となる可能性を秘めているからにほかならない。

多彩で自由な人間の活動ー底から支える力

第五章で述べたように、土壌学で言う団粒構造の土とは、隙間が多く通気性・保水性に富んだ作物栽培にもっとも適したふかふかで肥沃な土壌である。そこでは、微生物からミミズに至る生きとし生けるものすべてが相互に有機的に作用しあい、自立した個体がそれぞれ自己の個性にふさわしい自由な生き方をすることによって、結果的には他者をも同時に助け、自己をも生かしている世界なのである。「菜園家族」じねんネットワーク（ＳＪｎｅｔ）は、まさにこのような滋味豊かな団粒構造の土壌づくりとその地域社会の構築をめざしている。ここでも、自然界の生成・進化を貫く「適応・調整」の普遍的原理（＝自己組織化）が貫徹している。

この「地域社会の土壌」からは、自由で個性豊かな実に多種多様な「作物」が育っていく。ここで育つものは、まず個性豊かな自由な個人であり、抗市場免疫の自律的な家族つまり「菜園家族」であり、抗市場免疫の自律的な「地域」であり、それを土台に生長する思想・文化・芸術・大衆的娯楽としての芸能であり、スポーツである。さらにはそれを基礎に展開していく多種多様な文化・芸術運動であり、自由な社会運動であり、さまざまな党派の自由闊達な政治活動であり、さまざまな宗派の宗教活動である。つまり、実に生き生きとした自由な人間活動の総体なのである。

だが、長い年月をかけ手塩にかけてつくりあげてきた地域団粒構造の土壌に合わない「作物」は、自ずから育たないし、やがて枯れてしまう。結局は、どのような土壌をつくるかによって、そこに育つすべての「作物」の命運は決定づけられる。滋味豊かなふかふかとした土壌からは、素晴らしい「作物」が育ってゆくのである。このことに全幅の信頼を寄せ、「菜園家族」じねんネットワーク（ＳＪｎｅｔ）の活動は、すべての「作物」の生育にとって根源的である、まさに根気のいるこの壮大な「土づくり」に徹することに尽きる。そのほかの何ものでもない。ＳＪｎｅｔの役割と目標を極端に矮小化し、特定の政党・宗派活動や特定の政党・宗派づくりに狭めてはならないのは当然である。それは、もっともっと根源的で自由で、おおらかな人間的営為なのである。ここにも自然《じねん》の思想が貫徹している。

わが国の労働組合運動の驚くべき衰退にせよ、地方自治能力の減退にせよ、特に国政レベルにおける「お任せ民主主義」の目に余る危機的状況にせよ、その根底にある原因は、近代が生み出した賃金労働者という根なし草同然の人間の社会的生存形態のもとで、人々の心の深層に長きにわたって澱《おり》のように溜《た》まってきたものなのだ。なかんずく先進資本主義経済大国においては、極端な経済成長万能主義のもと、人間の欲望は際限なく肥大化し、人々は人生の生き甲斐をカネやモノに矮小化した守銭奴まがいの狭小な価値観にすっかり染められていく。以前にも増して安易で事なかれ主義の脆弱な精神がますます助長され、「お任せ主義」の根深い思想的土壌が用意されていく。こうして人々の身も人々の主体性も諸共に、いつの間にか見るも無惨に侵蝕されていくのである。今や戦後民主主義は、この主体性喪失の事態を放置したままではどうにもならないところにまで後退し、形骸化を余儀なくされている。

戦後七〇年を経た今、私たちはまず何よりも、私たち自身の新たな主体性の構築のために全力を傾注して再出発に臨まなければならない。法文上の形式的な借り物の主体性ではなく、如何なる反動の猛威の中にあっても、挫《くじ》けることのない本物の主体性を自らの内面に確立していかなければならない。その成否に未来のすべてがかかっている。

まず何よりも出発にあるべきものは、繰り返しになるが、自らの地域は、そして自らの職場は、自らの頭で考え、自らの手で構築していくということである。それは、人類史上長きにわたって大地に根ざし大地に生きる人間が、精神労働と肉体労働が未分離で、統合され調和していた素朴な生活の中から獲得してきた不動の本源的な原則であり、信念でもあり、今日においても決して捨ててはならない大切な原則なのである。近代はいとも簡単にしかも短期間のうちに、この原則と信念をすっかり忘却の彼方へと追い遣ってしまった。上から授かった借り物まがいの、民衆の主体性を愚弄した「上から目線」のアベノミクス「地方創生」などであっていいはずがない。たとえ時間がどんなにかかろうとも、「菜園家族」じねんネットワーク（ＳＪｎｅｔ）は、この人間生活の本源的とも言うべき原則・信念を取り戻し、今日の私たちに突きつけられた二一世紀のこの重い課題を成し遂げていくための確かな第一歩を踏み出していくことになろう。

その４「菜園家族」じねんシンクタンク（ＳＪＴＴ）創設の意義

ＳＪｎｅｔを土台に築く草の根のシンクタンク

全国各地に散在する生まれたての「菜園家族」が、やがて「菜園家族」じねんネットワーク（ＳＪｎｅｔ）間の連携を強化し緊密になるにしたがって、このネットワークは必然的に全国版へと進化を遂げていくことであろう。その時、これを土台に二一世紀にふさわしい何ものにも囚われない自主的で自由な意志に基づく草の根の研究機関「菜園家族《(S)》」じねん《(J)》シンク《(T)》タンク《(T)》（略称ＳＪＴＴ）が創設され、これを拠点に、市場原理至上主義「拡大経済」に対峙する「菜園家族」基調の自然循環型共生社会の構築にむけて、調査および研究がいっそう深められていくことになろう。

「菜園家族」じねんシンクタンク（SJTT）の創設にあたっては、まずはじめにさまざまな分野の人々が互いに率直に意見を交換し合い、十分に検討していく必要がある。趣意・目的や活動の内容・方法などに至るまで議論を尽くし、方向性を定めていくことになろう。遠い将来の課題ではあるが、閉塞した時代であるからこそなおのこと、このような夢を描くことも必要なのではないか。こうした試行錯誤の過程自体こそが、運動の力強い励みになっていくにちがいない。

草の根の叡知の結集こそが新たな時代を切り拓く

この「菜園家族」じねんシンクタンク（SJTT）およびその前提的基盤となる「菜園家族」じねんネットワーク（SJnet）は、二〇一四年末の衆院選、そして二〇一六年七月の参院選の結果を受けて、あらためてその必要性を痛感させられた。近代の超克というこの壮大な課題を達成するためには、それがたとえいかに困難であっても、何よりもまず私たち自身の主体性の構築から出発しなければならない。この提案がそのためのささやかな第一歩になればと願っている。どんなに時間がかかろうとも、自由な意志に基づく自発的な草の根の叡知の結集こそが、今日の苦難の局面を乗り越え、新たな時代を切り拓く原動力となるのではないか。先の「菜園家族」じねんネットワーク（SJnet）の目標設定と、これを前提的基盤とする「菜園家族」じねんシンクタンク（SJTT）創設の提起の主旨は、まさにこのことに尽きる。

生産手段の「再結合」による「菜園家族」という労・農一体的な新たな人間の社会的生存形態の創出は、かつて戦後の一時期、農村を主要舞台に展開したあの国民的運動の高揚期を彷彿とさせるに足る、あるいはそれをはるかに超える本格的な草の根の民主主義と社会変革の高揚を新たな形でもたらすことであろう。そしてこの新たな高揚は、かつての国民運動とは質的にも異なり、現代賃金労働者《サラリーマン》と農民の人格的再融合による労・農一体的な新たな人間の社会的生存形態を基礎にしている性格上、農山漁村に限らず、都市部をも包摂した運動になるはずである。つまり、労・農および匠商・工の自営業者や零細・中小企業者など生業の垣根を超えた広範な人々が、「菜園家族」的人間への自己変革をめざす、社会の深部にまで及ぶ運動へと展開していく可能性を秘めている。

「菜園家族」じねんネットワーク（ＳＪｎｅｔ）と「菜園家族」じねんシンクタンク（ＳＪＴＴ）は、こうした国民的運動に重要な役割を果たしていくことになろう。

こうした変革主体の形成とその運動の過程を通じて、欺瞞に充ち満ちた政治は影を潜め、草の根の民主主義はしだいに熟成へと向かう。こうして近代超克の「菜園家族」を基調とする「自然《じねん》社会」、つまり民衆の自律的な生活世界の構築は成就されていくに違いない。

ますます強まる反動攻勢にただただ反対を唱え、世界に誇る日本国憲法の三原則、「平和主義」、「基本的人権（生存権を含む）の尊重」、「主権在民」の精神を受け身の形で守るのではなく、民衆のこうした創造的で具体的な実践によって、能動的かつ前向きに憲法の精神を実体化し、より豊かにしていく。やがてそれは民衆の血肉となっていくに違いない。その時はじめて日本国憲法は、どんな企みにもめげることなく、民衆の不動の信念、そして何よりも民衆の精神そのものになるであろう。

第十章
「菜園家族」を土台に築く円熟した先進福祉大国
― 近代を超克する社会保障制度を探る ―

本来、社会保障制度は、社会的弱者に対してこそしっかりとした支えになるべきであるのに、わが国の現状はそうはなっていない。その実態は、あまりにも無慈悲で冷酷である。しかも現行の制度は、不完全な上に、なぜか財政破綻に陥っている。安心して生涯を全うできないのではないかという将来不安が、常に国民の中に漂っている。

そもそも社会保障制度とは原理的に一体何であり、どうあるべきなのか。そもそも論から考えるためにも、大切なことなので、まずこのことをおさえることからはじめたいと思う。

原理レベルから考える「自助、共助、公助」

今日私たちは残念ながら、人類が自然権の承認から出発し、数世紀にわたって鋭意かちとってきた、一八四八年のフランスにおける二月革命に象徴される自由・平等・友愛の精神からは、はるかに遠いところにまで後退したと言わざるをえない。

不思議なことに、近年、特に為政者サイドからは、「自立と共生」とか「自助、共助、公助」という言葉がとみに使われるようになってきた。「自立と共生」とは、人類が長きにわたる苦難の歴史の末に到達した、重くて崇高な理念である自由・平等・友愛から導き出される概念であり、その凝縮され、集約された表現であると言ってもいい。それは、人類の崇高な目標であるとともに、突き詰めていけば、そこには「個」と「共生」という二律背反のジレンマが内在していることに気づく。

あらゆる生物がそうであるように、人間はひとりでは生きていけない。人間は、できる限り自立しようとそれぞれが努力しながらも、なおも互いに支えあい、助けあい、分かちあい、補いあいながら、いのちをつないでいる。「個」は「個」でありながら、今この片時も、また時間軸を加えても、「個」のみでは存在しえないという冷厳な宿命を、人間は背負わされている。それゆえに、人類の歴史は、個我の自由な発展と、他者との「共生」という二つの相反する命題を調和させ、同時に解決できるような方途を探り続けてきた歴史であるとも言えるのではないだろうか。

私たち人類は、その歴史の中で、ある時は「個」に重きを置き、またある時はその行き過ぎを補正しようとして「共生」に傾くというように、「個」と「共生」の間を揺れ動いてきた。この「自立と共生」という人類に課せられた難題を、どのような道筋で、どのようにして具現するかを示すことなく、この言葉を呪文のように繰り返しているだけでは、空語を語るに等しいといわれても、致し方ないであろう。

生きる自立の基盤があってはじめて、人間は自立することが可能なのであり、本当の意味での「共生」への条件が備わる。人間を大地から引き離し、人間から生きる自立の基盤を奪い、その上、最低限必要な社会保障をも削って放置しておきながら、その同じ口から「自立と共生」を説くとしたならば、それは、二重にも三重にも自己を偽り、他を欺くことになるのではないだろうか。

ところで、きわめて大切な歴史認識の問題として、ここであらためて再確認しておきたいことがある。それは、イギリス産業革命以来二百数十年の長きにわたって、人間が農地や生産用具など必要最小限の生産手段さえ奪われ、生きる自立の基盤を失い、ついには根なし草同然の存在になったという、この冷厳な事実についてである。

一九世紀「社会主義」理論は、生産手段を社会的規模で共同所有し、それを基礎に共同運営・共同管理することによって、資本主義の根本矛盾、すなわち繰り返される不況と恐慌を克服しようとした。しかし二〇世紀に入ると、その実践過程において、人々を解放するどころか、かえって「個」と自由は抑圧され、「共生」が強制され、独裁強権的な中央集権化の道を辿ることになった。人類の壮大な理想への実験は、結局、挫折に終わった。そして、いまだにその挫折の本当の原因を突き止めることができず、新たなる未来社会論を見出せないまま、人類は今、海図なき時代に生きている。

二一世紀の今もなお、私たちの社会は、大量につくり出された根なし草同然の人間によって、埋め尽くされたままである。大地から引き離され、生きる自立の基盤を失い、根なし草同然の人間が増大すればするほど、当然のことながら、市場原理至上主義の競争は激化し、人々の間に不信と憎悪が助長され、互いに支えあい、分かちあい、助けあう精神、つまり友愛の精神は衰退していく。そしてそれは、個々人間《こ こ じんかん》のレベルの問題にとどまらず、社会制度全般にまでおよんでいく。

生きる自立の基盤を奪われ、本来の「自助」力を発揮できない人間によって埋め尽くされた社会にあって、なおも私たちが「共生」を実現しようとするならば、社会負担はますます増大し、年金、医療、介護、育児、教育、障害者福祉、生活保護などの社会保障制度は財政面から破綻するほかない。それが、日本社会をはじめ先進資本主義諸国の直面する今日の事態である。

この事態を避けるためにと称して、為政者によって今強行されようとしている消費税増税は、弱者を切り捨て、巨大資本の生き残りを賭けた愚策にすぎないものであり、もちろん論外であるが、別の選択肢として一般的に考えられるのは、財政支出の無駄をなくすか、所得税等々の累進課税をはじめとする税制の民主的改革によって税収を増やす以外にないことになる。しかしこれとて、根なし草同然の賃金労働者家族、つまり市場原理に抗する免疫力を失った家族を基礎に置く社会を前提にする限り、グローバル市場下の現代資本主義の末期的症状とも言うべき社会経済の構造的、質的変化によってもたらされた今日の状況にあっては、いずれ遠からず立ち行かなくなるにちがいない。

急速に進行する少子高齢化の中で、もちろん財政の組み替えや節減、そして巨大企業に三〇一兆円(二〇一五年)もの内部留保の累積を許すような不公正な今日の税制を抜本的に改革することは、当然貫徹させなければならない当面の重要課題ではあるが、遠い未来を見据える視点に立てば、生産と暮らしのあり方、それに規定される家族や地域のあり方、つまり今日の社会構造の根本的変革を抜きにしては、こうした短期的処方箋ではもはやどうにもならないところにまで来ていると言わざるをえない。このような施策は社会経済構造全体から見れば、もはや表層のフローにおけるきわめて近視眼的な当面の処方箋にすぎないものであり、それは決して今日の事態を歴史的に位置づけ、長期展望のもとにこの社会の構造的行き詰まりをその深層から根源的に解決しようとするものにはなり得ない。

また「成長戦略」とか「エコ産業」などという触れ込みで、万が一、「経済のパイ」を大きくし、企業からの税の増収をはかることができたとしても、先にも述べたように、この市場原理至上主義「拡大経済」路線そのものが、本質的に資源の有限性や地球環境問題と真っ向から対立せざるをえない。しかも、グローバル経済を前提にする限り、「エコ」の名のもとに、市場競争は今までにも増して熾烈を極めていく。国内需要の低迷が続く中で世界的な生産体制の見直しを進める多国籍巨大企業は、「国際競争に生き残るために」という口実のもとに、安価な労働力と新たな市場を求めて海外移転を進め、いとも簡単に国内の雇用を切り捨てる。そしてますます社会的負担を免れようとして、結局はその負担を庶民への増税として押しつけてくる。

したがって、自立の基盤を奪われ、「自助」力を失い、根なし草同然になった現代賃金労働者《サラリーマン》家族を基礎単位に構成される今日の社会の仕組みをそのままにしておいて、「自立と共生」を語ること自体が、もはや許されない時代になってきていることに気づかなければならない。

「菜園家族」構想は、こうした時代認識に基づいて提起されている。そして、人類共通の崇高な理念であり目標でもある自由・平等・友愛、つまり「自立と共生」という命題に内在する二律背反のジレンマをいかにして克服し、その理念をいかにして具現することが可能なのか、その方法と道筋を具体的に提起しようとしているのである。

安倍首相は二〇一三年二月二八日の施政方針演説の中で、自助・自立を第一に、共助と公助を組み合わせ、弱い立場の人を援助するとしながらも、「『強い日本』。それを創るのは、他の誰でもありません。私たち自身です。『一身独立して一国独立する』。私たち自身が、誰かに寄り掛かる心を捨て、それぞれの持ち場で、自ら運命を切り開こうという意志を持たない限り、私たちの未来は開けません」、こう述べ、敢えて自助の精神を喚起した。

私たちの社会の底知れぬ構造的矛盾に正面から向き合い、大胆にメスを入れ、今日の社会の枠組みを根本から転換することなしに、「自立と共生」を説くとすれば、それは大多数の国民を欺き、自立の基盤を保障せずに社会保障をも削減し、自助努力のみを強制するための単なる口実に終わらざるをえないのは明らかである。

これからどんな政権が新たに登場しようとも、社会のこの構造的根本矛盾、つまり生産手段を奪われ、根なし草同然になった人間の社会的生存形態を放置し、市場原理に抗する免疫力を失った家族をそのままにしておく限り、ほんものの「自立と共生」実現への具体的かつ包括的な道は、見出すことはできない。そうした政権は、遅かれ早かれいずれ国民から見放されるほかないであろう。

今まさに直面しているTPPは、個別の目先の損得をはるかに超えて、わが国の将来の方向を決定的にする極めて重い全国民的な問題を孕んでいる。鉄のトライアングルと言われている政・官・財の権力中枢は、3・11の未曾有の大惨禍に苦しむ民衆にさらなる追い打ちをかけ、平然と自己の利益と延命を図ろうとしている。貪《どん》すれば窮するということなのか。近頃はとみにずる賢くなった。中でも政権の首脳をはじめ為政者たちは、慇懃無礼にも低姿勢を装い、卑怯にも曖昧な言葉に詭弁を弄し、「外交交渉の手の内は明かせない」と常套句を繰り返しながら国民には真実を覆い隠し、既成事実を積み重ねていく。

私たちはあらためて3・11を深く胸に刻み、彼らの本性と今日の事態の深刻さとその本質を見抜き、真実を学ばなければならない。それは、終わりのない食うか食われるかの熾烈なグローバル市場競争に終止符を打ち、自然循環型共生の分かちあいの世界へと一歩を踏み出すのか、それともそれを諦めて、これまでの路線に唯々諾々と追従し、人類破滅のスパイラルの深みへと嵌《はま》っていくのか、そのいずれかの選択しかもはや残されていないという、この冷厳な現実にしっかり向き合い、その真実を知ることではないのか。

今やTPPとかFTAAPなどといった大国主導、多国籍巨大企業主導、そして巨大金融資本主導の弱肉強食の自由貿易路線の拡張が、今日の経済・社会の深刻な閉塞状況を打開する道なのではない。産業革命以来の賃金労働者という人間の社会的生存形態そのものを根源から問い直し、何よりも家族や地域の土台から、わが身とわが社会の虚弱体質を変革することが求められている。これこそが、一刻の猶予も許されない解決すべき先決課題なのである。そのためにも、国際的には非同盟・中立の主権不可侵、相互尊重を遵守し、あくまでも自給自足度の高い国民経済を前提に、各国それぞれの自然的、歴史的、社会的、文化的諸条件を十分に考慮し、社会的安定性と持続的な経済のあり方を可能にする、相互補完、平等互恵を旨とする秩序ある理性的で公正な調整貿易の確立が不可欠の条件となるであろう。

「家族」に固有の機能の喪失とこの国破綻の根源的原因

第二章で述べてきたように、もともと「家族」には、育児・教育・介護・医療など、人間の生存を支える細やかで多様な福祉の機能が、未分化の原初形態ではあるが、実にしなやかに備わっていた。これらの機能は、「家族」から「地域」へと拡延し、見事に多重・重層的な相互扶助の地域コミュニティへと形づくられ、人々の暮らしの中に深く根付いていた。

ところがこうした家族機能の細やかな芽は、戦後高度経済成長の過程でことごとく摘み取られていった。人間にとって本来自分のものであるはずの時間と労働力は、そのほとんどが企業に吸い取られていった。

家族は人体という生物個体の、いわば一つ一つの細胞に譬えられる。周知のように、一つの細胞は、細胞核と細胞質、それを包む細胞膜から成り立っている。遺伝子の存在の場であり、その細胞の生命活動全体を調整する細胞核は、さしずめ「家族的人間集団」になぞらえることができる。一方、この細胞核（＝

家族的人間集団）を取り囲む細胞質は、水・糖・アミノ酸・有機酸などで組成され、発酵・腐敗・解糖の場として機能するコロイド状の細胞質基質と、生物界の「エネルギーの共通通貨」ＡＴＰ（アデノシン三リン酸）の生産工場でもあるミトコンドリアや、タンパク質を合成する手工業の場ともいうべきリボゾームなど、さまざまな働きをもつ細胞小器官とから成り立っている。つまり、一個の細胞（＝家族）は、生きるに最低限必要な自然と生産手段（農地、生産用具、家屋など）を必要不可欠のものとして自己の細胞膜の中に内包していると、捉えることができる。

したがって、家族から自然や生産手段を奪うことは、いわば細胞から細胞質を抜き取るようなものであり、家族を細胞核と細胞膜だけからなる「干からびた細胞」にしてしまうことになる。イギリス産業革命にはじまる近代の落とし子とも言うべき賃金労働者の家族は、まさしく生産手段と自然を奪われ、「干からびた細胞」になった家族なのである。

生物個体としての人間のからだは、六〇兆もの細胞から成り立っていると言われている。これらの細胞のほとんどがすっかり干からびていく時、人間のからだ全体がどうなるかは、説明するまでもなく明らかであろう。人間の社会も同じである。

高度経済成長は、わが国においてまさに無数の「家族」から生きるに最低限必要な生産手段（農地、生産用具、家屋など）と自然を奪い、こうした「干からびた細胞」にしていく過程であった。かつて日本列島の北から南までをモザイク状に覆い、息づいていた森と海を結ぶ流域地域圏《エリア》では、高度経済成長以降、急速に賃金労働者家族、つまり「干からびた細胞」同然の家族が増えつづけ、充満していった。国土の産業配置とその構造の劇的変化は、農山漁村から都市への急激な人口移動を引き起こし、農山漁村の過疎・

高齢化と都市部の過密化、そして巨大都市の出現をもたらした。近代の落とし子とも言うべき賃金労働者は、大地から引き離され根なし草同然となって都市へと流出し、森と海を結ぶ流域循環型の豊かな地域圏《エリア》は急速に衰弱していった。

その結果、「家族」と「地域」に固有の福祉機能は衰退していった。それらのすべてを社会が代替できるかのように、あるいはそうすることが社会の進歩であるかのように思い込まされ、家族機能の全面的な社会化へと邁進していった。まさにこのことが社会保障費の急速な増大と「先進国病」とも言われる慢性的財政赤字を招く重大かつ根源的な要因となったのである。

その上、今やわが国経済は、長期にわたり成長、収益性の面で危機的な状況に陥っている。この長期的停滞は、設備投資と農山漁村から都市への労働移転を基軸に形成・累積されてきた過剰な生産能力を、生活の浪費構造と輸出拡大と公共事業で解消するという戦後を主導してきた蓄積構造そのものが、派遣労働やパート等の不安定雇用の苛酷な格差的労働編成、そして金融規制緩和のさらなる促進をもってしても、もはや限界に達したことを示している。

経済成長が停滞した今、賃金を唯一の命綱に生き延びてきた「干からびた細胞」同然の賃金労働者家族は、刻一刻と息の根を止められようとしている。家族が自然から乖離し、生きるに必要な最低限度の生産手段（農地、生産用具、家屋など）を失い、自らの労働力を売るより他に生きる術のない状況で、職を求めて都市部へとさまよい出る。しかも都市部においても、かつての高度経済成長期のような安定した勤め口はもはや期待できない。こうした無数の衰弱した家族群の出現によって、都市でも地方でも地域社会は疲弊し、経済・社会が機能不全に陥り、息も絶え絶えになっていく。これがまさに現代日本にあまねく見られる地域社会の実態なのである。それればかりではない。少子高齢化は驚くほどのスピードで加速し、保育所の不足など子育ての問題、介護・医療・年金問題はますます深刻になっていく。これが今日の日本を閉塞状況に陥れている根本の原因である。

スモール・イズ・ビューティフル―巨大化の道に抗して

近代経済学の皮相な手法に固執していては、今日の日本社会の実態の本質を見抜くことはできないばかりでなく、将来への展望を明らかにすることは無理であろう。今やいかなる「成長戦略」も、国民の大多数の人々、そして世界の圧倒的多数の民衆からすれば、先進諸国の欲深い一握りの勝者のはかない幻想にしか映らない。イギリス産業革命以来、これまで長きにわたって私たちが拘泥してきた近代のパラダイムの転換が、今ほど求められている時もない。

早くも一九七〇年代初頭に、現代文明の物質至上主義と科学技術への過大なまでの信仰を痛撃し、巨大化の道に警鐘を鳴らしたE・F・シューマッハーが世に問うた名著『スモール・イズ・ビューティフル』。今、私たちの目の前に再び甦ってくる。その先見的知性にあらためて注目したい。

私たちの世界は、今、弱者がいとも簡単に圧し潰され、競争に勝ち抜いた強者が大手を振ってまかり通る、そんな世の中になってしまった。勝者がますます怪物のように巨大化し、世界を徘徊し、地球を一つに統合しようとさえしている。そんな巨大化の波の中で、人はある意味では、その体制の恩恵に浴し、それに支えられて暮らしている。やがて、すっかりその状況に身を浸し、飼い馴らされていく。「競争に勝たなければ、生き残れない……」という一言に、人々は、今の暮らしを失う不安に怯え、ひるむ。それに乗じてすべてが正当化され、事はすすめられていく。こうした中で、この巨大化の道は、あたかも永遠不動のようにさえ見えてくる。

人類史上における家族小経営のもつ意義は、特に近代化の過程では、その狭隘性・後進性の評価のもとに指弾され、不当にも、常にその価値は矮小化されてきた。矮小化というよりも、むしろ家族小経営を否定することが、歴史の進歩であるとさえ評価されてきた。

しかし、世界的規模で展開される巨大化の道の弊害と行き詰まりが浮き彫りになった今、あらためてその評価を根本から見直さなければならない。私たちは今、この巨大化の道に対峙して、家族と家族小経営のもつ優れた側面を再評価し、それを今日の社会にどう位置づけ、どのように組み込むべきかを、真剣に考えなければならない時に来ている。「菜園家族」構想は、結局、このことのためにあると言ってもいい。

「家族」に固有の福祉機能の復活と高次社会保障制度

私たちは、今に至っても相も変わらず景気の好循環なるものを求めて、目先のあれこれの対症療法に汲々としている状況から、一日も早く脱却しなければならない。そうこうしているうちに社会もろとも破滅のどん底に落ちていく。ここであらためて強調しておきたい。私たちは「干からびた細胞」(＝賃金労働者家族)で充満した都市や農山漁村の脆弱な体質そのものを根本から変えなければならない時に来ている。細胞質を失い、細胞核と細胞膜だけに変わり果てた「干からびた細胞」同然の今日の賃金労働者家族に細胞質を取り戻し、生き生きとしたみずみずしい細胞、すなわち「菜園家族」に甦らせることからはじめなければならないのである。

今日のわが国社会の客観的状況や歴史的条件からも、その可能性はいよいよ大きくなってきている。あとは変革主体の力量如何にかかっているのではないだろうか。これは、イギリス産業革命以来、二百数十年にしてようやく辿り着くことのできた、近代を経済・社会の基層から根源的に超克する社会変革の道と言えよう。しかもこの社会変革は、上からではなく、民衆自身が自らの暮らしの場において、主体的に時間をかけ、社会の大本からじっくり変えていく、まさしく〝静かなるレボリューション〟とも言うべきものなのである。

このように今日の社会の矛盾を止揚しつつ、連続的に移行・形成される「菜園家族」基調のCFP複合社会では、私たちの喫緊の課題である社会保障制度は、一体どのようなものになるのであろうか。まず次のことをしっかりおさえておこう。CFP複合社会においては、社会の土台を構成する家族が、基本的には賃金労働者と生産手段（自足限度の小農地、生産用具、家屋等々）との再結合によって新たに創出される「菜園家族」であるという点である。すでに述べてきたように、「菜園家族」は、「労」「農」一体融合の自給自足度のきわめて高い、したがって抗市場免疫に優れた自律的な家族である。それだけではない。週休（2＋α）日制の「菜園家族」型ワークシェアリングによって、老若男女あらゆる世代の人々が家族の場や地域に滞留する時間は飛躍的に増大し、男性の「家庭・地域参加」と女性の「社会参加」が実現されていく。その中で、育児・教育・介護・医療など家族に固有の機能も見事に復活していくのである。

このことは、何を意味しているのであろうか。それは、大地から乖離し、「干からびた細胞」となった賃金労働者を社会の土台に据え、その基盤の上に築かれた従来の社会保障制度が、無慈悲・冷酷、かつ不完全である上に、財政破綻に陥っているのとは対照的に、「菜園家族」を土台に設計される新たな社会保障制度は、旧制度の決定的な欠陥の根本原因を除去しつつ、さらに高次の福祉社会へと連続的に発展していく可能性が秘められているということなのである。

誤解に基づく一般的な懸念として、「菜園家族」基調のＣＦＰ複合社会は、縮小再生産へと転落していくのではないかという見方もあるが、果たしてそうなのであろうか。第八章「『菜園家族』の台頭と資本の自然遡行的分散過程」で詳述したように、むしろ新たな自然循環型共生社会にふさわしい、身の丈に合ったきめ細やかな高次の新たな科学技術体系の生成・進化が期待され、その新たな科学技術体系を基礎に、これまでとは異次元のきめ細やかで豊かな生産能力が自らの社会の土壌に甦り、開花していくのである。この点に注目すれば、ＣＦＰ複合社会が縮小再生産に向かうという短絡的な思考に基づく懸念は、払拭されるのではないだろうか。

全国各地に散在する幾千万家族に固有のきめ細やかな福祉機能が回復し、開花することによって、その力量の総和は、想像をはるかに超える計り知れないものになるにちがいない。しかも、同時並行して「菜園家族」を基軸に多重・重層的な生き生きとした地域コミュニティが形成されていく。こうした家族や地域コミュニティにしっかり裏打ちされた新たな社会保障制度、すなわち近代をはるかに超える、安定的で持続的な新たな高次の社会保障制度が確立されていくのである。

こうして、「菜園家族」を基調とするＣＦＰ複合社会の長期にわたる展開過程の中で、財政破綻を招く根源的な原因は社会の基層から次第に除去されていく。つまり、不条理な外的要因によって不本意にも奪われた家族機能を補填するために費やされてきた、莫大な歳出による国や地方自治体の赤字財政は、「菜園家族」を土台に築く、家族や地域コミュニティに裏付けされたこの新たな高次の社会保障制度のもとで、次第に解消されていくにちがいない。

「菜園家族」を土台に築く円熟した先進福祉大国への可能性

社会保障の財源としての税については、これまた社会のあり方やその性格が変われば、当然のことながら変化していく。税は「富の再分配」の装置でもある。支配的な「富の財源」が土地であれば地租が、そして資本主義工業社会であれば、第一次産業や企業での生産労働、そして企業の営業活動が「富の源泉」となり、所得税、法人税が税収の主要部分を占める。そして消費が社会の全面に現れてくると、消費税が注目されてくる。さらに「ストック」が顕在化してくると、環境ないしは自然という究極の「富の源泉」に目が向けられてくる。固定資産税や環境税である。

このように考えてくると、「菜園家族」が社会の土台を成す自然循環型共生社会を指向するその前段にあたる「菜園家族」基調のCFP複合社会においては、税制のあり方は、この社会の客観的性格とめざすべき理念に基づいて、「干からびた細胞」同然の賃金労働者を基盤に成り立つ資本主義社会とは根本的に違ってくるのは当然であろう。CFP複合社会の資本主義セクターC内の企業への合理的かつ適切な課税、企業の莫大な内部留保への課税強化、株式・金融取引への大幅な課税等々によって、財源は飛躍的に強化・改善されていくであろう。

また、「菜園家族」創出のCFP複合社会の「揺籃期」および「本格形成期」においては、第九章の「その1　原発のない低炭素社会への道、その究極のメカニズム」で詳述したように、CO_2排出量削減と「菜園家族」の創出を連動させたCSSKメカニズムに基づく特定財源の設定による時代限定的な税制は、次代の自然循環型共生社会の創出という目標とその理念に明確に合致している点で、移行期・形成期に適った必要不可欠できわめて有効な税制であると言えよう。

一般に、「菜園家族」を基調とするＣＦＰ複合社会の「本格形成期」における恒久的な税制は、基本的には、「菜園家族」が社会の土台を構成し、その比重が一貫して増大していくのであるから、税・財政のあり方は、以前とは根本的に違ってきて当然であろう。社会のめざす理念に基づいて重点が何に置かれ、歳出の主要な項目が何であるのか、つまり理に適ったメリハリのある歳入、歳出になってくる。その上、税収源が何であるかが合理的かつ明確になってくる。つまり、今日の市場原理至上主義の資本主義社会とはまったく異次元の税・財政制度が自ずから確立されていくはずである。

こうした税制・財政のもとで、「菜園家族インフラ」は格段に強化され、住民・市民の安定した精神性豊かな生活環境がまず整えられていく。具体的には、「菜園家族」志望者への経済的支援、農業技術の指導など人材育成、「菜園家族」向けの住居家屋・農作業場や工房、農業機械・設備、圃場・農道などの整備・拡充をはじめとする、いわば広い意味での「菜園家族インフラ」の総合的な推進である。

その上で、家族に固有の福祉機能と地域コミュニティにしっかり裏打ちされた新たな社会保障制度が確立されていくであろう。人生前半の社会保障としての出産・育児・教育、人生後期の社会保障としての介護・医療・年金等々の制度が充実していく。そこでは伝統的福祉国家の標語ともなった「ゆりかごから墓場まで」の生涯一貫の社会保障制度が、家族に固有の福祉機能と地域コミュニティと新たな公的社会保障制度とが三位一体となって、新たな形として確立されていくのである。こうした中で、障害や病を抱える人、生活保護世帯、単身者、子供のいない夫婦、ひとり親世帯、老老世帯、失業者、被災者等々、一人の社会的弱者も決して排除されることのない、先進的な福祉社会が円熟していくのである。こうして、一八世紀イギリスに発祥した伝統的な協同組合運動のモットーであった「一人は万人のために、万人は一人のために」の精神が甦り、やがて社会全体に張っていくにちがいない。

これは決して架空の国の架空の夢物語などではない。これこそが、ほかのどの国でもない、まさにわが国の、「国民の生存権、国の社会保障的義務」を規定した日本国憲法第二五条の精神を、忠実にしかも誠実に具現化する道そのものなのである。

〈日本国憲法〉

第二五条　すべて国民は、健康的で文化的な最低限度の生活を営む権利を有する。

②　国は、すべての生活部面について、社会福祉、社会保障及び公衆衛生の向上及び増進に努めなければならない。

この日本国憲法第二五条の精神を具現化する道は、結局のところ、生産手段から引き離され、きわめて人工的で虚構の世界に生きざるを得ない「干からびた細胞」とも言うべき賃金労働者を基盤にした今日の社会では、決して成し得ることはない。それは、社会の基盤に、大地に根ざした健康的でみずみずしい抗市場免疫の自律的な「菜園家族」を据え、それを土台に築かれる高次の新たな社会においてはじめて実現可能になるのである。

それはまさしく、わが国において今から二百数十年前の江戸中期に安藤昌益が慧眼にも見抜き予見したように、人は大地を耕し労働することで自然の治癒力を獲得し、無病息災で豊かに暮らせるとする「自然世《じねんのよ》」にも通ずる世界なのであり、これこそが歴史的伝統への回帰《レボリューション》と止揚による、「菜園家族」を土台に築く近代超克の円熟した先進福祉大国への道なのである。この道こそ、今日の世界を混迷のるつぼに陥れている拡張・侵略的大国主義に対峙する小国主義存立の可能性とその基盤の強化をもたらす必要不可欠の社会的条件である。

「菜園家族」に固有のきわめて細やかな福祉機能が復活し、全開したと仮定しよう。わが国幾千万の家族や個人に秘められた実に多様で細やかなこの潜在的力量の総和は、計り知れないほど大きなものになるはずである。国民のこのかけがえのない潜在能力を蔑ろにし、広大な農山漁村を犠牲に重化学工業偏重の高度経済成長を強引に押し進め、その付けを無慈悲・冷酷でかつ不完全な社会保障制度で代替させながら、実に長期にわたって国民を偽り続けてきたのである。

「干からびた細胞」を前提にモノとカネの提供のみに頼った旧来の社会保障制度が、「菜園家族」の力と、地域の力と、そして公的制度との三位一体の力によって、どれほど血の通った人間本位の真に豊かな高次の社会保障制度に変わっていくのか。こうした実相を、CFP複合社会のそれぞれの発展段階に対応した社会と経済の動向を詳細に推測し、社会の構造上の変化を考慮しつつ、検証していく必要がある。

近代を超克する円熟した先進福祉大国をめざす新たな国民運動の形成

すでに第八章の項目「GDPの内実を問う ― 経済成長至上主義への疑問」で述べたように、一年間に生産された財やサービスの付加価値の総額を国内総生産（GDP）とする内実には、さまざまな疑問や問題点がある。サービス部門の付加価値の総額は一貫して増大の傾向にあり、とりわけアメリカをはじめ日本など先進資本主義国では、GDPに占めるこの割合はますます増大している。一般的にサービス部門の付加価値総額の増大の根源的原因には、歴史的には紛れもなく直接生産者と生産手段の分離にはじまる家族機能の著しい衰退がある。さらに注目すべきことは、GDPには家族や個人の市場外的な自給のための生活資料の生産や、たとえば家庭内における家事・育児・介護などの市場外的なサービス労働、非営利的なボランティア活動等々、それに非商品の私的な文化・芸術活動によって新たに生み出される価値は反映されていない。しかも、GDPには無駄な巨大公共事業、それどころか人間に危害をおよぼすもの、人間を殺傷する兵器産業の付加価値までもが含まれている。今やGDPは、その内実と経済指標そのものとしての有効性すら根本的に問われているのである。

こうしたことを念頭におく時、「菜園家族」構想の積極的な意味がどこにあるかが明確になってくる。そして、資本主義社会の矛盾の歴史的解決が、具体的な形となってはっきりと射程内に入ってくる。

CFP複合社会の展開過程と将来への動向を見通すためには、まず「菜園家族」構想の理念、それに基づくこの社会の構造上の根本的な変化をしっかりおさえた上で、仮想の「社会モデル（模型）」を設定する。そして、個人や「菜園家族」、「なりわいとも」（「菜園家族」構想に基づく新たな形態の地域協同組合）ならびに法人（CFP複合社会における資本主義セクターCの企業や公共的セクターPの非営利団体等々）の事業活動によって新たに生み出される付加価値の総額の試算。この試算に基づく税収源、そして歳入・歳出のすべての項目にわたる厳密な検討とその額、そして何よりも新たな社会保障制度をしっかり支えるための財源の可能性等々、あらゆる因子をこの「社会モデル（模型）」にインプットすることによって、諸因子を相互に連動させながら、因果関係、相互関係を明らかにしつつ、総合的で綿密かつ大胆なシミュレーションをすることが可能になってくる。

この仮想の「社会モデル（模型）」をどのようにつくるか、つまり社会の現実（構造および質）をどのように抽象化し、模型化するか、そしていかなる因子を選定するかは、今後具体的に検討し、研究を重ねていく必要があるが、こうした作業を通して、「菜園家族」基調のＣＦＰ複合社会の展開過程と将来への動向を、具体的かつ明確に展望することが可能になってくるであろう。

いずれにせよ、こうした時間のかかる膨大な作業を進める中で、新たに解決すべき諸々の理論的課題も浮上してくるにちがいない。こうした作業を広範な国民との対話を通じて、一つひとつ着実に時間をかけて解決していくことによって、「菜園家族」構想の内実は、いよいよ豊かなものになっていくのではないか。同時に一般にも十分に納得されるものになり、具体的なイメージも膨らんでくるであろう。

こうしたことは、広範な国民の叡知と多岐にわたる高度な専門性が要求される困難にして膨大な作業である。それでも広く国民的力を結集することによって、紆余曲折を経ながらも、やがて研究分野においても、第一章の項目「未来社会論の基底に革新的地域研究としての『地域生態学』を据える ― 二一世紀社会構想の変革のために」で触れた、今日の時代的要請に応え得る革新的な地域研究としての「地域生態学」が、特にマクロ経済学的手法との照合・検証を通じて自らを止揚し、未来社会構想の新たな統一理論の構築へと道を開いていくのではないか。

一八世紀イギリス産業革命以来、二百数十年の長きにわたる資本主義の歴史を克服し、新たな未来を切り拓く「菜園家族」を土台に築く近代超克の円熟した先進福祉大国への道は、さまざまな課題を抱え、多難ではあるが、今日の日本と世界の忌まわしい現実、深刻かつ恐るべき事態を直視する時、これこそが必然であり、唯一残された道ではないかと次第に自覚されてくるのである。こうした中ではじめて、侵略的大国主義を排し、円熟した先進福祉大国をめざす真の小国主義が甦ってくるのではないか。こうして、二一世紀の新たな国民運動の素地が形成されていくにちがいない。

この道が、暗黒の闇に行く手を指し示す希望の星であってほしい。そうなり得るのかどうか、それはひとえに、時代が要請するさらなる本格的な理論の深化と、既成の不条理に抗して闘い、新たな道を求めて止まない民衆の意志と力量如何にかかっている。

「家族」と「地域」の再生は不可能なのか

「菜園家族」構想について、「それは理想かもしれないが、実現不可能な夢物語にすぎない」と思う人もいるかもしれない。あるいは、「個人を縛る家族など、再生の必要はない」と考える人もいるだろう。果たしてそうなのであろうか。

最近、高齢者の行方不明や孤独死の問題、育児放棄・児童虐待による幼い子の死など、家族や地域の崩壊を象徴する痛ましい事件が頻繁に報道されている。こうした中、東日本大震災を機にあらためて人間の絆を取り戻そうと、家族や地域コミュニティについての議論が、ようやく今までになく取りあげられるようになってきた。しかし、家族や地域と言えば、なぜかかつての形態をそのままイメージするためか、結局、その再生はもはや不可能ではないのか、といった話に落ち着いていく。

こうした家族再生不可能論にありがちな一つの特徴は、高度経済成長とともに人生を歩んだ戦後団塊世代とそれに続く年齢層に多く見られる傾向である。家族の狭隘性や後進性、農村の人間関係の煩わしさを避けて、高度成長の雰囲気に何となく押され、都会生活に憧れ、物質的な豊かさを享受してきたこうした世代にとって、一旦抜け出したはずの家族や地域といったものに対しては、自由を縛る時代遅れの代物にすぎないという観念が先に立ち、どうしても消極的、懐疑的にならざるをえないのかもしれない。

もう一つの特徴は、こうした世代の息子や娘に当たる世代に見られる傾向である。特に都市へ出た団塊世代の親から生まれた二〇代、三〇代の若者の多くは、農村生活を経験したことがなく、大地から隔てられた人工的で「快適」な生活は、所与のものとして生まれた時から存在している。つまり、今日当たり前のように享受しているこのライフスタイルの原形は、一九五〇年代半ばからはじまった高度経済成長期のたかだか二〇年足らずの間に、あらゆるものが実に目まぐるしく変わる中で即製されたものであり、若者たちは、そもそもその変貌ぶりを実際に居合わせて体験したことのない世代なのである。このような若者たちに、今のライフスタイルが永遠不変のように映るのも不思議ではない。

世代論で決めつけるのは不適切のそしりを免れないが、こうした個人のさまざまな歴史意識が前提にあって、いずれにせよ、どの世代も、家族の形態はこれからも永遠に変わらないし、今さら変えることなどできないという漠然とした諦念にも似た思いが先に立ち、結局、家族や地域の再生は不可能であるという感覚に囚われているのかもしれない。

もちろんこれら世代の人々の中にも、家族や地域の意義をあらためて見直し、新しい考えからその再生に真剣に取り組んでいる例が、近年とみに見られるようになってきたのもまた事実である。全体から見れば、まだまだ一部に限られたものではあるが、人間の意識は、客観的状況の変化によって大きく変わっていくものである。特に若者世代の圧倒的多数は、熾烈な市場競争の渦中にあって、むごいまでの仕打ちを受け、生活と将来への不安と絶望に喘ぎながらも、ようやくこれまでの価値とは違った新たな人生をもとめ、一歩前へ踏み出そうとしている。ここに私たちは、二一世紀世界への一縷の希望と可能性を見出すことができるのではないだろうか。

「家族」と「地域」の再生をゆるやかな変化の中で捉える ― 諦念から希望へ

こうした現実や家族に対する意識の現状をふまえて、家族再生の問題を具体的に考えてみよう。

まず、おさえておきたいことは、「菜園家族」構想は、これまでにも述べてきたように、決してかつての家族や地域の姿にそのまま戻ると考えているわけではないということである。「菜園家族」構想では、家族を構成する人間そのものが、男女ともに、「現代賃金労働者《サラリーマン》」と「農民」といういわば近代と前近代の人格的融合によって、二一世紀にふさわしい新たなる人間の社会的生存形態として、高次の段階へと止揚されることが前提となっているからである。こうした新たな人格によって構成される家族と地域のあり方も、おのずとかつての限界を克服し、新しい段階へと展開していくにちがいない。このことをまず確認した上で、もう少しこの問題を考えてみたい。

今この時点で、若い世代の男女が結婚し、週休（2＋α）日制の「菜園家族」型ワークシェアリングのもとに新たな生活をはじめたとしよう。そして、まもなく初めての子どもが生まれたと仮定しよう。生まれたばかりのこの乳児は、一〇年後には小学三、四年生になっているはずだ。さらに一〇年後には、この小学生は、二〇歳の立派な成人になっている。後から生まれた弟や妹たちも、それぞれ大きく成長していることであろう。このことを同様に敷衍して、祖父母、両親、子どもたちの様々な組み合わせや年齢層で構成される「菜園家族」のいくつかのパターンを具体的に想定し、イメージしてみよう。それぞれのパターンが一〇年先、二〇年先、さらには三〇年先には、どのようになっていくのか。そして、このことをさらに地域に広げて想像するならば、こうした「菜園家族」の様々なパターンを基軸にして、地域社会が具体的にどのように展開し、共同性を培いながら変わっていくのかが、もっとはっきりとイメージできるはずである。

このように、一〇年先、二〇年先、三〇年先……と順に時間軸を延ばして、地域空間内の自然や人々の暮らしを総合的に変化の中で捉えようとするならば、週休（2＋α）日制のワークシェアリングによる三世代「菜園家族」構想は、それほど遠い未来の漠然としたものには思えないのではないか。そうだとすれば、「理想かもしれないが、実現不可能な夢物語にすぎない」という消極的な考えには、必ずしも陥らないで済むのではないだろうか。むしろ時間軸を延ばして将来を具体的に考える想像力こそが、これまで欠如していたとも言える。

家族や地域を崩壊に導き、社会を今日の事態にまで追い込んだ原形ができあがったのは、先にも触れたように、一九五〇年代中頃からの高度経済成長期のたかだか二〇年足らずの間の出来事であったのだ。それを修復できないと言うのであれば、それこそ諦念に陥るほかないであろう。

市場原理至上主義「拡大経済」によってますます深刻の度を増していく今日の社会的矛盾がもっとも集中的に現れているのは、特に幼い子どもたちの世代や、就職難と不安定雇用と失業に喘ぎ、自分の家族さえ持てないでいる二〇代、三〇代、四〇代の若者世代である。こうした世代の現実を直視すれば、一〇年先、二〇年先を見据えて、家族と地域をどのような姿に再生していくのかという課題が、もはや避けられなくなってきていることを痛感させられる。中高年世代にとって、それは言ってみれば、まさに自分の子どもや孫たちが、将来においても末永く幸せに暮らしていける道を考えることであり、自分自身の本当のやすらぎ、心の幸せにもつながる問題であるはずだ。

こうした幼い子どもたちと若者たちを念頭に、この二大世代を基軸に、「菜園家族」創出の具体的目標を設定し取り組むことによって、その他の世代をも含めて、私たちが抱えている差し迫った問題や将来への不安も、やがて根本的に解決され、全体として今日の社会の閉塞状況は解消へと向かっていくにちがいない。これら二大世代は、あらゆる意味で多くの問題を抱えていると同時に、将来への展望を切り拓く上で重要な鍵にもなっている。この二大世代にまずは知恵と力を集中し、今から一〇年先、二〇年先、三〇年先を見据えて、来たるべき新しい社会の礎となる自給自足度の高い抗市場免疫に優れた「菜園家族」に一つ一つ育てあげていく。そうするならば、誰もが生きがいを感じ幸せに暮らせる、世界に誇る日本独自の自然循環型共生社会、つまり「菜園家族」を土台に築く円熟した先進福祉大国の構築も、決して不可能なことではないであろう。

「お任せ民主主義」を排し、何よりもまず自らの主体性の確立を — そこにこそ生きる喜びがある

今わが国の経済は、先にも触れたように、長期にわたり成長、収益性の面で危機的状況が続いている。この長期停滞は、設備投資と農山漁村から都市への労働移転を基軸に形成されてきた過剰な生産能力を、生活の浪費構造と輸出と公共事業で解消していくという戦後を主導してきた蓄積構造そのものが、もはや

限界に達したことを示している。私たちは、このことを厳しく受け止めなければならない。根源的な変革を避け、この構造的過剰に根本から手を打つ政策を見出せず手をこまねいているうちに、一九九〇年からの「失われた二〇年」は、もうとうに過ぎてしまった。この間、「高度成長をもう一度」の幻想を捨てきれないまま、旧態依然たる政策がズルズルと続けられてきた。その結果、むしろ事態はいっそう悪化した。

私たちは、この「失われた二〇年」から本当に何を学ぶべきなのか。「菜園家族」構想など時代錯誤だと言ってうかうかしているうちに、今度は「失われた三〇年」が過ぎていく。長引けば長引くほど、根本的な再建はそれだけますます困難になる。

安倍政権は、国民生活を質に入れての一か八かの危険極まりない「賭け」に出た。「アベノミクス」、そして黒田日銀の「異次元金融緩和」とやらでサプライズに湧き、円安・株高・債券高の流れが一気に強まったといって浮かれている場合ではない。それも束の間、二〇一六年新年早々からの株価続落に見られるように、今やこの虚構の「景気回復」ムードのメッキも剥がれ落ちてきた。一握りの富裕層はいざ知らず、物価上昇に賃上げが追いつかず、消費増税も加わって、大多数の国民にとって生活はより厳しくなった。

二〇一二年一二月の衆院選での「一票の格差」訴訟に対して、翌年三月に入り「違憲」そして「無効」の一連の厳しい司法判断が次々と下された。そもそも主権簒奪者のこの安倍政権に、国民の生活と未来を犠牲にしてまでこんな無謀な決断をする正当性があるのか。これほどの「政治」の堕落もあるまい。

際限なく続出してくる問題群の一つ一つの対処に振り回されながら、その都度、絆創膏を貼り、セーフティーネットを張るといったたぐいの、目先のその場凌ぎのいわば対症療法は、もはや限界に達していることを知るべきである。今、本当に必要なのは、問題が起こってからの事後処理ではなく、問題が発生する大本《おおもと》の社会のあり方そのものを変えることである。衰弱しきった今日の社会の体質を根本から変えていく原因療法に、本格的に取り組むことである。それは、少なくとも一〇年先、二〇年先、三〇年先をしっかりと見据え、長期展望に立って、戦後社会の構造的矛盾を人間の社会的生存形態と家族や地域のあり方の根底から着実に変革しつつ、再建の礎を根気よく一つ一つ積み上げていく過程なのである。

経済成長至上主義者の野望によって、そして近代経済学の御用学者や評論家の甘言によって、問題の所在をいつの間にか曖昧にされ、後退を余儀なくされているが、ここでもう一度しっかり心に留めておかなければならないことがある。

先にも触れたように、私たち人類は、四〇年後の二〇五〇年までに、一九九〇年比でCO_2など温室効果ガス排出量を世界全体で半減、先進工業国日本の場合八〇%削減しなければならない重い課題を背負わされているはずだ。「CO_2排出量ゼロのクリーン・エネルギー」とにわかに持ち上げられた原発も、3・11によってその途方もない危険性を今や誰もが認識するに至った。自己の存在すら根底から否定されかねないこの問題に誠実に向き合い、その解決を本当に望むのであれば、原発をただちに無くし、世界の多くの人々がめざそうとしているCO_2削減のこの目標年に合わせて、一〇年、二〇年、あるいは四〇年先を見据え、CO_2削減とエネルギーや資源の浪費抑制にとって決定的な鍵となる、「菜園家族」を基調とするCFP複合社会を構想し、その実現をめざすことを、「夢物語」などと言ってはいられないのではないか。むしろそれは、脱原発や地球環境問題で高まりつつある国際的な議論と運動の一翼を担い、その先進的な役割を果たしていくことにもなる。何よりも子どもや孫たちの未来のために、あるべき姿を描き、その目標に向かって少しでも早く第一歩を踏みだし、できる限りの努力を重ねることこそが大切である。

「菜園家族」を基調とするCFP複合社会の構築と、〝森と海を結ぶ流域地域圏《エリア》〟の再生。このCFP複合社会は、自然循環型共生の理念を志向する本当の意味での民主的な地方自治体の誕生と、それを基盤に成立する真に民主的な政府のもとではじめて、本格的に形成され、熟成されていく。この新政府のもとでこそ、社会・経済の客観的変化とその時点での現実を十分に組み込みながら、あらためて自然循環型共生の理念に基づき、財政・金融・貿易など、抜本的かつ画期的なマクロ経済政策を打ち出すことができる。この時はじめて、家族や地域、そして社会、教育・文化など、包括的かつ具体的な政策を全面的に展開し、遂行していくことが可能になる。その結果、子育て・医療・介護・年金などについても、本章で述べてきたように、生活者本位の新たな税制のもとで、公的機能と甦った家族および地域コミュニティの力とを有機的に結合した、新しい時代にふさわしい画期的で高次の社会保障制度が確立されていくのである。

先に提起したCSSKメカニズムは、このようなCFP複合社会の「本格形成期」に先立つ「揺籃期」とも言うべき初動の段階からでも、都道府県レベルなど広域地域圏によっては、不完全ながらも実践に移されていくにちがいない。それは、「本格形成期」への移行を促す前提となる基盤を、身近な地域から着実に築いていくことでもある。そして、いよいよ自然循環型共生の理念、すなわち「菜園家族」を土台に築く円熟した先進福祉大国を志向する新しい政府が樹立された暁には、このCSSKメカニズムも全国レベルの本格的なシステムと機能に成長し、新しい政府による「包括的かつ具体的な政策の全面的展開」と相俟って、いっそう重要な役割を担い、格段の効果を発揮していくことになるであろう。

私たちは、これまであまりにも多くの時間を失いながらも、今ようやく「菜園家族」を基調とするCFP複合社会のまさに「揺籃期」の入口に立っている。手はじめに何からスタートすべきなのであろうか。

それは陳腐かつまどろっこしく思われるかもしれないが、何よりも自らが暮らす郷土に一つの特定の〝森と海を結ぶ流域地域圏《エリア》〟を選定し、それをそれぞれが自らの身近な問題として具体的に考えることからはじめることなのではないだろうか。そして、その地域がめざすべき未来像を明確にするために、子どもや若者やお年寄りを含め、世代を超えた住民・市民自らが、郷土の「点検・調査・立案」という認識と実践の連続らせん円環運動に加わり、粘り強く取り組むことであろう。

その際大切なのは、この連続らせん円環運動の初動の作業仮説として、世の「常識」に流されず、できる限り事実に即して、郷土の将来像を不完全であってもまずは大胆に素描してみることである。こうした仮説設定とその後の検証を繰り返すことによってはじめて、自らの「地域」の本当の姿が見えてくる。そこから、自らの「地域」とわが国のめざすべき未来像も、より具体的に浮かび上がってくるはずだ。

明日への確かな目標に向かって努力する地道な活動を抜きにしては、一握りの為政者と巨大資本によるさらなる巨大化の道に抗して地域の自立をはかり、未来への道を切り拓く手立てはないと言ってもいい。これこそ、現実的に考えられる本当の意味での近道なのである。それはまさしく、「選挙」だけに矮小化され、澱《おり》のようにこびりついた「お任せ民主主義」の社会的悪習を排して、何よりもまず自らの足元から自らの手で自らの主体性を確立していくことなのだ。そこにこそ、真の生きる喜びがある。

憎しみと暴力による報復の連鎖を克服し、大地の香りと自然の色彩に満ちた人間性豊かな新たな世界。「菜園家族」を土台に築く近代超克の円熟した先進福祉大国への道は、決して虚しい夢ではない。不可能だと思われがちな「菜園家族」構想も、多くの人々の切なる願いと、さまざまな地域の人々の長年にわたる主体的な試みの積み重ねによって、その実現への可能性が次第に膨らんでいくにちがいない。

第十一章
近代を超克する「菜園家族」的平和主義の構築
―いのちの思想を現実の世界へ―

人は誰しも
決して避けることのできない
死という宿命を背負いながらも
懸命に生きている
　そもそも人間とは
不憫としか言いようのない
不確かな存在ではなかったのか
だからこそなおのこと
　人は
同じ悲哀を共有する同胞《きょうだい》として
せめても他者に
とことん寛容でありたいと
願うのである

本書の序章で触れたあの凄惨な事件を、今もう一度、思い起こしておきたい。

今から三年前の二〇一三年一月一六日、はるか地の果てアルジェリアのサハラ砂漠の天然ガス施設で突如発生した人質事件は、わずか数日のうちに先進資本主義大国および現地政府軍の強引な武力制圧によって、凄惨な結末に終わった。

こうした中、安倍首相は同年一月二八日、衆参両院の本会議で第二次安倍内閣発足後初めての所信表明演説を行った。演説の冒頭、このアルジェリア人質事件に触れ、「世界の最前線で活躍する、何の罪もない日本人が犠牲となったことは、痛恨の極みだ」と強調。「卑劣なテロ行為は、決して許されるものではなく、断固として非難する」とし、「国際社会と連携し、テロと闘い続ける」と声高に叫んだ。

一方的に断罪するこうした雰囲気が蔓延すればするほど、国民もわが身に降りかかるリスクのみに目を奪われ、事の本質を忘れ、ついには軍備増強やむなしとする好戦的で偏狭なナショナリズムにますます陥っていく。

軍隊に守られながら他国の地下資源を勝手気ままに吸い上げ、現地住民の犠牲の上に「快適で豊かな生活」を維持しようとするわが国はじめ先進諸国。一方現地では、外国資本につながるごく一部の利権集団に富は集中し、風土に根ざしたその土地本来の生産と暮らしのあり方はないがしろにされる。圧倒的多数の民衆は貧窮に喘ぎ、外国資本と自国の軍事的強権体制への反発を募らせ、社会に不満が渦巻いていく。

こうもしてまで資源とエネルギーを浪費し、「便利で快適な生活」を追い求めたいとする先進資本主義国民の利己的願望。それを「豊かさ」と思い込まされている、ある意味では屈折し歪められた虚構の生活意識。この欺瞞と不正義の上にかろうじて成り立つ市場原理至上主義「拡大成長路線」の危うさ。この路線の行き着く先の断末魔を、この人質事件にまざまざと見る思いがする。

はるか地の果てアルジェリアで起こったこの事件は、今までになく強烈にこれまでの私たちの暮らしのあり方、社会経済のあり方がいかに罪深いものであるかを告発している。

二〇一五年年明け早々から立て続けに起こったパリ新聞社襲撃事件、「イスラム国」二邦人人質事件、そしてその後も中東・北アフリカ、アラビア半島最南端のイエメンへと相次ぎ、さらには同年十一月十三日のいわゆる「パリ同時テロ」へと、この一年間だけでも絶えることなく拡大していくこれら一連の事件、その深層に渦巻く民衆の不満や激しい蜂起は、今日の世界の構造的矛盾とその末期的症状の深刻さそのものを象徴するものではないのか。

今や世界は、どの時代にも見られなかった手の施しようのない、厄介極まりない険悪な事態に陥っている。不満を募らせ世界各地で激しく蜂起する民衆に対しては、超大国は徒党を組み、連日連夜の大々的な空爆によって応酬する。憎しみと暴力の報復の連鎖は、とどまるどころかますます拡大し、世界は血みどろの武力紛争の泥沼と化していく。

暴力に対して暴力でもって対処することがいかに愚劣なことであるかを、特に超大国をはじめ諸大国は思い知るべきである。アルジェリア人質事件をめぐる先の構図には、今日の世界の構造的諸矛盾のすべてがいかんなく反映しているだけではなく、そこから何はさておき先進資本主義国の民衆自身が学ばなければならない大切なものが、ぎっしり詰まっていることに気づくはずである。私たちは自分たち自身の問題としてそこから何を引き出し、これから何をなすべきかが問われている。


日本国憲法の平和主義、その具現化の確かな道を求めて

アベノミクスが目論む「積極的平和主義」とは一体何なのか。

この十数年来、私たちは「菜園家族」構想を考えてきたのであるが、今、欺瞞に充ち満ちたこの「積極的平和主義」なるものの台頭を前に、いよいよ「菜園家族」的平和主義を真剣に対峙しなければならない時に来ているとの思いを強くしている。

すでに安倍政権は特定秘密保護法を強行採決し、国家安全保障会議（日本版ＮＳＣ）の設置、武器輸出三原則の実質的全面否定、ＯＤＡの他国軍支援解禁、そして解釈改憲による集団的自衛権の行使容認と、国民を戦争の惨禍に晒すきわめて危険な体制の総仕上げを急いでいる。このまま放置すれば、国民の目と耳を遮断するブラックボックスができあがる。権力者は国民が知らぬ間に思いのままに既成事実を積み上げ、ついには危険きわまりない戦争の道へと引きずり込んでいく。これでは、かつての暗くて恐ろしい秘密警察国家の時代を再現しかねないのではないか。

今日ますます強まる反動的潮流のただ中にあって、「菜園家族」的平和主義こそが、日本国憲法が謳う「平和主義」、「基本的人権（生存権を含む）の尊重」、「主権在民」の三原則の精神をこの日本社会に具現する、今日考えられるもっとも現実的でしかも確かな方法であり、しかも未来への道筋を具体的に明示しうるものではないかと思っている。

なかんずく「平和主義」についてさらに敷衍して述べるならば、この「菜園家族」的平和主義は、これまで人間社会に宿命的とまで思われてきた戦争への衝動を単に緩和するだけにとどまらない。すでに述べてきた、わが国独自の週休（2＋α）日制の「菜園家族」型ワークシェアリングによる社会構想、つまり「菜園家族」構想では、根なし草同然となった現代賃金労働者《サラリーマン》家族に、従来型の雇用労働を分かちあった上で、生きるに最低限必要な生産手段（農地や生産用具、家屋など）を再び取り戻し、社会の基礎単位である家族を抗市場免疫の優れた体質に変革していく。このようにして生まれた「菜園家族」が社会の基盤をあまねく構成することによってはじめて、熾烈な市場競争は社会の深部から自律的に抑制されていくことになる。資源・エネルギーおよび商品市場の地球規模での際限なき獲得競争という戦争への衝動の主要因は、こうして社会のおおもとからしだいに除去されていくであろう。その結果、戦争への衝動はしだいに抑えられ、他者および他国との平和的共存・共生が、その社会の本質上おのずと実現されていくことになるのではないか。

二一世紀こそ、戦争のない平和な世界を実現していくためにも、根なし草同然となったこの賃金労働者という人間の社会的生存形態を根本から変えることによって、一八世紀産業革命以来の近代社会のあり方そのものを超克するという、こうした根源的な社会変革こそが待たれている。そうならなければ、もはや人類に未来はないのではないか。

こうした趣旨から、ここではまず憲法第九条の条文とその精神を原点に立ち返り確認した上で、非戦・平和の問題を私たち自身の暮らしのあり方に引き寄せて、さらに考えていきたいと思う。

アベノミクス主導の解釈改憲強行の歴史的暴挙

二〇一四年七月一日、ついに安倍内閣は、条文をいじらずに憲法第九条の解釈を変更することによって、これまで行使できないとされてきた集団的自衛権の行使容認の閣議決定を一方的に行った。これだと国会の議決すらせずに済むという魂胆だ。

もともと憲法違反である武力による個別的自衛権を勝手な憲法解釈によって認め、不当にも既成事実を積み重ねてきた歴代内閣も、さすがに他国に対する武力攻撃の場合でも自衛隊が反撃する集団的自衛権の行使については、長年、憲法解釈上禁じてきた。ところが、安倍内閣はそれすらも崩し、憲法の柱である平和主義を根底から覆す解釈改憲を行ったのである。国民の命運に関わる、憲法改定に等しいこの大転換を、国民は蚊帳の外に置き、自・公与党内の密室協議という猿芝居を延々と見せつけ、果てには議論は熟したと称して強行する歴史的暴挙であった。

あとは安全保障関連法案を国会に一括提出して、違憲の選挙制度のもとすでに準備された虚構の絶対多数の議席をもって押し切れば済むという企みなのだ。こんな子ども騙しのようなことを平然とやってのける。これが首相の言う「自由と民主主義」の実態なのだ。あまりにも「政治」に嘘が多すぎる。立憲主義と国民主権の破壊に直面し、多くの人々は、暗い時代への急傾斜に不気味さと不安を感じている。

そしてついに二〇一五年九月一九日未明、国民の声に一切耳を貸そうともせず、安倍政権は数の暴力によって、憲法に真っ向から違反する「戦争法案」を参院本会議で強行採決するに至ったのである。

国民には
ずる賢く振る舞う
既成事実を積み上げ
国民を騙し騙してあざ嗤い

九条違反の自衛隊を梃子に
一気に民衆を
暗黒の戦前へ
引き摺り込もうとでもいうのであろうか

そんなことが
首相といえども、閣僚といえども
国会議員といえども
勝手にできるとでもいうのであろうか

主権在民
この誠の意味を忘れてはならない

今からでも遅くはない
ためらうことなく
ここから引き返すのだ

あらためて日本国憲法を素直に読みたい

今あらためて、普通に生きている庶民である生活者としての私たち個々の人間にとって、あれこれのつまらない大義名分はいいとして、戦争とは一体何なのか、根源的に捉え直す時に来ている。

戦争を侵略のためだと言って戦争を仕掛けた為政者はいたためしがないし、これからもないであろう。決まってもっともらしい理屈をいろいろと捏ねる。国家の平和と繁栄のため、国民のいのちと平和な暮らしを守るため、自衛のため、国際平和のために戦うなどと平然と言う。はたまた戦争を抑止するために戦力を備える必要がある、とも言うのである。これは、憲法第九条によって戦争放棄、戦力の不保持、交戦権の否認の制約の下にある、特にわが国の為政者が好んで使うダマシのための常套的「抑止論」である。

戦争を抑止するために戦力を備え、増強するとなれば、その戦力はあくまでも相対的なものであるから、敵味方双方とも疑心暗鬼に陥り、それぞれ自国民の血税を注いで軍備を際限なく拡大していくことになる。双方合わせて莫大な殺傷能力と破壊力が蓄積され、一触即発の危機的状況に達する。戦争はこうして起こる。そしてついには、双方の民衆もろとも取り返しのつかない悲惨な運命を辿ることになるのである。過去の世界大戦のみならず、すべての戦争はこうしてはじまり、このような結末に終わる。

日本国憲法は、こうした過去の愚かで悲惨きわまりない実体験の深い反省から導き出された結論であり、世界に誇る叡智なのだ。憲法前文および第九条の条文を素直に読みさえすれば、歴代政権の憲法違反の既成事実の積み上げによって、私たちは憲法の精神からはるかに後退したところで議論を余儀なくされていることに気づくはずだ。

アベノミクス「積極的平和主義」の内実たるや

すべての人間が生まれながらにして持っているとされる自然権としての自衛権と、軍隊の戦力の行使による「自衛」とは、日本国憲法の下では本来峻別されなければならないものであった。もちろん軍隊の戦力の行使以外の諸々の自衛は、自然権として当然のことながら認められる。しかし、この両者を決して混同してはならない。憲法第九条で戦力の不保持が明確に規定されている以上、たとえ「自衛」の名の下においても、軍隊の戦力の行使は決してありえないのである。これが、日本国憲法下で許されるもともとの自衛のあり方なのである。

これまでの歴代政権の憲法解釈では、「日本が直接攻撃を受けた際に反撃できる個別的自衛権の行使は認められる」とされてきた。しかし、ここで言う「反撃」が軍隊の戦力の行使によるものであれば、憲法違反と見なければならない。なぜならば、そもそも憲法第九条は、「国権の発動たる戦争と、武力による威嚇又は武力の行使は、国際紛争を解決する手段としては、永久にこれを放棄」し、「陸海空軍その他の戦力は、これを保持しない。国の交戦権は、これを認めない」と明確に規定しているからだ。もともと憲法は戦力の保持自体を否定しているのであるから、個別的自衛権と言えども、憲法で認められていない武力を行使できようはずがない。ましてや他国の戦争に加わり武力を行使する集団的自衛権などは、憲法上論外であり、到底認められるものではないことは自明である。このことは、憲法を虚心坦懐にそれこそ素直に読みさえすれば、子どもでも分かる道理であるはずだ。それを殊更もっともらしくあれやこれやと屁理屈を並べ立て、国民を欺くとは実に恥ずべきことではないか。

「北朝鮮を見よ、中国を見よ、南シナ海を見よ、中東を見よ、アフリカを見よ。日本の周辺事態および世界の安保環境は大きく変わったではないか——」。この現実の変化に対処するために、まやかしの「積極的平和主義」なるものを臆面もなく持ち出してくる。その「積極的平和主義」の内実たるや、憲法の解釈変更によって集団的自衛権の行使を可能にし、外国に自衛隊を出し、戦争に参加し、国際平和のために貢献するというものなのである。そして、自衛のために、国民のいのちと平和な暮らしを守るために、国際平和のために日米軍事同盟のもとで抑止力の強化を、と並べ立てる。結局、憲法が否定したはずの「陸海空軍その他の戦力」を保持し、さらに増強し、海外へ出て行くというのである。

外からの脅威を煽り、莫大な国民の血税をそれこそ勝手に注ぎ込む。軍拡競争は際限なくエスカレートしていく。ついには一触即発の危機的状態に陥っていく。いざとなればミサイルが飛び交うこの時代、きっかけをつくれば勝者も敗者もない。アベノミクス「積極的平和主義」を標榜する抑止論者は、このことをしかと肝に銘じておくべきだ。これこそ現実を見ずに、口先だけで「国民のいのちと平和な暮らしを守り抜く」と豪語する空理空論ではないのか。

そんな無駄金を使うぐらいなら、国民がもっとも必要としている育児・教育・医療・介護・年金など社会保障や、特に若年層の雇用対策にまじめに取り組み、文化芸術・スポーツに意を注いだ方が、よっぽど社会を、そして世界を戦争のない平和な状態に導いていくことができるはずだ。

「自衛」の名の下に戦った沖縄戦の結末は

こう言うと決まって出てくるのは、「敵が攻撃してきたら、どうするのか」という、国民の不安につけ込む脅しである。これも、戦争推進者が使ってきた、昔も今も変わらぬ常套句である。こうした論法をまともに受けて、民衆は戦争に駆り出されてきた。

ここで、戦争の問題を考える上で思い起こさなければならない大切なことがある。それは、イギリス植民地下のマハトマ・ガンジー（一八六九～一九四八）が、圧倒的に強大な権力の圧政、弾圧、暴力に暴力をもって対抗すれば、むしろ暴力の連鎖をいっそう拡大させてしまう、という当時のインドと世界の現実から学びとり到達した非暴力・不服従の思想である。さらには、太平洋戦争下での沖縄戦を考えれば、戦争の本質はいっそう理解できるはずだ。

沖縄戦において一般住民を丸ごと巻き込み、あの想像を絶する犠牲を出したのも、結局、「軍隊が国家国民を守る」という大義名分の下で、住民を守るどころか、軍隊が軍隊の論理で敵と戦ったからである。軍隊の持つ戦力は、それを行使しようとしまいと、そこにあるだけで敵の戦力を最大限に誘引する。住民の居住地域は、軍隊がそこに戦力を構えているだけで、攻撃の対象となって集中砲火を浴びせられ、壮絶な戦場と化し、住民丸ごと犠牲となることを意味している。

軍隊が戦力を実際に行使しなくても、戦力を十分に備えておけば、戦争を抑止できるというのが、抑止論者の戦力保持のための口実である。しかし沖縄戦は、それとはまったく逆の結果になることを事実をもって示している。憲法第九条の「戦争の放棄、戦力の不保持、交戦権の否認」は、観念や空想から導き出されたものではなく、この過去の数々の悲惨な具体的現実から導き出された結論なのである。これこそ、尊いいのちの犠牲によって人類がやっと獲得した何ものにも代え難い深くて重い教訓であり、人々が現実からくみ取った実に貴重な知恵なのだ。

「巨大国家の暴力」と「弱者の暴力」との連鎖をどう断ち切るか

嘆かわしいことに、今日の世界で起きている事態は、巨額の軍事費を費やし最新の科学技術の粋を凝らしてつくり上げた、政・官・財・軍・学の巨大な国家的暴力機構から繰り出す超大国の恐るべき軍事力と、自己のいのちと他者のいのちを犠牲にすることによってしか、理不尽な抑圧と収奪に対する怒りを表し、解決する術を見出すことができないところにまで追い詰められた「弱者の暴力」との連鎖なのである。かつてガンジーがインドの多くの民衆とともに「弱者」の側から示した精神の高みからすれば、大国の強大な軍事力すなわち暴力によって「弱者の暴力」を制圧、殲滅し、暴力の連鎖をとどめようとすることが、いかに愚かで恥ずべきことなのかをまず自覚すべきである。

今日における集団的自衛権の行使とは、わが国がまさにこの「弱者」と「強者」の暴力の連鎖に加わり、世界の圧倒的多数を占める「弱者」を敵に回し、利害や権益を共有する諸大国とともに、「自衛」と称して「強者の暴力」に加担するということなのである。これでは暴力の連鎖をとどめるどころか、ますます拡大させていく。今大切なのは、「弱者」が窮地に追い込まれ、そうせざるを得なくなる本当の原因が何であるかを突き止め、その原因を根本的になくすよう努力すること。まさにこれこそが、寛容の精神なのではないのか。これ以外に暴力の連鎖を断ち切る道はない。

結局、それを突き詰めていけば、先進資本主義国私たち自身の他者を省みない利己的で放漫な生活のあり方、それを是とする社会経済のあり方そのものに行き着くことになるであろう。暴力の連鎖がますます大がかりに、しかも熾烈を極め、際限なく拡大していく今日の状況にあって、超大国をはじめ先進資本主義国の深い内省と、そこから生まれる寛容の精神、そして大国自身そのものの変革が何よりも今、求められている所以である。

憲法第九条の精神を生かす新たな提案 ― 自衛隊の「防災隊」（仮称）への発展的解消

日本国憲法の公布から七〇年が経った今、私たちはもう一度憲法前文と第九条をしっかり再確認し、その精神を条文通り今日の日本社会に創造的に具現することをあらためて決意しなければならない。そして、戦後七〇年の節目にあたって、この決意を世界のすべての人々に向かって再宣言し、いかなる困難があろうとも、敗戦直後の初心にかえり、以下のことを誠実に実行に移していく。

自衛隊は、第九条が明確に否定している陸海空軍その他の戦力を一日も早く解除し、自然災害や人災などあらゆる災害に対処する任務に特化した「防災隊」（仮称）に根本から編成し直す。この新しく生まれ変わった「防災隊」（仮称）を、現在の消防庁傘下の全国都道府県および市町村のすべての消防隊と統合・再編し、これを新設の「防災省」（仮称）の下におく。この時はじめて、日本国憲法第九条に違反する現在の自衛隊は、実質解消することになる。

この「防災省」（仮称）の下に新たに統合・再編された「防災隊」（仮称）は、その施設および人員を活用して、国民の生命、身体および財産を災害から保護するとともに、火災、水害、地震、津波などあらゆる自然災害を防除し、これらの災害を軽減するほか、災害等による傷病者を救助し、搬送を適切に行う。

新設の「防災省」（仮称）の役割として、「安心・安全な地域づくり」を推進していくため、全国の災害対策本部や地方公共団体と連携して、必要な法令を整備するとともに、防災車両や資材・機材を充実させ配備する。大火災、大規模地震・津波や台風などの自然災害、土砂災害、水難・山岳救助、道路・鉄道・

航空事故、有事などの緊急事態においては被害の全貌を迅速に把握するとともに、全国的な見地から緊急防災援助隊やレスキュー隊の派遣などを行い、人命救助にあたる。防災隊員や職員の教育・訓練および消防・防災の科学技術の研究開発に力を入れる。日本国憲法の非戦・平和の精神を最大限に生かし、国民の圧倒的多数の信頼と支持のもとに、すべての国民に心から愛される、地震大国日本にふさわしい世界に誇る優れた「防災隊」（仮称）に育てあげていくことになろう。

一方、「菜園家族」構想は、わが国独自の週休（2＋α）日制の「菜園家族」型ワークシェアリングを梃子に、戦後高度経済成長の過程で衰退した家族と、古来日本列島の津々浦々にモザイク状に形成されてきた森と海を結ぶ流域地域圏《エリア》を一体的に甦らせ、農山漁村の過疎高齢化と都市平野部の過密を同時解消し、「菜園家族」基調の抗市場免疫の自律世界、すなわち自然循環型共生の地域社会を国土全体にバランスよく構築していく。こうして、地域地域の足もとからしだいに平和の土壌は熟成されていくのである。憲法第九条に則った戦力不保持の「防災隊」（仮称）のこの構想も、究極において、このような日常普段の地域づくりの動きの中で培われる広範な住民・市民の主体的力量に支えられてはじめて、現実のものとなっていくであろう。

防災隊員自身も、その職務の特殊性が十分に配慮された形で、基本的には一般の勤労者と同様に、週休（2＋α）日制の「菜園家族」型ワークシェアリングに則って勤務する。いわば、防災隊員は「菜園家族」としても地域に溶け込み生活することによって、地域の自然や社会を熟知し、人々との連携を日常的にも深めながら、「安心・安全な地域づくり」に貢献していくことになる。

これまで半世紀の間、数次にわたり出されてきたかつてのいわば官製の「国土計画」なるものを、戦後七〇年を経た今、その根底にある思想と理念を含めて根本から検討し直す時に来ている。こうした検証によって、上から目線ではない、地域住民のための新たな草の根の「21世紀国土のグランドデザイン」は練りあげられていく。

この新しい国土構想の中に、「防災隊」（仮称）をどう位置づけるかである。国土の七割を占める広大な山村地帯。過疎高齢化に悩み、瀕死の状況に陥っている限界集落。手入れ放棄によって荒廃した森林、土砂災害の頻発。平野部の農村・漁村コミュニティの衰退……。こうした全国各地の森と海を結ぶ流域地域圏《エリア》の再生に、「防災隊」（仮称）独自の「安心・安全な地域づくり」の任務をどのように有機的に連動させていくかである。つまり、災害発生時の対応のみならず、日常普段からの防災・減災を視野に入れた時、「防災隊」（仮称）のこの構想も、そして防災隊員の具体的な仕事も、いっそう明らかになり、豊かな広がりを見せていくであろう。

こうして新しく生まれ変わった防災隊員は、職務上戦場に送られ、人を殺したり、殺されたりすることはない。隊員もその家族も、戦争加担への罪悪感と死の恐怖に苛まれることなく、一意専心人々を災害から救助し、人々のいのちと暮らしを守り、住民とともに地域再生に尽くす。したがって「防災隊」（仮称）は、その本質上、地域の人々に心から信頼され、尊敬されるそのような存在なのである。隊員本人はそのことを誇りに思い、家族も安心して暮らせる。

結局、近代超克の「菜園家族」的平和主義は、「菜園家族」を基調とする自然循環型共生社会形成の長いプロセスと結合してはじめて、本格的に達成されることになる。この長き道のりを通じて、日本国憲法の精神はしだいに現実社会に深く根を張り、不動のものとなる。やがて人類史上どの時代にも成し得なかった、戦争を生まない、心豊かな、ともに笑顔で暮らせる至福の世界はもたらされるのである。

非戦・平和構築の千里の道も一歩から

「自由と民主主義の価値観を共有する必然のパートナー」などと「仲間」だけを持ち上げ、徒党を組むような狭い了見からは解き放たれ、憲法第九条の条文を厳格に守り新設される「防災隊」（仮称）は、「安全・安心の地域づくり、くにづくり」の任務に徹し、非軍事・非同盟中立の立場を明確に堅持する。

大国がもっともらしい大義名分のもとに徒党を組み、科学技術の粋を凝らした圧倒的軍事力をもって攻撃を仕掛け戦争することが今や世界の常識となったこの時代にあって、わが国がこのように宣言し行動すれば、はじめは国際的に孤立を深めることになるかもしれない。しかし、こうしたひたむきな平和構築の具体的な実践を重ねていく中で、敵と看做してきた国々や人々からも、あるいは「仲間」と看做してきた国々や人々からも、そのいずれを問わずしだいに世界の人々から信頼されるに違いない。そして多くの人々から、これこそが本物の世界平和に通ずる先駆的な道であると理解されるであろう。やがて「国際社会において、名誉ある地位を」占めることになるに違いない。

これこそがわが国の地政学的位置から見ても、再び戦争の惨禍に巻き込まれることのない道であり、また現に世界に誇る優れた非戦・平和の憲法を持つ国民としても、今日考えられる最も確かな、しかも最も現実的で、豊かな可能性を秘めた真の「安全保障」の姿なのではないか。それを地道に実現していくことこそが、わが国一国の「安全保障」にとどまらず、今日地球規模で紛争と戦争の液状化に陥り苦しんでいる世界の多くの人々に、身をもって範を示すことになるのである。

非戦・平和の運動に大地に根ざした新しい風を

「テロには屈しない」と誠に威勢のいい言葉を発し、寛容の精神をかなぐり捨て短絡的に敵愾心を煽り、物質的にも精神的にも軍事化へと急傾斜していく昨今の情勢下にあって、私たちは憲法第九条に真っ向から敵対する欺瞞に充ち満ちたアベノミクス「積極的平和主義」なるものに対峙して、ここであらためて「菜園家族」的平和主義構想の今日的意義を確認しておきたい。

この構想のもとで、二一世紀にふさわしい新しい暮らしのあり方を模索する動きが、各地で人々の生活の中から起こり活性化するにつれて、非戦・平和の問題も、地域住民の日常普段の生活意識に裏打ちされた多面的で力強い国民的な運動へと展開していく。その高まりの中ではじめて、軍事費拡大の企みは阻止され、さらには軍事費削減へと着実に前進していく。やがて自衛隊は解消へと向かい、防災隊（仮称）に生まれ変わっていく。

つまり、軍備廃絶、非戦・平和の運動も、大地に根ざした二一世紀のライフスタイルの創造という新たな動きと連動することによってはじめて、単なる抽象レベルでの反対にとどまることなく、一歩踏み込んで生活の内実の変革と結合した多彩で豊かな運動へと発展していくことが可能になるのではないか。そこにこそ、この近代超克の「菜園家族」的平和主義構想の特長がある。こうして憲法第九条の「戦争の放棄、戦力の不保持、交戦権の否認」の精神は、遠い未来の理念としてではなく、国民生活から切り離すことのできないものとして暮らしの中に深く溶け込み、私たち一人ひとりのまさに血肉となっていく。それは、平和の基盤として農に立脚した共生地域社会を重視し、その再生構築に力を注いだガンジーや沖縄・伊江島の阿波根《あはごん》昌鴻《しょうこう》（一九〇一～二〇〇二）ら先人たちの深い思想と実践を思い起こし、現代の私たち自身の社会に、単なる表面上の模倣ではなく、その真髄をまさに創造的に生かすことでもある。

為政者も、人々も、今もっとも気を配り努力しなければならないことは、人々のいがみ合いやいさかいを助長することではない。「菜園家族」基調の自然循環型共生社会の構築という、この壮大な長期展望のもとに日本国憲法第九条をしっかり位置づけ、今何ができるのかを多くの人々とともに考えること。そして、「地域」の多重・重層的な構造の様々なレベルで、人々がそれぞれの「地域」の個性に合った着実な運動を展開していくことなのではないか。どんなに時間がかかろうとも、こうする以外に道はない。

人々の、人々による、人々のための政治とはまさしくこのことなのであり、これこそが「お任せ民主主義」ではない、草の根民主主義の原点なのである。今日の現実はこの初歩的基本すらすっかり忘れ去り、ごく一部の特権的人間によって人々が分断され、いがみ合い、血を流し争っている実に悲しむべき状況なのである。

変わらなければならないのは、中東やアフリカやアジアの人々ではない。何よりもまず、先進資本主義国の私たち自身なのである。

戦後七〇年、もう一度初心にかえり世界の人々に呼びかけよう

私たちは戦後七〇年の節目を迎えた今、もう一度初心にかえり、世界に誇る日本国憲法第九条をそれこそ丹念に、しかも愚直なまでに誠実に読み返そうではないか。そして、その精神を敢然と甦らせるのである。

安倍政権は戦後歴代政権の中でも際立ってこざかしい。欺瞞に充ち満ちた「積極的平和主義」なるものを錦の御旗に掲げ、屁理屈を捏ね、国民の目を欺き、それこそ勝手気ままに拡大解釈し、既成事実を積み重ね、憲法の精神を骨抜きにしていく。このような振る舞いほど、卑劣で危険きわまりない行為もない。

今こそ憲法第九条を民衆の名において、「イスラム国」の人々をはじめ、世界のすべての人々に向かって正々堂々と再宣言しよう。そして、それを誠実に身をもって実行する。その上で、「残虐非道の過激派」と呼ばれている人々に対しても、アジア・中東・アフリカ・ラテンアメリカの人々に対しても、そして世界のすべての人々に対しても、民衆自身が誠意を尽くして呼びかけ、とことん話し合おう。これができるのは、日本国憲法を持っている日本の国民をおいてほかにない。これこそが、今日の世界の人々がもとめている正真正銘の積極的平和主義なのではないか。世界の人々が日本の国民に本当に期待するものは、欺瞞に充ち満ちたアベノミクスの「積極的平和主義」などでは決してない。まさに日本国憲法第九条が高らかに謳ったこの崇高な平和主義であり、それをそれこそ正直に実行することなのである。

憎しみと暴力の止めどもない連鎖。世界は今や各地に紛争の火種が拡散され、互いに疑心暗鬼に陥り、世界大戦への一触即発の危機にすら晒されている。この末期的症状とも言うべき今日の世界のこの恐るべき事態は、結局、日本近代史、アジア近代史、そして世界史に則して見るならば、大国主義と小国主義の浮き沈みの思想的葛藤の長い歴史の末に、最終的には大国主義が小国主義を押さえ込み、優勢となって浮上してきた結果もたらされたものなのである。

この歴史を直視すれば、米ソ二大陣営の対立による冷戦構造の崩壊後、新たな装いのもと地球規模で今なお執拗に繰り返されている「新大国主義」の多元的覇権抗争が、いかに愚かで虚しいものであるかに気づくはずだ。そして二一世紀私たちが進むべき道は結局、小国主義を貫く以外にあり得ないことに思い至るであろう。それには何よりもまず、今日の私たち自身の社会経済のあり方そのものを根源的に変えることによってのみはじめて、小国主義日本の二一世紀未来の姿を明確に展望することが可能になってくるのではないか。

それは、明治政府による上からの近代化と覇権主義的大国への道に抗して、軍備廃絶と非戦を訴え、農を基盤に自然と共生し、村々の自治が確立された真に民主的な小国日本の可能性を対置した田中正造、内村鑑三ら、近代と格闘した多くの先人たちの思想的苦闘の歴史的水脈を二一世紀の今に甦らせ、その具現化の道を探ることでもある。

本書では、大国主義的抗争が横行する弱肉強食の凄まじい今日の現代世界にあって、小国主義を貫き「小国」をいかにして築くことが可能なのか、そしてその小国とは一体どのような理念と原理に基づく社会経済の仕組みであるのかを明らかにしてきた。そして今日のこの時点に立って、新たな視座、新たな論点から二一世紀の社会構想とその実現への道筋を具体的に提示してきたつもりである。

この課題は結局、一九世紀以来人類が連綿として探究し続けてきた近代資本主義超克の未来社会論に、重大な変更を迫るものになるであろう。

第十二章　今こそ近代のパラダイムを転換する

― 生命本位史観に立脚した二一世紀未来社会論 ―

未踏の思考領域に活路を探る

「菜園家族」構想の提案を、懐古趣味的アナクロニズムの妄想として一蹴するのは簡単ではあるが、それでは今日の危機的状況を乗り越え、非人間的現実をどうするかの解答にはならない。これに答えるためには、結局、近代の所産である「賃金労働者」という人間の社会的生存形態が、はたして永遠不変のものなのか、という根源的な問いに行き着かざるを得ないであろう。

一九世紀以来今日まで、未来社会論の基調は、生産手段の社会的規模での共同所有と、これに基づく共同管理・運営を優先・先行させることにあった。そして、この社会の主たる構成員は、「賃金労働者」が暗黙の前提となっていた。しかし、今やこの理論自体に根本からメスを入れ、新たなパラダイムのもとに、一九世紀以来拘泥してきた未来社会論を止揚《アウフヘーベン》しなければならない時に来ている。

微に入り細をうがつ目から一旦離れ、歴史を長いスパンで大きく捉えるならば、人間の社会的生存形態は、人類史上、原始、古代、中世、近・現代と、それぞれの時代の主立った生産様式に照応し、原始自由人、古代奴隷、中世農奴、近代賃金労働者へと姿を変えてきた。とするならば、これから先も、人間の社会的生存形態が未来永劫にわたってそのままあり続けることはあり得ず、必ず変わっていくと考えるのは至極当然のことであろう。

「菜園家族」とは、大地から引き離され、自立の基盤を失った現代の「賃金労働者」が、自立の基盤としての「菜園」との再結合を果たすことによって創出される新たな家族形態のことである。それはつまり、大地から遊離し根なし草同然となった不安定な現代賃金労働者《サラリーマン》が、大地に根ざして生きる自給自足度の高い前近代における「農民的性格」との融合を果たすことによって、二一世紀の新たな客観的諸条件のもとで「賃金労働者」としての自己を止揚し、より高次の人間の社会的生存形態に到達することを意味している。

現代賃金労働者《サラリーマン》と生産手段（生きるに必要な最低限度の農地と生産用具と家屋等々）との再結合（B型発展の道）というこの考えは、経済成長の途上にあってモノが豊かにもたらされ、社会の矛盾がそれなりに抑え込まれている時代にあっては、社会発展の理論としては実に長きにわたって不問に付され封印されてきた。しかし今や世界は、市場原理至上主義「拡大経済」の破綻の危機に直面し、「経済成長神話」の虜となっていさえすればそれで済まされる時代は、もう終わりを告げようとしている。

現代賃金労働者《サラリーマン》よりはるかに自立の基盤が堅固で、しかも安定した、精神性豊かな人間の社会的生存形態、すなわち市場原理の作動を抑制する能力と、世界市場の猛威に抗する免疫を自らの体内に備えた「菜園家族」が、根なし草同然の不安定な現代賃金労働者《サラリーマン》家族にとって代わる。それは歴史の必然であろう。

こうして新たに生み出された人間の社会的生存形態によって構成される家族、つまり「菜園家族」の創出と、これに基礎をおく新たな社会の構築。これが、一九世紀以来の未来社会論（A型発展の道）が不覚にも見過ごしてきた、家族小経営への回帰と止揚という未踏の領域に挑み、資本主義超克の道筋をより具体的に示す、二一世紀のあるべき未来社会論、すなわち「地域生態学」的未来社会論の根幹なのである。

今日の社会の深刻な矛盾にまともに向き合い、未来を展望するならば、「賃金労働者」という人間の社会的生存形態は、前近代の「農民的性格」との融合によってはじめて、より高次の段階へと止揚されることが分かるはずである。そして、「労」・「農」一体の二重化された性格を特徴とするこの新たな人間の社会的生存形態（「菜園家族」の構成員にあたる）は、遠い未来の「高次自由人」へと次第に高められていく。こうして人類史上、人間の社会的生存形態は、原始自由人から「高次自由人」へと壮大な回帰と止揚《レボリューション》の一貫した道のりを辿ることになるであろう。「菜園家族」は、この壮大な道のりの途上にある今日の現代賃金労働者《サラリーマン》から、はるか未来における「高次自由人」へのいわば過渡期にあらわれる人間の社会的生存形態、これに照応する家族形態として位置づけられるものなのである。

近代化の歴史過程で失った自立の基盤と多様な家族機能を取り戻し、生気を回復したこの新たな「家族」、つまり「菜園家族」を基礎単位に、団粒構造の土壌のようにみずみずしく滋味豊かな「自立と共生」の社会的基盤が築きあげられていくことであろう。「家族」、「隣保」、「集落」から「森と海を結ぶ流域地域圏《エリア》」（郡）、さらには「広域地域圏」（県）、そして「国」におよぶ多重・重層的で相互補完的なこうした地域土壌が、長い時間をかけ熟成されていく歴史的過程の中で、人間は根源的に鍛錬され、新たな価値にもとづく草の根の民主主義思想が次第に形成されていく。こうした長きにわたる人間鍛錬の苦闘のプロセスを経てようやく、人々は人生観や世界観や倫理観にまでおよぶ深みから思想的変革を成し遂げ、近代的思想の限界を乗り超えていくであろう。こうしてはじめて、「菜園家族」を基調とする抗市場免疫の自律的世界、そして自然循環型共生社会を経て、人類究極の夢である人間復活の高次自然社会へと向かう道は開かれていくのではないだろうか。

人間の新たな社会的生存形態が、二一世紀社会のかたちを決める

第十章で述べたように、日本をはじめ世界のすべての先進資本主義諸国は、いずれも同様に社会保障費の増大による慢性的赤字財政に悩んでいる。こうした中、先進資本主義各国の企業は、絶えず産業の新たな「成長分野」を求めて、新規のハイテク商品や大がかりで最新鋭のスマート・シティなど巨大パッケージ型インフラや、性懲りもなく原発の開発と売り込みに血眼になっている。生き残りをかけて規模拡大化と資本統合による巨大化の道を競い、これまでにも増して国際市場競争を激化させている。

このような状況をつくり出している要因には、その根底にもちろん飽くなき利潤追求の資本の一般的法則があるものの、少子・高齢化が急速に進む今日の状況下にあっては、ますます増大する社会保障費による財政への重圧が国民経済全体に絶えず重くのしかかり、それが遠因となってこうした競争激化の傾向にいっそう拍車をかけている。

このことは同時に、「賃金労働者」、つまり根なし草同然の人間の社会的生存形態を暗黙の前提に成立している近代以来の社会のあり方そのものが、今や社会破綻の重大な要因となり、さらなる社会進歩の重い桎梏に転化しつつあることを如実に示している。家族と地域の細やかな機能をことごとく衰退させ、それらのすべてを代替できるかのように肥大化していく「カネ」と現物給付のみに頼るきわめて即席的で人為的で乾いた、しかも脆弱な社会保障制度。今日のこの事態は、こうした制度をつくり出した社会のもとで、生ずるべくして生じた宿命的とも言える結末なのである。

こうした問題の根底に横たわるもの、つまり大地から引き離され自立の基盤を失い、根なし草同然となった「賃金労働者」という今日の不安定な人間の社会的生存形態にまともに向き合い、それをいかに変革し

ていくかというこの重い課題に着手しない限り、「先進国病」とも言われるこの慢性的な赤字財政の体質は、根本から治癒されることはない。この課題を放置する限り、現行の社会保障制度は土台から崩れ、やがて修復不能な事態へと陥っていくのは目に見えている。

「賃金労働者」と「農民」のこの二つの人格的融合によって、二一世紀にふさわしい新たな人間の社会的生存形態を創出するというこの「菜園家族」構想が現実のものになった時、本来の家族機能は甦り、やがてそれは最大限に開花していく。その時、家族と地域の力に裏打ちされ、公的福祉と有機的に結合した潤いのある自然循環型共生の〝高次の社会保障制度〟が、新たな理念のもとに確立されていくであろう。しかも、新しく確立されたこの〝高次の社会保障制度〟のもとでは、「先進国病」と言われてきた地方や国の慢性的な赤字財政は、次第に解消へと向かっていくにちがいない。こうして、熾烈な市場競争に傷つき失われた人間の尊厳は次第に回復へと向かい、日本国憲法第二五条（国民の生存権、国の社会保障的義務）の理念は、まぎれもなく現実のものとなるであろう。

自然界を貫く「適応・調整」の普遍的原理

二一世紀の社会構想、つまり「菜園家族」構想は、ある意味では、自然への回帰によって今日の市場原理至上主義「拡大経済」を止揚し、自然の摂理に適った精神性豊かな社会の構築をめざすものである、と言ってもいい。そこで、「菜園家族」構想をより深く理解するために、ここでは次の二つのことについて根源的次元に立ち返り、あらためて考えてみたいと思う。一つは自然界を貫く普遍的原理とはいったい何なのか、もう一つはその原理と私たち人間社会とはどのような関係にあるのか、という問いである。

四十数億年前に地球が誕生して以後、気も遠くなるような長い時間をかけて、地球が変化する過程で起きた緩慢な化学合成によって、生命をもつ原始生物は出現したと考えられている。それが、今からおよそ三八億年前、太古の海にあらわれた最初の生命である。それは単細胞で、はっきりとした核のない原核細胞生物であったといわれている。

すべての生物個体は、細胞から成り立っているのであるが、生物が誕生するためには、まず、前細胞段階のものが形成される必要がある。つまり、太古の海にできた有機物が生命体になるためには、なんらかの外界との境界ができ、細胞のように一定の内部環境が形づくられなければならない。やがて、酵素や遺伝子（ＤＮＡ）などを含む前細胞段階のものが生まれ、長い歳月をかけて変化を遂げるうちに、成長や物質交代能力、分裂能力をもつようになり、原始生物へ進化したと考えられている。

こうして誕生した最初の生命体である原核細胞生物の段階から出発し、約三八億年という歳月をかけて、ついに大自然界は、人間という特異で驚くべき傑作をつくりあげたのである。それだけに、人間の体の構造や機能の成り立ちを、細胞の核や細胞質の働きから、生物個体の組織や器官のひとつひとつの果たす役割、そして生物個体全体を有機的に統一している機能に至るまで垣間見る時、それらの驚くべき合理的な機能メカニズムの仕組みに、ただただ圧倒され驚嘆するほかない。六〇兆ともいわれる無数の細胞から組み立てられた、この人間という生物個体の不思議に満ちた深遠な世界に引き込まれていくと同時に、それを数十億年という歳月をかけながら、ゆっくりと熟成させてきた自然の偉大な力に感服する。

これに比べて、直立二足歩行をし、石器を使用した最古の人類があらわれたのは、たかだか二五〇万年前といわれている。やがて、遅かれ早かれ人類には、自然生的《ナチュラル》な共同体が最初の前提としてあらわれる。

それは、家族や種族や種族連合体としてである。この原始的で本源的な共同社会は、私的所有の発生・発展によって、古代から中世へ、そして近代へと様々な形態に変形されていった。古代以降においては、社会の上層に一定の政治的権力が形成され、その「指揮・統制・支配」の原理によって、何らかの下部組織がつくりあげられ、ひとつのまとまりある社会が形成・維持されてきた。近代になると、民主主義の一定の発展によって、国家機構は若干改良されたとはいえ、国家の本質が、「指揮・統制・支配」であることに変わりはない。

このように、人間社会は、構造上・機能上、極めて反自然的な、つまり人為的で権力的な「指揮・統制・支配」の特殊原理によって、ひとつの社会的まとまりを保ち、それに見合ったさまざまなレベルの社会組織が形成され、管理・運営されてきた。これに対して、人間という生物個体は、生命の起源以来数十億年という長い歳月をかけて、大自然の恐るべき力によって自らの構造や機能を極めて自然生的で、しかも現代科学技術の最先端をゆく水準よりもはるかに精巧で高度な「適応・調整」の普遍的原理に基づく機能メカニズムに、完全なまでにつくりあげられていることに気づかされる。ここでは、権力的な「指揮・統制・支配」の特殊原理は微塵《みじん》も見られない。まさに自然生的な「適応・調整」の普遍的原理によってのみ、生命活動が営まれているのである。

私たちは、この偉大な大自然界が数十億年という歳月を費やしてつくりあげてきた、自然界の最高傑作としかいいようのない、人間という生物個体の「適応・調整」の普遍的原理に基づく機能メカニズムを、人間社会に組み込む必要に迫られている。現代の人間社会は、極めて人為的な権力による「指揮・統制・支配」の特殊原理に基づくメカニズムの中に依然としてとどまり、いまだにそこから脱却できずにいる。

人間という生物個体のこの自然生的な「適応・調整」の普遍的原理に基づく機能メカニズムに限りなく近づくことによってはじめて、この課題は解決されるはずである。

そのためには何よりもまず、人間という生物個体の基礎単位である細胞の機能・構造上の原理をモジュール化し、現代資本主義社会の地域の基礎単位に甦らせる必要がある。それはとりもなおさず、いわば人体の一つ一つの細胞にあたる家族を、「賃金労働者」と「農民」といういわば近代と前近代の人間の社会的生存形態の融合によって、二一世紀にふさわしい新たな家族形態、つまり「菜園家族」として再生し、これをCFP複合社会の基礎単位に組み込み、さらにそれを地域団粒構造にまで熟成させていくことなのである。これが、真に民主的な手続きによって成立する地方自治体および「民主的政府」の究極の目標であり、最大の課題となる。そしてそれは、この政府を支持するすべての人々の暮らしの中から出てくる切実な願いでもある。

さて、現代の自然科学の到達点を鑑みながら、さらに深く考えをめぐらしていくと、この「適応・調整」原理は、実は、宇宙における物質的世界と生命世界の生成・進化のあらゆる現象を貫く、もっとも普遍的な原理であるように思えてくる。細胞は、たくさんの異なった分子がともに働いている生命の統一体である。分子はたくさんの原子の集まりであり、さらに原子は素粒子の集まりである。そして、分子も細胞も生物個体も、惑星も太陽系も銀河系も、この宇宙のすべての存在はきわめて極微のレベル、すなわち原子よりも小さい素粒子、さらには量子のレベルの〝場〟にあって、互いに強く繋がっている。

最新の説では、この量子レベルのエネルギーの〝場〟は、エネルギーを運搬するだけでなく、情報も伝達しているといわれている。これは従来の宇宙観とは大きく違い、宇宙は記憶をもっているということになる。一度生まれた情報は、その量子エネルギーの〝場〟に痕跡を残し、決して消え去りはしない。〝過去〟は宇宙の量子エネルギーの〝場〟に保存され、そこから情報を得て、新しい世界をたえず構築していくということなのである。

自然法則の現れとしての生命

こうした自然科学の成果や新しい宇宙観に立つ時、次のような仮説が措定される。

物質あるいは生命のすべての存在は、それぞれが、分子や原子やさらに小さい素粒子の「極小の世界」から、生命世界のＤＮＡや細胞核や細胞そして生物個体から生態系への一連の生命系、さらには惑星や太陽系や銀河系など宇宙の「極大の世界」に至る遠大な系の中の、いずれかのレベルの〝場〟に位置を占めている。これは「自然の階層性」といわれるものであるが、物質あるいは生命のすべての存在は、素粒子よりもさらに深遠な量子エネルギーのレベルで働く共通の広大無窮の〝場〟にあって、しかも宇宙や自然界の多重・重層的な〝場〟の構造のそれぞれのレベルの〝場〟において、外的環境の変化に対しては自己を適応させようとして、自己を調整し、自己をも変革さえしようとする。

つまり、この宇宙の量子エネルギーの広大無窮の〝場〟にあって、物質あるいは生命のすべての存在には、究極において何らかの首尾一貫した統一的な〝力〟がたえず働き、貫かれていると考えられる。自然の摂理ともいうべき、まさにこの統一的な〝力〟こそが、自然界の生成・進化のあらゆる現象の深奥にひそむ源であり、これが宇宙や自然界のあらゆる現象を全一的に律する、「適応・調整」の普遍的な原理なのである。

かねがね思いを巡らせてきたことなのであるが、この「適応・調整」の普遍的原理が成立する根拠は、一体どこにあるのであろうか。このことについて、今考えられることを敢えて述べるならば、自然界のあらゆる事象がアインシュタインの数式E＝mc^2（エネルギーE、質量m、光速c）と、エネルギー保存の法則のこの二つの命題の制約のもとにあることによると考えるのが、ごく自然なのではないか。つまり、はじめの命題からは、物質には膨大なエネルギーが秘められているということと、物質はエネルギーの姿を変えた形態に過ぎないということ。二番目の命題からは、自然界のあらゆる事象は、絶えず変化の中にあるのであるが、その変化の前後においてエネルギーの総量は不変であるということ。まさにこの二つの命題（大法則）の制約のもとではじめて、すべての存在は外的環境の変化に対して、自己を適応させようとして自己を調整し、自己をも変革しようとするという、この自然界の生成・進化のあらゆる事象を貫く「適応・調整」の普遍的原理が必然的に導き出され、成立していると考えるべきなのではないだろうか。

ところで、自然淘汰と突然変異が、生物界における進化と、生物における秩序の唯一の原動力であると、長い間信じられてきた。しかし、淘汰によって選ばれた生物の形態が、もともと自然界を貫くより深遠な法則、すなわち「適応・調整」の普遍的原理によって生み出されたものであるならば、自然淘汰は形態を生み出す唯一の原動力ではなく、生物も、より深遠なこの自然法則の現れだということになる。したがって、われわれ人間も偶然の産物ではなく、生じるべくして生じたものだったということになるのである。

ところが最近の研究によると、自然淘汰も、「適応・調整」原理のどちらも、単独では十分な働きをしない。つまり、自然淘汰は、より深遠な自然法則である「適応・調整」の普遍的原理の単なる下位の従属的な法則でしかなく、「適応・調整」原理によって生じた秩序に対して働きかけをおこない、その秩序を念入りにつくりあげることになると考えられている。

さて、話を少しもどして、この自然界の「適応・調整」の普遍的原理を土壌の世界にも敷衍して、若干、述べておこう。土壌学でいうところの団粒構造も実は、宇宙や極小の世界の〝場〟に似せて、多重・重層的につくりあげられたものなのではないかとも考えられる。つまり、自然界の摂理ともいうべき「適応・調整」の普遍的原理が、自然界の中での次元はかなり異なってはいるものの、土壌の世界においても働き、具現されたものなのではないかということである。あるいは、むしろ団粒構造そのものが、土壌に限らず、分子や原子や素粒子などの極小の世界から、惑星など宇宙の極大の世界に至るあらゆるレベルにおいて現れる〝場〟の普遍的構造である、と言ってもいいのかもしれない。

ところで、仮説としてのこの「適応・調整」の普遍的原理は、分子生物学・生物複雑系科学の第一人者である、アメリカのスチュアート・カウフマンが唱えている「自己組織化」の原理と、奇しくも本質的な部分で重なるところが多いことに驚かされた。この分野では門外漢である者としては意を強くもし、その研究の今後の展開に期待しているところである。

スチュアート・カウフマンのこの自己組織化の原理を、原子や素粒子の「極小の世界」から惑星など宇宙の「極大の世界」におよぶ自然界、さらには人間社会の生成・発展の現象にまで敷衍し、仮説としての普遍的原理にまで高めたのが、この「適応・調整」の原理であると言うことができる。

アインシュタインが、「われわれは、観測される諸事実のすべてを体系化できるもっとも単純な思考の枠組みを探しているのだ」と語っているように、人類は、科学の確立された世界観を求めてすすんできたし、これからもすすんでいくにちがいない。ここで提起した自然界を貫く「適応・調整」の普遍的原理は、こうした今日の諸科学の進展の中で、その仮説としての有効性がいっそう明らかにされていくのではないか、と期待している。

自然界の普遍的原理と二一世紀未来社会

さて、「菜園家族」構想を現実のものにするためには、「菜園家族」形成のゆりかごとも言うべき森と海を結ぶ流域地域圏《エリア》内に、週休（2＋α）日制の「菜園家族」型ワークシェアリングを制度的に確立することが鍵となる。ここでは、その重要性を、宇宙、つまり大自然界における物質的世界と生命世界の生成・進化のあらゆる現象を貫く、自然の摂理とも言うべき「適応・調整」（＝自己組織化）の普遍的原理に照らして考えてみよう。

森と海を結ぶ流域地域圏《エリア》社会を、生物個体としての人間のからだに譬えるならば、先に触れたように、「菜園家族」は、さしずめ人体の構造上・機能上の基礎単位である一つ一つの細胞にあたる。

週休（2＋α）日制の「菜園家族」型ワークシェアリングのもとでは、森と海を結ぶ流域地域圏《エリア》内のそれぞれの「菜園家族」は、週に（2＋α）日、自己の「菜園」で創造性豊かな多品目少量生産を営み、残りの週数日間は、流域地域圏《エリア》内の中核都市など近隣の職場に労働力を拠出。その見返りに応分の賃金を受け取り、「菜園家族」自身を自己補完しつつ、安定的に暮らすことになる。

それはあたかも、人体の六〇兆にもおよぶ細胞のそれぞれが、細胞質内のミトコンドリアで生産されるATPといういわば「エネルギーの共通通貨」を、人体の組織や器官に拠出し、その見返りに血液に乗せて送られてくる栄養分を受け取り、細胞自身を自己補完しつつ生きている、というメカニズムに酷似している。

このように考えてくると、週休（2＋α）日制の「菜園家族」型ワークシェアリングは、単なる偶然の思いつきで提起されたものと言うよりも、実は、自然界の摂理とも言うべき「適応・調整」の普遍的原理に則して、必然的に導き出されてくるシステムであるように思えてくる。

ビッグバンによる宇宙の誕生から一三七億年。無窮の宇宙に地球が生まれてから四六億年。太古の海に原初の生命があらわれてから三八億年。大自然界は、この気の遠くなるような歳月を費やして、生物個体の構造や機能を極めて自然生的で、しかも現代科学技術の最先端を行く水準よりもはるかに精巧で高度な「適応・調整」の原理に基づく機能メカニズムに、完全なまでにつくりあげてきた。連綿と続く生命の進化の果てに生まれた、自然界の最高傑作としか言いようのない人間という生物個体。この人体においてもまた、その生命の総合的な機能システムの根底には、自然界の「適応・調整」の普遍的原理が貫かれている。体温の自動調整機能一つをとって見ても、細胞内のミトコンドリアが果たすエネルギー転換の自律的で複雑な機能メカニズムを見ても、さらには、自律神経の巧妙なメカニズムを見ても、そのことに気づくはずである。自律神経は、人体を構成する約六〇兆の細胞を意志とは無関係に調整しているだけでなく、血管、心臓、胃腸、内分泌腺、汗腺、唾液腺などを支配し、生体の機能を自動的に調整している。交感神経と副交感神経の両者が外部環境や状況に応じてシーソーのように揺れ動き機能することで、私たちの体調が整えられているのである。この自然の偉大な力に感服するほかない。

ところが、「直立二足歩行」をはじめるようになり、両手の自由を獲得した人類は、「道具」の使用によって、脳髄を他の生物には見られないほど飛躍的に発達させていった。そして、人間に特有な「家族」、「言語」の発達とも密接に連動しつつ、いっそう脳を発達させながら、地球の生物進化史上、まったく予期せぬ重大な〝出来事〟をひきおこしていく。とりわけ「道具」の発達は、生産力の飛躍的な上昇をもたらし、人間労働は、自己の生命を維持する以上のものを生産することが可能になった。この剰余生産物の生産が可能になった時から、いつしか人類は、他人の労働による生産物の搾取、つまり剰余労働の収奪という悪習をおぼえ、身につけることになった。この時を起点に、原始共同体を律していた人間と人間のあいだの平等はもろくも崩れはじめ、人間社会の生成・発展を規定する原理は、数十億年の長きにわたって自然界の秩序とその進化を律してきた原理、すなわち自然界の「適応・調整」の普遍的原理から、極めて人為的な「指揮・統制・支配」の特殊原理へと大きく変質を遂げていったのである。

「指揮・統制・支配」の特殊原理に基づく世界に身を浸し生きている現代の私たちは、それが当たり前のことのように受け止めているが、三八億年という生命起源の悠久の歴史から見れば、「直立二足歩行」をし、石器を使用した最古の人類が現れたのは、たかだか二五〇万年前である。ましてや人類史上におけるこの「指揮・統制・支配」の特殊原理への移行に至っては、つい最近の出来事であると言ってもいい。

人類が、大自然界に抱かれ生存し続けるためには、人間社会の生成・発展を規定しているこの「指揮・統制・支配」の特殊原理を、究極において、自然界の摂理とも言うべき「適応・調整」の普遍的原理に限りなく近づかせていかなければならない。さもなければ、大自然界の一隅にありながら、自然界の原理とは相対立する「指揮・統制・支配」の特殊原理のもとに恐るべき勢いで増殖と転移を繰り返し、今まさに地球を覆い尽くそうとしている人間社会という名の「悪性の癌細胞」を、永遠に抑制することはできないであろう。

「菜園家族」構想が自然と人間社会の共生と融合をめざす以上、究極において人間社会の編成原理と機能原理が自然界の原理に限りなく近づき、一つのものになるように人間の社会システムを構想するのは、至極当然のことであろう。こう考えるならば、人体における細胞の「ミトコンドリアの機能」メカニズムと酷似する週休（2＋α）日制の「菜園家族」型ワークシェアリングが、「菜園家族」を基調とする来たるべき地域社会にとって、自然界の原理に適ったものとして機能し、その自然循環型共生社会成立の不可欠の条件になることも、あらためて納得できるはずである。

人間社会は、自らを律する極めて人為的で反自然的な「指揮・統制・支配」の特殊原理を、自然界を貫く「適応・調整」という本来の普遍的原理に限りなく接近させることによって、大自然という母体を蝕む存在としてではなく、同一の普遍的原理によって一元的に成立する大自然界の中へとけ込んでいくことができるのである。

人間は自然の一部であり、人間そのものが自然なのである。

本当の意味での持続可能な自然循環型共生社会の実現とは、浮ついた「エコ」風潮に甘んずることなく、まさに人間社会の生成・発展を律する原理レベルにおいて、この壮大な自然界への回帰と止揚《レボリューション》を成し遂げることにほかならない。今こそ人間存在を大自然界に包摂する新たな世界認識の枠組みを構築し、その原理と思想を地球環境問題や未来社会構想の根っこにしっかりと据えなければならない。

第一章で触れた生命本位史観とは、実は今ここで縷々述べてきたこうした考えがその根底にある。人間社会を宇宙の壮大な生成・進化の歴史の中に位置づけ、それを生物個体としてのヒトの体に似せてモジュール化して捉え直す時、この生命本位史観は、表現を変えれば近代を超克する社会生物史観とも言うべき二一世紀の新たな歴史観として、より明確な輪郭と説得性を伴って立ち現れてくることになるであろう。

CFP複合社会を経て高次自然社会へ ―労働を芸術に高める

この世界に、そしてこの宇宙に存在するものはすべて、絶えず変化する過程の中にある。それはむしろ、変化、すなわち運動そのものが存在であると言ってもいいのかもしれない。「菜園家族」を基調とするCFP複合社会も、決してその例外ではない。

ここでは、CFP複合社会の展開過程を、まず、C、F、P三つのセクター間の相互作用に注目しながら見ていきたい。そして、その側面から、人間の労働とは一体何なのかを問いつつ、その未来のあるべき姿についても同時に考えることにする。

まず、資本主義セクターCの内部において、現代賃金労働者と生産手段（農地、生産用具、家屋など）との再結合がすすみ、「菜園家族」への転化が進行していく。家族小経営（「菜園家族」と「匠商家族」）セクターFは、時間の経過とともに増大の一途を辿り、その結果、セクターCにおける純粋な意味での賃金労働者は、漸次、減少していく。

先に第八章「『菜園家族』の台頭と資本の自然遡行的分散過程」で見てきたように、国土に偏在していた巨大企業や官庁などが分割・分散され、全国各地にバランスよく配置されることによって、賃金労働者と農民の性格を二重にもつ「菜園家族」の生成はいっそう進展し、全国の隅々にまで広がっていく。こうして自給自足度の高い家族が国土に隈無く広がることと相俟って、巨大企業の分割配置がさらに促進され、企業の規模適正化が確実にすすむ。

その結果、適正規模の工業や流通・サービス産業から成る中小都市を中核に、「菜園家族」のネットワークが森と海を結ぶ流域地域圏《エリア》全域に広がりを見せ、美しい田園風景が次第に国土全体を覆っていくことであろう。その結果、市場競争はおおいに緩和の方向へとむかっていく。こうして資本主義セクターCは、自然循環型共生社会にふさわしい性格に次第に変質する過程を辿っていくことになるであろう。

他方、成長途上にある家族小経営セクターFでは、自然と人間との間の直接的な物質代謝過程が回復し、自然循環型共生のおおらかな生活がはじまる。労働に喜びが甦り、人間の自己鍛錬の過程が深まっていく。自然循環型共生の思想と倫理に裏打ちされた、新しい人間形成の過程がはじまる。「菜園家族」独自のきめ細やかで多様な労働を通じて、人々に和の精神が芽生え、共生の精神によって人々の輪が広がっていく。

このCFP複合社会形成の時代は、おそらく一〇年、二〇年といった短い歳月ではなく、三〇年、五〇年、あるいはそれ以上の長い時代を要することになるのかもしれない。それは、今日人類にとって避けては通れない喫緊の課題となっているエネルギーや資源の浪費抑制や、「二〇五〇年までに世界のCO2排出量を半減する」という国際目標にも呼応する、重要なプロセスのなくてはならない一翼を担うことになるであろう。

こうした長きにわたる時代の経過の中で、家族小経営セクターFはますます力をつけて発展していく。それにともなって、資本主義セクターC内部の個々の企業や経営体は、次第に自然循環型共生社会にふさわしい内容と規模に変質を遂げながら、漸次、公共的セクターPに転化・移行していく。やがて、このCFP複合社会の時代の最終段階では、資本主義セクターCはその存在意義を失い、ついには自然消滅し、家族小経営（「菜園家族」と「匠商家族」）セクターFと公共的セクターPの二大セクターから成るFP複合社会（自然循環型共生社会）が誕生する。この時はじめて、資本主義は超克されるのである。それでも、この段階に至ってもなお、「菜園家族」を基調とする家族小経営セクターFが、依然としてこの社会の土台に据えられていることに、かわりはないであろう。

このように、CFP複合社会の長期にわたる展開過程を経て、最終的に成立したF、Pの二大セクターから成るFP複合社会は、さらに長期にわたる熟成のプロセスを経て、ついには人間復活の高次自然社会に到達する。そこでは、権力の象徴である国家は消滅する。この高次自然社会は、はるか遠い未来に到達すべき人類の悲願であり、究極の目標であり、夢でもある。

CFP複合社会の形成からはじまって高次自然社会に到達する、この長いプロセスを貫く特質は、いずれも「菜園家族」がいわば生物個体としての人体における細胞のように、地域社会の最小の基礎単位であり続ける点である。したがって、「菜園家族」が農地と生産用具を含む生産手段との有機的な結合を維持している限り、この家族の構成員である子どもから老人に至る個々人にとっても、自然と人間との間の直接的な物質代謝過程が安定的に確保されることになる。この過程に投入される労働を通じて、人間は自然を変革すると同時に、何よりも人間自身をも変革する条件とその可能性を絶えず保持し続けるであろう。このことは、CFP複合社会の形成から高次自然社会に至る全過程を貫く法則である。したがって、社会の細胞である最小の基礎単位が「菜園家族」である限り、この社会は、人間の発達と人間形成を基軸に据えた、これまでには見られなかった優れた社会システムとしてあり続けることが可能になるのである。

生産手段（「菜園」）が家族小経営の基礎にしっかりと組み込まれている限り、「菜園」での労働過程の指揮系統は、労働主体である人間の外部にあるのではなく、労働主体である人間と一体のものであり続ける。したがって「菜園家族」は、まさにこの指揮系統を自らのものとして自己の内部に獲得し続けるであろう。

労働過程を指揮する営みを精神労働とし、それに従って神経や筋肉を動かす労働を肉体労働とするならば、もともと精神労働と肉体労働とは、一人の人間の中に分かち難く統合されていたものである。その両者の分離は、労働する人間から生産手段（農地、生産用具、家屋など）を奪った時からはじまるのであるが、この精神労働と肉体労働の両者の分離こそが、労働から創造の喜びを奪い、労働を忌み嫌う傾向を生み出した。

主体性を失い、苦痛のみを強いられるこうした労働とは対照的に、芸術的創作は疲れや時間の経過さえ忘れさせるほど、人間に喜びをもたらすものである。それは、本来の芸術が精神労働と肉体労働の両者の統一されたものであり、まさにそこに創造の喜びの源泉があるからにほかならない。「菜園家族」構想は、資本主義が生み出した賃金労働者と生産手段（農地、生産用具、家屋など）との、まさにこの分離を「再結合」させることによって、労働過程に指揮する営み、つまり精神労働を取り戻し、両者の統一を実現し、労働を芸術にまで高めようとするものなのである。

労働が芸術に転化したときはじめて、人間は、創造の喜びを等しく享受することになるであろう。その時、人間は、市場原理至上主義「拡大経済」のもとで物欲や金銭欲の充足のみに矮小化された価値観から次第に解き放たれ、多元的な価値に基づく多様で豊かな幸福観を形成し、前時代には見られなかった新たな倫理と思想を育んでいくにちがいない。

ＣＦＰ複合社会がどんなに高い水準に達し、さらに人類の夢である高次自然社会に到達したとしても、この社会から家族小経営としての「菜園家族」が消えることはないであろう。「菜園家族」がこの社会の最小の基礎単位であり続けなければならない理由は、まさに人間の労働に本来の喜びを取り戻すために不可欠なものであるからであり、しかも、自然との融合による素朴な精神世界への回帰を実現し、健全で豊かな人間形成にむけて、人間そのものの変革過程を恒常的かつ永遠に保障するものであるからなのである。
人間の変革過程が静止した時、人間は人間ではなくなるであろう。

未来社会を身近に引き寄せる「セクターC、F、Pの対立と依存の展開過程」

これまでに「菜園家族」構想について、さまざまな意見が寄せられてきた。その中には、「従来の社会主義理論との違いは何か」、あるいは「社会主義の道ではだめなのか」といった、従来の理論的枠組みからすれば当然生ずる自然で率直な疑問も多かった。

ここであらためて確認しておきたいことは、CFP複合社会の展開過程を通じて、「菜園家族」が週休（2＋α）日制のワークシェアリングのもとに、自己の週労働日を資本主義セクターCまたは公共的セクターPでの「勤務」と、家族小経営セクターFでの「菜園」とに振り分ける形で、社会的生産を担うということである。

やがて、「菜園家族」を基調とする家族小経営セクターFが隆盛となり、このセクターが増強されてくるにつれて、資本主義セクターCは、自己の変革を遂げつつ公共的セクターPに同化・包摂されて、最終的には自然消滅へと向かう。この時、三つのセクターから成るこのCFP複合社会は、家族小経営セクターFと公共的セクターPの二つから成るFP複合社会（自然循環型共生社会）へと進化していく。

つまり、家族小経営セクターFの「菜園家族」は、CFP複合社会の段階において資本主義セクターCおよび公共的セクターPの社会的生産を担う主体であり、さらに、資本主義セクターCが自然消滅し、より高次のＦＰ複合社会の段階になっても引き続き、公共的セクターＰの社会的生産を担う主役の役割を演じ続けることになる。

一九世紀未来社会論の主流を継承する考え方、すなわち生産手段の社会的規模での共同所有を基礎に、社会的規模での共同管理・共同運営を優先・先行させる社会実現の道（Ａ型発展の道）では、二一世紀の今日に至ってもそうなのであるが、旧社会での変革の主体は賃金労働者であり、新しい社会、すなわち社会主義建設期においても引き続き賃金労働者がその役割を果たすとされてきた。このことは、今日においても疑問を挟む余地すらなく当然視されてきた。

これに対して「菜園家族」構想は、その立場をとらない。新しい社会、すなわちより高次のＦＰ複合社会に移行するはるか以前の早い時期、つまり、二一世紀十年代の今日の段階から、旧社会の生産と生活の担い手である賃金労働者そのものの変革を先行させることを重視する。つまり、自らの生産の基盤を失った根なし草同然の賃金労働者が、前近代的農民との人格的再融合を果たすことによって、苛酷なグローバル市場に抗する免疫力を備えた「菜園家族」に止揚、転化する。こうして創出された二一世紀の新たな人間の社会的生存形態、すなわち「菜園家族」が社会の基盤にあまねく組み込まれることによってはじめて、近代は、社会の深層から根本的に超克されるとみるのである。

近代の軛《くびき》から解き放たれ、水を得た魚のように息を吹き返した「菜園家族」は、自由闊達で創造性豊かな人間的活動が可能となり、やがて主体性を回復して、崩壊寸前の窮地に追い込まれた自らの「地域」の再生へと立ち向かっていく。

一九世紀以来の従来の未来社会論では、人類理想の未来社会は、遥か遠い彼方の極めて抽象的で漠然とした対象である。「菜園家族」構想は、現実社会と未来社会の中間項として「セクターC、F、Pの対立と依存の展開過程」を設定することによって、未来社会を私たちの身近なところにまで引き寄せて考えることができると見ている。この中間項の展開過程の中ではじめて、個々人の実践がどのような役割を担い、未来社会に具体的にどのように連動していくかがイメージされてくる。その結果、個々人の個別具体的な実践が未来との関連で自覚され、自己の実践そのものが明確な目標のもとに主体的に絶えず変革されていくことになる。まさにこのことが、人間の持続的な鍛錬を可能にするのである。それは、人々の生きる喜びにつながる、豊かな創意性の源泉でもある。

こうしたことは、もちろん個々人のレベルだけでの問題にとどまらない。農業、非農業を問わず、あらゆる家族小経営をはじめ、多種多様な零細・中小企業やその協同組織、そして農山漁村や都市部を問わず、さまざまなレベルでの地域共同体、地方自治体、あるいは労働組合、各種協同組合、その他諸々のNPOなどの非営利団体、さらには営利企業などをも含むすべての社会的組織や団体にまで押し広げて言えることである。

「菜園家族」構想が、現実と未来社会の中間項としてCFP複合社会を設定したことの意義は、未来社会が遥か遠い非現実的な単なる空想の対象ではなく、まさに現実に直結した実現可能な実践的課題になり得ることを示した点にある。

形骸化した民主主義の現状と「生産手段の再結合」

人類史上、近代に至ってもなお引き継がれてきた根強い「上から目線」の民衆統治の思想。前近代のこの思想的土壌を払拭しきれないまま理論化を急いだ一九世紀未来社会論の根幹を成す、生産手段の共同所有を基礎に社会的規模での共同管理・共同運営を先行・優先させる社会実現の道（A型発展の道）。この理論に基づき必然的に組織される高度な管理・運営に常に影のように付き纏う、中央集権的専制権力への誘惑。これをいかに克服できるかが、今日私たちに課せられた宿題なのである。しかしその克服は、至難の業と言うほかない。その解決のためにはまず、「生産手段の共有化」（A型発展の道）に対峙するところの、まさに「生産手段の再結合」（B型発展の道）、つまり現代賃金労働者《サラリーマン》と生産手段（自足限度の小農地、生産用具、家屋等々）との「再結合」を果たすことによって、二一世紀にふさわしい抗市場免疫の自律的な人間の社会的生存形態を社会の基底から創出し、民衆自身の主体性確立の条件そのものを本当の意味で自らのものにしていく。まさにこの現実のプロセスに、専制的権力の跳梁を抑止する、民衆による盤石な本物の民主主義の形成を見るのである。

人類史上長きにわたって「上から目線」の民衆統治をまともに受け、翻弄されてきた圧倒的多数の民衆が、「選挙」に矮小化された「お任せ民主主義」の枠組みに閉じ込められ、主体性を失っていく今日の事態を見る時、本物の民主主義の力量を培うこうしたプロセスこそ大切であることが分かってくる。このことを本気で考えなければならない時に来ている。

近代超克の最終段階ともいうべき二一世紀の今日に至ってもなお、形骸化した民主主義の現状を、社会上部の統治システムのあり方に矮小化してその原因を求める議論こそが問題なのである。結局、この専制的権力の跳梁を克服する究極の決め手は、社会の底辺を支える民衆自身が、自らの社会的生存形態をいかに変革し、自己を、そして自己の主体性をいかにして確立していくかである。それは、ほかでもなく「生産手段の再結合」を梃子に、現代賃金労働者《サラリーマン》自らがいかにして大地に根ざした自立の基盤を獲得していくかにかかっている。二一世紀における民衆の主体性の再構築は、まさにこのことから出発するほかない。

より高次のFP複合社会における生産手段の所有形態をめぐって

さて将来、CFP複合社会の資本主義セクターCが自然消滅へと向かい、家族小経営セクターFと公共的セクターPの二つのセクターから成るより高次のFP複合社会(「菜園家族」基調の自然循環型共生社会)に到達した時、社会の基幹かつ主要な生産手段の所有の形態と管理運営は、果たしてどのようなものになっているのであろうか。つまりそれは、公共的セクターPの内実、なかんずく生産手段の所有形態のあり方、すなわち巨大企業の国有化や、地方の各種事業体の公有化の問題、さらには各種協同組合、NPOなど多種多様な非営利団体などをどう評価し、どのように位置づけるかといった問題である。

こうした具体的な内容については、それこそはじめから固定的に予見すべき性格のものではない。これこそ、CFP複合社会の実に長期にわたる「C、F、P三つのセクター間の対立と依存の展開過程」の中で、さまざまな経験や試行錯誤を重ねながら、地域住民の草の根の叡知と国民的総意に基づいて、その時どきの社会の発展段階に照応した生産手段の所有形態が順次編み出されていくものとみるべきであろう。

このような長期にわたるプロセスの葛藤の中ではじめて、民主主義の形骸化は克服され、草の根の民衆による真の民主主義の可能性は開かれていく。この苦難のプロセスを避け、急ごしらえの「未来社会」がたとえ一時的に実現できたとしても、それはいずれ脆くも崩れ去っていく運命にある。これは、ソ連をはじめその他諸々の「社会主義」の過去の歴史的経験と、中国をはじめとする「社会主義」の現実から深く学びとった貴重な教訓でもある。

ここで確認しておきたいいくつかの要諦

本書のこれまでの考察から、少なくとも二つの大切なことが明らかになってきた。一つは、一九世紀以来、資本主義超克の道として模索され世界的規模で展開されてきた、生産手段の社会的規模での共同所有・共同管理を優先・先行させる従来型の社会主義理論の限界が、二〇世紀におけるその実践の失敗によって決定的になったにもかかわらず、今なおその根本原因の省察が不徹底であるということ。もう一つは、それゆえに、一九世紀以来の未来社会論に代わる新たな未来社会論、つまり未来への明確な展望を指し示し、同時に現実社会の諸矛盾をも克服していく具体的な道筋を全一体的《ホリスティック》に提起し得る二一世紀の確かな未来社会論をいまだに構築し得ずにいるということである。

戦前においてもそして戦後においてもそうなのであるが、社会が直面する深刻な諸矛盾に向き合い、その解決を探る様々な努力が成されてきたものの、広い意味での未来社会論について言うならば、その時々の時代的制約から来るところが実に大きかったとは言え、外国の理論の模倣的適用に終始する傾向が強く、自国の現実に即してより具体的に、わが国独自の未来社会論を展開し練りあげていくという姿勢が、あまりにも欠如していたのではなかったのか。この欠陥を克服できずに、今日に至るまで問題を抱え込んできたと言えよう。この点については、とりわけ戦後高度経済成長以降に限って見るならば、絶えず日陰の産業に追い遣られてきた農業・農村の現実に焦点を当て、その他第二次、第三次産業との関連のもとに社会を全一体的《ホリスティック》に捉え、そこから未来社会論を展開しようとする意識が希薄であることを自戒を込めて指摘しなければならない。その時々の目新しい舶来の未来社会論を追い求め、抽象レベルでの議論にあまりにも終始している現状に、このことは如実にあらわれている。

私たち人類はこれから先、果たしてどのような長期展望のもとに、具体的にどのような道筋を歩んでいくべきなのか。

ここまで述べてきた「菜園家族」構想は、一八世紀産業革命以来、人類が長きにわたって囚われてきた近代のパラダイムを根本から転換することによって、この難問に正面から向き合い、二一世紀のあるべき新たな未来社会論を模索し、その基本を提示しようとしたものである。それが、「菜園家族」を基調とするCFP複合社会を経て、人類の悲願である人間復活の高次自然社会へ至る道である。つまり、従来の社会主義理論の根幹を成す生産手段の社会的規模での共同所有・共同管理（A型発展の道）ではなく、生産手段から排除され根なし草同然になった現代賃金労働者《サラリーマン》と、生産手段（自足限度の小農地、生産用具、家屋等々）との再結合（B型発展の道）を果たすことによって新たに生まれてくる家族小経営（「菜園家族」・「匠商家族」）を基軸に、未来社会を展望するのである。

一八世紀産業革命以来、大地から引き離され、「賃金労働者」となった人間の社会的生存形態は、今ではすっかり人々の常識となってしまった。しかし、やがて二一世紀世界が行き詰まる中で、これにかわって新しく芽生えてくるものに、その席を譲らざるをえなくなるであろう。「菜園家族」は、まさしくこうした時代転換の大激動の中から必然的にあらわれてくる、人間生存の新たなる普遍的形態なのである。

「菜園家族」構想は、この新しい人間の社会的生存形態とそれに基礎を置く新たな家族の登場の必然性と、人類史におけるその位置を明らかにすることから説き起こしてきた。その上で「菜園家族」に人間本来の豊かさと無限の可能性を見出し、人類究極の夢である大地への回帰と、人間復活の自由・平等・友愛の高次自然社会への止揚の必然性とその展開過程を探ろうとしてきた。この長い道のりとなる全過程の初頭の段階に、「菜園家族」を基調とするＣＦＰ複合社会を明確に位置づけている。こうすることによってはじめて、高次自然社会への道を単なる理念に終わらせることなく、そこに到達するプロセスをより現実的、具体的かつ多面的に論じることが可能になってきたように思う。

　換言すれば、こうした未来社会の生成・発展の過程を、ＣＦＰ複合社会の揺籃期（制度的に未確立の段階で、ごく限られた個々の人々や家族の努力によって模索され、細々と実践されている今日の時代）からはじまり、新しい「民主的政府」の成立（国レベルに限らず地方自治体レベルも含む）のもとでの本格形成期を経て、自然循環型共生社会（セクターＣのＰへの質的変化にともなって漸次達成されるＦＰ複合社会）、さらには高次自然社会（国家的権力の自然消滅、人間の全面的開花）へと至る壮大な道のり、つまり人間社会の自然への回帰《レボリューション》と止揚の論理とその必然性をできるだけ具体的に論じてきた。まさにこのプロセスについての真剣な議論を通じてはじめて、私たちは、今日における当面の実践的課題をも、より具体的に明らかにしていくことが可能になるであろう。この未来社会論が、過去のいかなる理論にも増して現実味を帯びてくる所以もここにある。

　これまでの近代的価値観とはまったく異なる次元にそれと対峙して、「菜園家族」つまり市場原理に抗する免疫力に優れ、自然治癒力を高めた自律的で生き生きとした家族を地域に一つひとつ着実に築き上げていく。こうした民衆の日常普段の自己生活防衛とも言うべき人間的営為を支え、それを常態化し、やがて制度化を目指すこの週休（２＋α）日制のワークシェアリングによる三世代「菜園家族」構想は、一九世紀以来考えられてきた数々の未来社会論をはるかに超えた精神性豊かな新しい社会のあり方と、そこへ到達する確実で具体的な道筋を提起しているところに特長がある。それは戦後高度経済成長の過程で無惨にも衰退した家族と、森と海を結ぶ流域地域圏《エリア》を一体的に甦らせ、農山漁村の過疎高齢化と都市の過密化を同時解消するとともに、「菜園家族」を基調とする自然循環型共生の地域社会を日本列島の隅々にまでバランスよく一つずつ築き上げていくことによって、国土全体をグローバル市場に対峙する「免疫的自律世界」に、時間をかけゆっくりとしかも着実に構築していくことなのである。

「新成長戦略」、そして「アベノミクス」なるものに幻想を抱き、果てには破滅へのスパイラルに陥っていくぐらいなら、たとえ「菜園家族」構想が時間のかかる苦難の道であっても、人類の崇高な理想に向かって生きることが、どんなに人間として生き甲斐のあることなのかが次第に分かってくるはずである。私たちはこれまで何回も根拠のない淡い幻想を繰り返し抱かされ、現実から目をそらしてきたのではなかったのか。私たちはあまりにも長い間、目先の些細な功利に振り回され、本来の生きる目標を見失い、夢を描くことすら忘れてしまった。このことを深く自戒しなければならない。

さて、人間の新たな社会的生存形態の創出と並んで、「菜園家族」構想にとってもう一つ重要な問題は、第八章「『菜園家族』の台頭と資本の自然遡行的分散過程」で触れた、二一世紀の新たな次元の科学技術体系の創出である。「菜園家族」構想については、恒常的な生産力の減退・縮小傾向を招き、結局、昔の貧しい生活に戻ってしまうのではないか、といった誤解や懸念を持たれがちである。果たしてそうなのであろうか。それとは逆に、第八章で述べたように、「菜園家族」の台頭によって「資本の自然遡行的分散過程」が進むにつれて、市場原理によって歪められた今日の巨大科学技術は次第に影をひそめ、自然界の摂理に適ったまったく異なる次元の新たな価値に基づく、人間の身の丈に合った「潤いのある小さな科学技術体系」が創出され、その結果、今日よりも人間の幸福にとってはるかに本質的で、しかも精神性豊かな生活を築くための、それこそ人間にとって真に必要不可欠な物質的諸条件が整えられていくと見なければならないのである。この点に注目するならば、先の誤解や懸念は自ずと解消されるはずである。

それればかりではない。精密化・複雑化・巨大化を遂げ、3・11フクシマが象徴するように、ついには母なる自然を破壊し、人間社会をも狂わせ破局へと追い込んだ現代科学技術に代わって、これまでとはまったく異質な自然循環型共生の新たな科学技術体系が確立されていく時代がはじまるのである。

むすびにかえて ― 自然《じねん》の思想を現実の世界へ ―

苦海を彷徨《さまよ》い
　酔夢は
大地に明日を描く

本書の冒頭でも述べたように、「菜園家族」の真髄は、燦々と降りそそぐ太陽のもと大地を耕し、雨の恵みを受けて作物を育て、その成長を慈しむことにある。天体の運行にあわせ、自然のゆったりとした循環の中に身をゆだね、子供たちも、大人たちも、年老いた祖父母たちも、ともに助け合い、分かち合い、仲良く笑顔で暮らす。それ以外の何ものでもない。

年年歳歳かわることなく、めぐり来る四季。その自然の移ろいの中で、「菜園家族」とその地域社会は、自然と人間との物質代謝の和やかな循環の恵みを享受する。ものを手作りし、人々とともに仲良く暮らす喜びを実感し、感謝の心を育む。人々は、やがて、ものを大切にする心、さらには、いのちを慈しむ心を育て、失われた人間性を次第に回復していく。市場競争至上主義の延長上にあらわれる対立と憎しみに代わって友愛が、そして暴力と戦争に代わって平和の思想が、「菜園家族」に、さらには地域社会に根づいていく。

人と競い、争い、果てには他国への憎しみを駆り立てられ、殺し合う。そんな戦争とは、「菜園家族」

はもともと無縁である。残酷非道な、それこそ無駄と浪費の最たる前世紀の遺物「人を殺す道具」とは、無縁なのである。「菜園家族」は、世界に先駆けて自らの手で戦争を永遠に放棄し、自らも大いなる自然に溶け込むように、平和に暮らすよすがを築いていくにちがいない。

ひょっとしたら、「菜園家族」に託すこの願いは酔夢だったのだろうか。ふと、そんな思いがよぎる。しかし、よく考えてみると、この「菜園家族のくに」こそ、日本国憲法が世界にむかって高らかに謳《うた》った「平和主義」、「基本的人権（生存権を含む）の尊重」、「主権在民」の三原則の精神を地でいくものであることが分かってくる。「菜園家族のくに」では、日常のレベルで、そして大地に根ざした思想形成の過程で、この憲法の精神が現実のものになっていく。

日本の国土に生きる私たち自身が、世界に率先してこの新しい人間の生き方「菜園家族」の道を選び、誠実に歩んでいくならば、きっと、世界に誇る日本国憲法に、いのちを吹き込むことになるであろう。憲法の精神を地でいくこの「菜園家族」に、アジアの人々も、さらには世界のすべての人々も、いつかはきっと、惜しみない賞賛と尊敬の念を寄せてくれるにちがいない。

世界の人々は今、モノでもカネでもなく、精神の高みを心から望んでいる。「菜園家族」はこの世界の願いに応えて、必ず世界に先駆けてその範を示すことになるであろう。

人間社会の生成・進化を律する原理を自然界の「適応・調整」の普遍的原理に戻す

「菜園家族」を創出し、それをゆっくりではあっても地域社会の基礎単位として社会の基盤に組み込むことは、それに伴って、社会全体からすれば、純粋な意味での「賃金労働者」が確実に変質、減少していくことを意味している。このことはただちに、剰余価値の資本への転化のメカニズムを揺るがし、資本の自己増殖運動を社会のおおもとから抑制し、次第に衰退へと向かわせていくことになる。これは結果として、「資本の自然遡行的分散過程」を社会の基底部から促していくことにもつながるのである。

つまり、地域住民一人ひとりの日常普段の地道な努力によって成される、人間本来あるべき正当な生活防衛としてのこの「菜園家族」の創出は、一見地味で緩慢に見えるが、地域に抗市場免疫の自律的世界を拡充していくことであり、ますます強まる資本主義の横暴を社会の基礎から抑制し、資本主義そのものをゆっくり時間をかけて確実に衰退へと導き、ついには近代を超克する自然循環型共生社会への体制転換を着実に促していく原動力になる。「菜園家族」の創出という一見些細に見える個々人の日常普段の努力の積み重ねが、実は射程の長い世界史的意義を有する人間的営為であることを、ここであらためて確認しておきたい。

人類が究極において、大自然界の中で生存し続けるためには、人間社会の生成・進化を規定している極めて人為的で反自然的な「指揮・統制・支配」の特殊原理を、自然界の摂理ともいうべき「適応・調整」（＝自己組織化）の普遍的原理へと、実に長い年月をかけて戻していかなければならない。このことについてはすでに述べてきた。本当の意味での持続可能な自然循環型共生社会の実現とは、まさに、人間社会の生成・進化を律する原理レベルにおいて、この壮大な自然界への回帰と止揚《レボリューション》を成し遂げることにほかならない。

大自然界の摂理に背き、人類が自らつくり出した原発、つまり核エネルギーの開発と利用という自らの行為によって、無惨にも母なる自然を破壊し、自らのいのちと自らの運命を絶望の淵に追い遣っている今こそ、人間存在を大自然界に包摂する新たな世界認識の枠組みのもとに、その原理とその思想を未来社会構想の根っこにしっかりと据えなければならないのである。

自然界の生成・進化を貫く「適応・調整」の普遍的原理を人間社会に体現するかのように、人間の社会的生存形態と家族や地域のあり方を根源から変えながら、次代のあるべき姿へと時間をかけてじっくりと熟成させていく。それはまさに、「菜園家族」による〝静かなるレボリューション〟の長い長い過程なのである。

これまで人類が成し遂げることができなかったこの壮大な課題が、3・11東日本大震災後のまさに今、二一世紀に生きる私たちに最後の機会として与えられている。この課題から逃げることなく、真っ正面に据えて取り組む。こうしてはじめて、一八世紀イギリス産業革命以来二百数十年にわたる近代を超克する道は、大きく開かれていくのではないだろうか。

自然への回帰と止揚《レボリューション》、これこそが人間の本源的な歴史思想である

市場原理至上主義アメリカ型「拡大経済」を克服し、グローバル市場原理に抗する原発のない「免疫的自律世界」、つまり「菜園家族」を基調とする自然循環型共生社会を創出する主体は、紛れもなく「菜園家族」自身である。その意味で、この〝静かなるレボリューション〟による二一世紀の社会変革の道は、〝菜園家族レボリューション〟とでも言うべきものなのかもしれない。

〝菜園家族レボリューション〟

これを文字どおりに解釈すれば、「菜園家族」が主体となる革命ということである。しかし、〝レボリューション〟には、自然と人間界を貫く、もっと深遠な哲理が秘められているように思えてならない。それは

もともと旋回であるが、回転であるが、天体の公転でもあり、季節の循環でもある。そして何よりも、原初への回帰を想起させるに足る壮大な動きが感じとれる。イエス・キリストにせよ、ブッダにせよ、一九世紀のマルクスにせよ、わが国近世の希有な思想家安藤昌益にせよ、インドの偉大なる思想家ガンジーにせよ、あるいはルネサンスやフランス革命にしても、レボリューションの名に値するものは、現状の否定による、原初への回帰の情熱によって突き動かされたものである。

現状の否定による、より高次の段階への回帰と止揚《レボリューション》。それはまさに、事物の発展の根源的哲理とも言うべき「否定の否定」の弁証法なのである。

天才的喜劇役者であり、二〇世紀最大の映画監督であるチャップリンは、映画『モダン・タイムス』(一九三六年)の中で、何を描こうとしたのであろうか。今あらためて考えさせられる。一九二九年、ニューヨークから発した世界大恐慌のさなか、冷酷無惨な資本主義のメカニズムによって掃き捨てられ、ズタズタにされてゆく労働者の姿を、チャップリンは臆《おく》することなく、時代の最大の課題として真っ向から受け止めた。

ラストシーンは、この映画の圧巻である。使い古された雑巾のように捨てられ、放心状態のチャップリン扮《ふん》する労働者が、非情の都会に浮浪する少女とともに、喧騒《けんそう》の大都会を背に、丘を越え、前方に広がる田園風景の中へと消えていく。自作の名曲「スマイル」が印象的なこのシーンは、八〇年が経った今なお、二一世紀の人類に行くべき道を暗示しているかのようだ。社会の底辺に生きる人間へのあたたかい視線と、慧眼《けいがん》としか言いようのない未来への洞察力に、ただただ驚嘆するばかりである。

二一世紀の今、アメリカの金融危機を発端に、再び世界の人々を襲っている未曾有の経済危機。今日の混迷の中から、私たちが、そして世界が探しもとめているものは、エコロジーの深い思想に根ざしたほんものの自然循環型共生社会への確かな糸口である。その意味でも「菜園家族」構想は、「辺境」からのささやかな試みではあっても、その夢は大きいと言わなければならない。

現代工業社会の廃墟の中から、それ自身の否定によって、田園の牧歌的情景への回帰と人間復活の夢を、この〝菜園家族レボリューション〟のことばに託したいと思う。

人は明日があるから、今日を生きるのである。

失望と混迷の中から二一世紀人々は、人類始原の自由と平等と友愛のおおらかな自然状態を夢見て、素朴な精神世界への壮大な回帰と止揚《レボリューション》、人間復活の高次自然社会への道を歩みはじめるにちがいない。

自然観と社会観の分離を排し、両者合一の思想をすべての基礎におく

わが国の先駆的思想家であり、『自然真営道』の著者として世に知られる安藤昌益(一七〇三〜一七六二)は、江戸幕藩体制のただ中に、出羽国の大館盆地南部に位置する二井田村(現秋田県大館市)に生まれた。

昌益の用いる「自然」の一語には、宇宙の全存在の「自《ひと》り然《す》る」自律的自己運動性と、作為の加わらぬ天然性と、権力の加わらぬ無階級性、男女平等性が含意されている。人類の太古には、全員が耕し、平等に暮らした共同社会があったと想定する。そこでは、生態系は自然のままに循環し、人は労働することで自然の治癒力が十分にはたらき、みな無病息災であった。そこにはゆったりとした豊かさがあり、すべては自然のままに上下、貴賤、貧富の差別のない万人直耕の無階級社会であったとして、これを「自然世《じねんのよ》」

と名付けた。こうして自己充足的な集落や村など小単位の自治的農民共同体の社会が、もっとも自然なものとされた。自然観と社会観を分離する考え方を排し、人類始原の自然状態の存在を直感し、確信し、それを自己の理論的全体系の基礎に据えたのである。昌益のまさにこの「自然世」こそ、「菜園家族」を基調とする自然循環型共生社会の原形を成すものではないのか。

今からおよそ二六〇年も前に、わが国の風土の中から世界史的にも稀な独自の思想が生み出されたことに驚かされるとともに、同じこの山河に生きるひとりの人間であることをひそかに誇らしく思う。この思想的伝統を二一世紀の今日の混迷の時代にあってどう受け継ぎ、未来へと創造的に展開できるのか。このささやかな「菜園家族」構想がそのことを探る出発になればと願う。

めざすべき永遠の彼方の「高次自然社会の内実」と、そこへ至る長い実践のプロセス、つまり「静かなるレボリューション」のいわば「静」と「動」のこの両者が、相互に作用をおよぼし合いながら絶えず共進化を遂げていく。まさにこの理念と現実との対立・矛盾の葛藤を通して、さらなる高次の段階へと展開する終わりのない自律的自己運動の総体を、ここでは今日一般に用いられている自然《ネイチャー》と区別して、昌益に学び敢えて「自然《じねん》」と呼ぶことにしよう。この「自然《じねん》」こそが本構想の真髄でもあるのだ。

悠久の時空のなか
　人は大地に生まれ
　　育ち
　　　大地に還ってゆく

混迷の時代だからこそ見失ってはならない未来社会への展望、そしてゆるぎない確信

人間社会のあるべき姿を、宇宙、つまり大自然界における物質世界と生命世界の生成・進化のあらゆる現象を貫く、自然の摂理とも言うべき「適応・調整」の普遍的原理（＝自己組織化）に照らして考える。つまり、自然観と社会観の分離を排し、両者合一の思想をすべての基礎に置く。このことが「菜園家族」構想の大前提であるとともに、この「構想」を首尾一貫して貫く哲理ともいうべきものであることを、ここであらためて確認しておきたい。

微に入り細をうがつ目から一旦離れ、人類史を長いスパンで大きく捉えるならば、これまで述べてきた「菜園家族」構想に基づく人類の未来を見据えた歴史観は、以下のようになるであろう。

〈自然への回帰と止揚《レボリューション》の歴史過程〉

原始自然社会→古代奴隷社会→中世封建社会→近代資本主義社会→「菜園家族基調のＣＦＰ複合社会→ＦＰ複合社会（自然循環型共生社会）→高次自然社会（国家的権力の自然消滅、人間の全面的開花）

以上の人類史の全過程を人間の社会的生存形態に着目すれば、

原始自由身分 ↓ 古代奴隷身分 ↓ 中世農奴身分 ↓ 根なし草同然の近代賃金労働者身分 ↓ ＣＦＰ複合社会における抗市場免疫の「菜園家族」的身分 ↓ 脱資本主義ＦＰ複合社会（自然循環型共生社会）における「菜園家族」的自律身分 ↓ 高次自然社会における自由身分

となる。

同じく人類史の全過程を、直接生産者としての「人間」と「生産手段」の両者の関係を重視し、それに焦点を当てて見るならば、

原始自然社会における両者融合の状態 ↓ 古代奴隷制における両者の完全分離の状態 ↓ 中世封建制下での両者再結合への途上での未成熟の状態 ↓ 近代資本主義における両者の大がかりで徹底した完全分離の特殊状態 ↓ 「菜園家族」基調のＣＦＰ複合社会下での両者再結合への途上での未成熟の状態 ↓ 脱資本主義ＦＰ複合社会（自然循環型共生社会）下での両者再結合の成熟期の状態 ↓ 高次自然社会における両者の最終的かつ完全なる再融合の状態

となる。

つまり、直接生産者である人間から生産手段が完全に分離した古代奴隷制時代のかつての状態が、近代資本主義に至って再び亡霊の如く執拗に現れてくることに刮目したい。このように人間と生産手段の両者の完全分離状態が近代に至って執拗に再現したのはなぜか。その理由は、第十二章「今こそ近代のパラダイムを転換する」で考察してきたように、人類がその始原の段階から大自然界の中にありながら、他の哺乳動物には見られないほど特異で異常なまでに頭脳の発達を遂げ、その結果、道具の飛躍的な発達を促し、剰余価値を生み出すことが可能になったこと。それを契機に人間社会の発展を律する原理が、自然界の生成・進化の「適応・調整」の普遍的原理(=自己組織化)から、極めて人為的で反自然的な「指揮・統制・支配」の特殊原理に転換し、その異質な原理によって執拗なまでに人間社会が組織・編成されてきたことにある。それはあたかも、人体の局所に発症した悪性の癌細胞が、人体の一部でありながら、その発達が人体の他の細胞とは異質の原理によるが故に、異常増殖を引き起こし、転移を繰り返しながらついには人体そのものを蚕食するまでに至るメカニズムと驚くほど酷似している。

近代に至って古代奴隷制時代のかつての状態、すなわち人間と生産手段の両者の完全分離状態が再現した理由をこのように捉えるならば、資本主義を超克するという難題に直面している私たちは、まず人間社会の生成・進化のこの原理レベルにおける歴史的特殊性を認識し自覚することが如何に大切であるかが、自ずと分かってくるはずである。

さて、以上述べてきた人類史の全過程を人間の社会的生存形態に着目し、かつ経済的搾取・被搾取による経済的格差を梃子に蔓延する、人間の人間による支配・被支配の社会的階級関係に視点を据えて要約すれば、それは大きく次の三つの時代に区分される。

原始自然社会（無階級）→階級社会→高次自然社会（無階級）
（1）　　　　　　　（2）　　（3）

となり、無階級社会の原始自然社会からさまざまな階級社会を経て、それ自身を止揚して高次自然社会としての無階級社会に再び回帰していくことが分かる。

上記（1）、（2）、（3）の各ステージにおける、人間社会の生成・進化を貫く基本原理は、

（1）のステージにおいては、自然界を貫く「適応・調整」の普遍的原理（＝自己組織化）

（2）のステージにおいては、極めて人為的で反自然的な「指揮・統制・支配」の特殊原理

（3）のステージにおいては、自然界を貫く「適応・調整」の普遍的原理（＝自己組織化）

となり、人間社会は生成・進化の原理レベルにおいても、極めて人為的で反自然的な「指揮・統制・支配」の特殊原理から、自然界の生成・進化の「適応・調整」の普遍的原理（＝自己組織化）に回帰していくことが分かる。つまり人類史は、「自然への回帰と止揚《レボリューション》の歴史過程」として捉えることができよう。

これからの二一世紀未来社会論は、人類史の基底に脈々として受け継がれてきたこの「自然への回帰と止揚《レボリューション》」という歴史思想、つまりいつの時代にも人々の心の中に脈々と息づいてきた「自然と人間の再融合」を願う民衆の切なる歴史思想にしっかり裏打ちされたものでなければならない。

そして大切なことは、はるか彼方のあるべき理想の未来社会と現実とのあいだに、「菜園家族」基調のCFP複合社会という中間過程を設定することによって、長期にわたる創造性豊かなこの複合社会形成の全過程を通じて、人々が自らの生産と暮らしの場において自己を鍛錬し、自らの社会や世界の道理を深く究め、優れた叡知を獲得していくことが可能になるという点である。こうしてはじめて、形骸化し形式化された上っ面だけの民主主義ではない、為政者に決して騙されることのない主体的力量の涵養と真の草の根民主主義思想の熟成は可能になる。

しかもこの中間プロセスは、「家族」と「地域」という身近な場から、自らの手で次代の生産と暮らしの礎を一つひとつ時間をかけて積み上げていく実に根気のいる過程でもある。それは第八章で詳述したように、「菜園家族」の台頭による資本の自然遡行的分散過程であり、身の丈に合った新たな科学技術体系が生成・進化し、自然循環型共生社会にふさわしい生産と暮らしのあり方が形成されていく重要なプロセスなのである。

こうした実に長期にわたるCFP複合社会という中間項としてのプロセスを抜きにしたどんな「革命」も、たとえそれが議会を通じて一時期政権を掌握できたとしても、結局は、民衆の精神的・物質的力量の脆弱さ故に綻びを見せはじめ、新たな専制的権力の跳梁を許し、ついには挫折せざるを得ない。まさにこの重い歴史的教訓の核心こそが、「菜園家族」による〝静かなるレボリューション〟に込められた変革の根源的な思想なのである。

日本国憲法のもとではじめて甦る「未発の可能性」としての小国主義

さて、本書の冒頭でも触れたように、明治政府が選んだ道は、自由民権運動を徹底的に弾圧し、大国主義の最たるものともいうべき大日本帝国憲法（明治憲法）のもと、日清、日露戦争を通して小国主義を押さえ込み、朝鮮、台湾を踏みにじり、さらには中国への軍事侵略を拡大していく大国主義の道であった。そしてさらにこの大国主義の道は、アジア・太平洋戦争へと戦線を拡大し、ついに一九四五年八月一五日の敗戦を迎えたのである。明治初年、明治十年代からの「未発の可能性」としての小国主義は、大国主義と闘い、伏流、台頭、再伏流という長い苦難の水脈を維持しつつ、ついに一九四五年の敗戦・占領という過程で、この小国主義を内包した世界に誇る日本国憲法として結実したのである。

日本国憲法成立に至るこの苦難の歴史を思う時、人類の叡知の結晶ともいうべき世界に誇る稀有なる日本国憲法のもつ今日的意味をあらためて考えさせられる。明治初年から大正、昭和そして敗戦まで、長きにわたって「未発の可能性」として伏流してきたこの小国主義は、今日、日本国憲法の成立によってはじめて「現実の可能性」に転化したことを思い知ると同時に、この憲法のもつ歴史的意義、二一世紀における今日的意義をあらためて深く自覚させられるのである。あとはこの何ものにも代え難い精神的、法制的拠り所を私たち自身がいかに生かしていくかである。

しかし、戦後七〇年間、私たち国民は、世界に誇るこの日本国憲法の理念と精神を本当に自らのものにすることができたのであろうか。もちろんその間、高度経済成長による豊かさの謳歌、欲望の異常なまでの肥大化による精神の衰退、軟弱化など、その要因はさまざまに考えられるが、残念ながら反動的思想攻勢、政治攻勢に晒されながら、後退に後退を重ねてきた歴史ではなかったのか。

安倍首相は、「強い日本を取り戻す」などと豪語し、「トップセールス外交」よろしく得々として大国としての自らの野望を剥き出しにしつつ、「自由と民主主義の普遍的価値を共有する」仲間と徒党を組み、国民には敵愾心を煽り、軍事同盟を強化していく。内に向かっては、戦前・戦中の「一億火の玉」を想起させるに足る「一億総活躍社会」の実現などと民衆を煽り、欺き、その裏では憲法第九条違反の既成事実を着々と積み上げ、憲法の明文改悪を虎視眈々と狙い、大国主義への道を問答無用とばかりに突き進む。明治初年以来、第二次大戦後にも及ぶ小国主義と大国主義との長きにわたる悲運な葛藤の歴史から学ぶことはおろか、そこから目を反らし、大国主義への道へ平然と国民を引きずり込むファシズムまがいのその強引さ、その狡猾さ、その罪深さは、恐るべきというほかない。一握りの人間のきわめて私的な野望によって、大多数の国民が再び戦火にまみれ犠牲になるようなことがあっては決してならない。

私たちは、世界に誇る日本国憲法のもとにやっと掴んだこの小国主義の「未発の可能性」を、この憲法のもとにあるという何ものにも代え難い新たな条件のもとでいかにして現実のものにしていくのか。そのためにはこの国の社会経済のあり方は、どのようにあるべきなのか。明治、大正、昭和の時を越えて、まさに二一世紀のこの時代に小国主義の「未発の可能性」を敢然と甦らせ、かつ、当時とは異なる発展段階にある現状から、新時代にふさわしい小国主義を実現可能にする道筋とは一体、どのようなものなのか。まさにこのことが今問われているのである。それはまさしく本書で提起してきた日本国憲法のもとでこそはじめて構築可能となる二一世紀の新たな社会、つまりそれは、一八世紀イギリス産業革命以来の近代を超克する、抗市場免疫の「菜園家族」を基調とする自然循環型共生の自律的な社会の構築なのではないのか。

すでに述べてきたように、自然循環型共生社会の必要不可欠な基礎となる「菜園家族」の創出それ自体が、剰余価値の資本への転化による資本の自己増殖運動のメカニズムを狂わせ、際限のない「資本の蓄積・拡大・拡張」をおさえ、したがってこの自然循環型共生社会そのものが本質的に大国主義への衝動を自らの社会の内部から抑制するものになっている点に刮目すれば、そのことは納得できるはずである。つまり、「菜園家族」を基調とする自然循環型共生社会の形成こそが、自らの社会の内部から大国主義への衝動を抑制し、明治初年以来、今日に至るまで伏流、台頭、再伏流の苦難の道を辿ってきた「未発の可能性」としての小国主義に、二一世紀においてはじめて具現化への確かな道を開くことになる。

今や世界は憎しみと暴力の連鎖の中で怯え、暴力には暴力で対抗するほかないと実に残念なことではあるが、そう思い込まされている。その結果、憎しみと暴力の報復の連鎖は、とどまるどころかますます拡大し、世界は今や憎しみと暴力のるつぼと化している。このままでは、世界は一触即発の破滅へと転落していくほかないであろう。

安倍政権は、昨今の国際情勢に乗じてますます経済大国・軍事大国への衝動をあらわにし、その総仕上げを目論んでいる。それに比べて、私たちの態勢はあまりにも遅れていると言わざるを得ない。戦前、戦中、戦後の歴史から学び、何からはじめ、何をなすべきかをまずはっきりさせなければならない時に来ている。

暴力には暴力をというこの愚かな恐るべき常識を、今こそ根底から覆さなければならない。それは、膨張侵略的大国主義の対極にある小国主義の理念を完璧なまでに内包した日本国憲法の三原則、「平和主義」、「基本的人権（生存権を含む）の尊重」、「主権在民」を国民一人ひとりが自らの血と成し、肉と成し、自らの社会の中にその理念と精神を具現すること。具体的には繰り返しになるが、「菜園家族」基調の自然循環型共生社会を構築することである。

そして、まず何よりも日本の国土に生きる私たち自身が、なかんずく「戦争の放棄、戦力の不保持、交戦権の否認」を明示した日本国憲法第九条をもう一度世界の人々に向かって高らかに再宣言することである。と同時に、自らの国土に非戦・平和の確かな礎となる自然循環型共生社会を構築し、「菜園家族」を土台に築く世界に比類なき円熟した先進福祉大国をめざすこと、いかなる軍事同盟にも加担しない非同盟・中立の立場を堅持することをはっきりと宣言しよう。そしてこれを身をもって実行し、行動によって示していくのである。これこそが、憎しみと暴力の連鎖を断ち切る究極の唯一残された道ではないのか。この「菜園家族」的平和主義こそが、国民が心から望むまことの積極的平和主義なのである。

戦前・戦中・戦後の歴史から学び培ってきたものは、結局、原発と戦争には決して組みしないという、人間にとって絶対に譲ることのできないこの最低限度の矜持であり、決意ではなかったのか。

近代の終末とも言うべき憎しみと暴力の修羅場から脱却する道は、これを措いてほかにないのではないか。地獄への転落の瀬戸際に立たされても、残されたこの道がなおも心のどこかで非現実的で夢のように虚ろに映る。この内面の現実こそが不憫なのだ。自らの問題としてこの現実をまずもって何とか克服しなければならない。自戒の念を込めてそう思う。

この道を忍耐強く誠実に進んでいくほかない。やがて、暗くて長いトンネルの先に、仄かな光が見えてくる。

あとがき――「世界でいちばん貧しい大統領」ホセ・ムヒカさんの思想との交歓

人には夢がある

民意と「議会」の議席数が極端に乖離する偽りの選挙制度のもとで、私たちは「選挙」だけに矮小化された「政治」に馴らされ、甘んじてきたのではなかったのか。

それは、実に長きにわたって民衆を上から統治し、お恵みを施す式の古色蒼然たる前近代の権力者の政治思想が、今なお民衆側にも心の奥底に根強く染みついてしまったためなのであろうか。

政治家は特権者であり、特別待遇を受けて当たり前、豪華な生活をして当然と思い込まされ、いつしかそれが常識となっていく。アベノミクスの金融緩和政策に翳りが見えはじめると、今度は財政出動だと言わんばかりに上からのお恵みを期待し、マスメディアがにわかに演出する田中角栄ブームなるものの再来に期待を寄せる。そこに御上からのお恵み頂戴の思想の歴史的根深さを見る思いがする。今さらのように私たち自身の主体性の弱さを思い知らされるのである。

本年（二〇一六年）の四月上旬のことであったろうか。こうしたわが国のあさましい何とも言いようのない政治風土のまっただ中に、遥か遠く南米ウルグアイから「世界でいちばん貧しい大統領」と呼ばれるお客さん、ホセ・ムヒカ元大統領（一九三五年～）夫妻がひょっこり現れたから、たまったものではない。テレビや新聞は、あっという間ではあったが、驚きと好奇心と羨望の念をない交ぜに賑わった。東京外国語大学で開催された「日本人は本当に幸せですか?」と題する講演会では、満席になった本会場に入れなかった学生たちが、陽が沈んでも帰ろうともせず、肌寒い中、野外中継のテレビ画面を食い入るように見つめていた。

ちょうど本稿を締めくくる最終段階であったためか、氏の一言一句に格別な感銘を覚えつつ、その強靱にして温和な人柄にいつしか引き込まれていた。それは、闘いぬいてきた人間の、素朴ではあるが真実を突いた言葉とその深い思想への共感でもあった。同時に、私たちが長年練りあげ、本書で展開してきた自らの基軸となる思想とそれに基づく社会構想の核心と、偶然とは言え、あまりにも一致する部分が多いことに驚かされた。今は社会の「主流」としては必ずしも受け入れられ難いものではあるが、決して間違ったものではなかったという確信を得た瞬間でもあった。

ネクタイ嫌いだというムヒカさんの飾らない人となりとその言説の言い回しをできるだけ壊さず、生のまま直接伝えたいと願い、少し長くはなるが、絵本『世界でいちばん貧しい大統領からきみへ』（くさばよしみ編、汐文社、二〇一五年）から一部を引用し、そこに秘められたムヒカさんの思想の真髄を再確認し、「あとがき」に代えたいと思う。

「ホセ・ムヒカ氏が大統領の任期を終えた二か月後。南半球に位置するウルグアイの五月は、日本の秋だ。会いに行くと、毛玉だらけのスウェットの上下に身をつつみ、サンダルをはいたムヒカ氏が平屋の自宅からあらわれた……」と、この絵本の出だしははじまる。

遠い国からようこそ。会えてうれしいよ。

ああ、知っているよ。
きみの国で、わたしの絵本が読まれているんだって?
リオの地球サミットで話した、あのスピーチ※ の。
そりゃうれしいさ、
少しは、わたしも何かの役に立っているわけだ。
妻のルシアが、絵があなたにそっくりねっていうんだ。……
そう、わたしは世界の人から
「世界でいちばん貧しい大統領」といわれている。
見ての通り、三部屋しかないうちにすんでいるし、
仕事にも
友だちからもらったフォルクスワーゲンを運転して行く。
どこへ行くにも、同じチェックの上着だし。……
わたしは、自分を貧しいとは思っていない。
いまあるもので満足しているだけなんだ。
わたしが質素でいるのは、自由でいたいからなんだ。
お金のかかる生活を維持するために働くより、
自由を楽しむ時間がほしいんだ。……
ほら、畑のまわりに花が咲いているだろう。

わたしが育てているんだ。
花が好きなんだよ。
小さいときは、裏庭でつんだユリを道で売ることもあった。
貧しかったからね。……
わたしのおやじはスペイン、おふくろは、イタリアからの移民だった。
七歳のときにおやじが亡くなって、
おふくろは小さな畑で野菜を育てながら、わたしと妹を育てた。
貧しかったけれど、食べ物に困ったことはなかったよ。
やりくりしてわたしたちを食べさせてくれたんだ。……
ウルグアイは経済的に不安定になって、
政権はしだいに強権的になっていった。
わたしは四度投獄されているんだ。
ゲリラ活動をしていたんだよ。
武力で政権を倒すことも辞さないと考えていた。
軍部が権力を握ってからの、四度目の投獄生活は悲惨だった。
つかまったとき抵抗して、六発撃たれて死にかけた。
そして十三年間牢獄にいたんだ。
換気口もトイレもマットレスもない、

ただのコンクリートの箱だった。
わたしは、はっているアリに話しかけるようになった。……
幻覚や幻聴やらが止まらなかった。正気を失っていたんだな。……
そんなわたしを救ったのは、読書だった。
牢獄では科学系の本しか許されなかったから、
生物学に始まって、農学、医学、獣医学、
そして人類学の本も読んだよ。
一日中本にどっぷりつかりながら、
人間とは何なのか、自分に問い続けた。
そういうことを考える時間がたっぷりあったのさ。……
一九八五年の三月の終わり、わたしは出獄した。
軍事政権が終わったんだ。
自由の身になったわたしには、
痛みや苦しみを嘆く気持ちは消えていた。
獄中での孤立無援の状態を経験したからこそ、
いかにわずかなもので幸せになれるかを学んだんだ。……
むかしは、崇高な目的を達成するための正義の戦争と、
悪い戦争があると思っていた。

しかし武力による犠牲と苦しみを肌身で知って、
どんな戦争であれ、
社会でもっとも弱い人の犠牲で終わることを知ったんだ。
最低の話しあいは、最高の戦争に勝るんだ。……
人は、何のために生まれてきたんだと思う？
いや、むずかしいことをいっているんじゃないんだ。
働くため？
発展するため？……
わたしがシンプルでいるのは、
そのほうが自由だから。
自由とは、自分のための時間なんだ。……
世界では一分間に数百万ドルが消費され、
数百万ドルが軍事予算に費やされている。
なのに、貧困を救うお金がないというのは、
わたしにいわせれば、恥じらいを持たないということだ。
こんなにも世界は資源であふれているのに、
かつてないほど富は集中し、
貧富の差は激しくなっている。……

わたしたちはつい、人生の時間の使い方を間違えてしまう。
自由をどこかに置き忘れて、
自由が傷ついたことにすら気がつかない。……
若い人には、恋する時間が必要なんだ。
子どもや家族ができたら、いっしょに過ごす時間が必要なんだよ。
友だちがいたら、
友だちと過ごす時間が必要なんだ。
わたしもたくさん恋をした。
若いときは、勉強して読書して
ウルグアイを何百キロとサイクリング。
そして恋愛、失恋、恋愛のくり返しだったさ。
女性を恋すると考え方が変わってしまうんだ。
クラシック音楽を愛するようになったのも、
恋人の影響なんだ。
そんなわたしの人生に、ルシアは遅れてやってきた。
彼女と出会ったのは、はじめての刑務所暮らしの後だった。
二人とも非合法で反政府活動をしていて、
山の中で過ごしていたんだ。

危険と孤立状態が続いていたある夜、
わたしたちはいっしょになった。……
わたしの考えはアイマラ民族と似ていてね。
アイマラ民族は、ボリビアやペルーあたりにいる人たちだ。
彼らはこういっている。
「貧乏とは無限に多くを必要とし、もっと欲しがることである」とね。……
アイマラの村では、古いやり方が続いている。
年に一度の話しあいで指導者が選ばれるんだ。
これが民主主義だよ。
民主主義はとても古く、
常に危機にさらされてきたけれど、
人間が本能的に必要とするかたちなんだ。
民主主義がすばらしいのは、
永遠に未完成で、完璧にもならないからだ。
そして、平和的な共生を可能にするからだ。
民主主義は、異なる考えの人を尊重するからね。
これが社会を生きやすくする。
ゆるぎない価値なんだ。……

人類の重要な文化の誕生や発展は、
片隅の小さなコミュニティで生まれているんだよ。……
それはつまり、きみたちのコミュニティでも
生まれるということだ。
大きな変革は小さな村から生まれるんだ。
だからこそ、一人ひとりが挑戦することが必要なんだ。……
人間は集団生活する動物だ。
他人を必要とする、奇妙なサルなんだ。
一人では生きていけない。
だから、共有する理想を掲げないといけないんだ。
そのために、互いに親しくなる努力をし、
多様性を尊重する文化を再建しなければならない。
多様性が世界を豊かにし、命を尊重することにつながるんだ。
景色を見てごらん。
花も草木もいろいろあるから美しい。……
人は、よいときよりも痛みのあるときから
より学ぶことができるんだ。
わたしはそれを身に染みて知っている。……

よく生きるために闘い、
後の者たちにそれを伝えようとしたならば、
その息吹は丘や海を渡り、
かすかな記憶となって残るだろう。……

結局、ムヒカさんは、二十世紀から二十一世紀の世界の中でまさに同時代を小さな国に生まれ、育ち、生涯をかけて苦闘してきた自らの全体験から、私たちにこう問いかけているのではないだろうか。日本はこれまでの道を進むのか、それとももう一つの道、すなわち人間にもともとあったはずの自分自身の時間を取り戻し、自由にもっとおおらかに生きる道を選択するのか、この二つに一つをもうそろそろ決断すべき時に来ているのではないか、と。

平易な言葉ではあるが、なぜか直截的で力強い。思ってもいないことを美辞麗句を並べ立て、ぺらぺらと口先だけでしゃべりまくる政治家はわが国にはたくさんいるが、それはもうまっぴらごめんだ。私欲と私的な野心のために、国民をとんでもない方向に強引に、しかも平然と仕向ける。

わが国の何ともこざかしい政治家の群れに、ムヒカさんのこの思想の一石を投じたいという思いに駆られるのは、私たちだけではないだろう。つい最近のことであるが、地方都市・彦根の本屋の青年店員さんがなぜか、「安倍首相も、ムヒカさんの爪の垢でも煎じて飲めばいい」と、ふと漏らした。若い人たちも、黙ってちゃんと見ているのだ。

「乗り越えなければならないのは私たちの文明のモデルであり、いまある危機のほんとうの原因は、私たちがめざしてきた幸せの中身にあるのです。見直すべきは私たち自身の生き方なのです」。これが、ムヒカさんのもっとも言いたかったことではなかったのか。遥か遠い南半球の小さな国に貧しく生まれ育ち、生涯をかけて闘いぬいてきたムヒカさんの実体験から凝縮されたこの生きる信条に、私たちはあらためて「未発の可能性」としての小国主義と「自然《じねん》」のしなやかで強靱な思想を見出すのである。

市場にのみ人間の生き方が支配される画一的で無機質、冷酷無惨な現代社会。未来への展望を見失い、ますます人々を孤立無援の心境に追い遣っていく今日の時代状況の中で、核心を突くこのメッセージが、若者をはじめ多くの人々にどんなに生きる勇気と希望を与えたことか。

遠く離れ、歴史も、風土も、社会の条件も異なる国にそれぞれ生きてはいるが、ムヒカさんが力を込めて言う「共有する理想を掲げ、多様性を尊重する文化を再建する」こと。そのために精一杯、努力したいと思う。本書『菜園家族の思想 ―甦る小国主義日本―』が、この約束の証になることを願わずにはいられない。

ムヒカさんが言うところの「多様性を尊重する文化の再建」に要請されるものとは、まさしく私たちが今や避けることのできない近代文明超克の前提となるべき全一体的《ホリスティック》で透徹した新たな理論の構築と、その具現化への現実的アプローチの究明にほかならない。ムヒカさんとの奇遇とも言うべき「思想の交歓」によって、生命本位史観とも言うべき「自然《じねん》」の思想に裏打ちされた本書が、ささやかではあるがその探究の出発の新たな礎になり得るものと確信を深めるに至った。多くの人々とのつながりの中で、さらなる探究を続けていきたいと思う。

本書をまとめるにあたって、実に多くの方々から学び、ご助言を仰ぐことになった。この場を借りて御礼申し上げたい。これからはじまる長い対話の道のりにあっても、変わらぬご指導をお願い申し上げる次第である。

最後になったが、拙稿の本意を汲みとり、出版を快く決断されたかもがわ出版の編集長松竹伸幸さんをはじめ、ご尽力くださったスタッフのみなさん、そしてさいごの大切なところで本書に清新の気を吹き込んで下さった装丁担当の加門啓子さんに心より感謝の意を記したい。閉塞と混迷の時代にあって、出版を通じ読者と著者の間に立って、個性も価値観も異なるさまざまな人々との係わりを確かな明日への一歩につなげていきたいと願う編集者としての矜持と使命感に、ひとかたならず敬意と共感を覚える。さらなる「構想」の深化と広がりを期したいと思う。

※『世界でいちばん貧しい大統領のスピーチ』（くさばよしみ編、汐文社、二〇一四年）

二〇一六年八月二五日
琵琶湖畔鈴鹿山中、里山研究庵Ｎｏｍａｄにて

小貫雅男
伊藤恵子

追記

ここ十数年の間に出版された未来社会論に類する主な著作（翻訳書を含む）を以下に列挙する。これらをあらためて本書と合わせ検討することによって、わが国の現実と風土に根ざした私たち自身の二一世紀未来社会論がいっそう深められていくのではないかと思う。と同時に、これら諸説との対話を通じて、あるべき未来社会へのより具体的な変革の道筋についても、多面的に議論がなされていくことになればと願っている。

玉野井芳郎『生命系のエコノミー―経済学・物理学・哲学への問いかけ―』新評論、一九八二年
ポール・エキンズ編著、石見尚ほか訳『生命系の経済学』御茶の水書房、一九八七年
アンドレ・ゴルツ著、杉村裕史訳『資本主義・社会主義・エコロジー』新評論、一九九三年
石見尚『農系からの発想―ポスト工業社会にむけて』日本経済評論社、一九九五年
マレイ・ブクチン著、藤堂真理子ほか訳『エコロジーと社会』白水社、一九九六年
ジェイムズ・ロバートソン著、石見尚・森田邦彦訳『21世紀の経済システム展望―市民所得・地域貨幣・資源・金融システムの総合構想―』日本経済評論社、一九九九年
デビット・コーテン著、西川潤監訳『ポスト大企業の世界―貨幣中心の市場経済から人間中心の社会へ―』シュプリンガー・フェアラーク東京、二〇〇〇年
宇沢弘文『社会的共通資本』岩波新書、二〇〇〇年

エントロピー学会編『「循環型社会」を問う―生命・技術・経済―』藤原書店、二〇〇一年
森岡孝二・杉浦克己・八木紀一郎編『21世紀の経済社会を構想する』桜井書店、二〇〇一年
広井良典『定常型社会―新しい「豊かさ」の構想』岩波新書、二〇〇一年
神野直彦『人間回復の経済学』岩波新書、二〇〇二年
小沢修司『福祉社会と社会保障改革―ベーシック・インカム構想の新地平』高菅出版、二〇〇二年
藤岡惇「平和の経済学―〈くずれぬ平和《ディープ・ピース》〉を支える社会経済システムの探求」『立命館経済学』第54巻　特別号、立命館大学経済学会、二〇〇五年
山森亮『ベーシック・インカム入門―無条件給付の基本所得を考える―』光文社新書、二〇〇九年
不破哲三『マルクスは生きている』平凡社新書、二〇〇九年
リーアン・アイスラー著、中小路佳代子訳『ゼロから考える経済学―未来のために考えておきたいこと―』英治出版、二〇〇九年
レスター・ブラウン著、日本語版編集協力　環境文化創造研究所『プランB4.0―人類文明を救うために』ワールドウォッチジャパン、二〇一〇年
セルジュ・ラトゥーシュ著、中野佳裕訳『経済成長なき社会発展は可能か？―〈脱成長《デクロワサンス》〉と〈ポスト開発〉の経済学』作品社、二〇一〇年
基礎経済科学研究所編『未来社会を展望する―甦るマルクス』大月書店、二〇一〇年
大谷禎之介「未来社会の懐妊と産みおとし―マルクスのメタファーを読み解く」『季論21』二〇一一年冬号（特集「未来社会をどう構想するか」）、本の泉社

勝俣誠、マルク・アンベール編著『脱成長の道―分かち合いの社会を創る―』コモンズ、二〇一一年
内橋克人『共生経済が始まる―人間復興の社会を求めて』朝日文庫、二〇一一年
中沢新一『日本の大転換』集英社新書、二〇一一年
金子勝『「脱原発」成長論―新しい産業革命へ』筑摩書房、二〇一一年
日本科学者会議21世紀社会論研究委員会編『21世紀社会の将来像と道筋』本の泉社、二〇一一年
ジュリエット・B・ショア著、森岡孝二監訳『プレニテュード―新しい〈豊かさ〉の経済学―』岩波書店、二〇一一年
聽濤弘『マルクス主義と福祉国家』大月書店、二〇一二年
関曠野『グローバリズムの終焉―経済学的文明から地理学的文明へ』（シリーズ 地域の再生3）農山漁村文化協会、二〇一四年
長砂實「『新しい社会主義』を模索する」『季論21』二〇一四年夏号（特集「ポスト資本主義へのアプローチ」）、本の泉社
荒木武司「『実現可能な社会主義』について考える」『季論21』二〇一四年夏号（特集「ポスト資本主義へのアプローチ」）、本の泉社
広井良典『ポスト資本主義―科学・人間・社会の未来』岩波新書、二〇一五年
赤堀芳和『共生の「くに」を目指して―働く者が報われる社会に』講談社エディトリアル、二〇一五年
尾関周二『多元的共生社会が未来を開く』農林統計出版、二〇一五年
蔦谷栄一『農的社会をひらく』創森社、二〇一六年
森孝之『アイトワ12節』発行 アイトワ、二〇一六年

引用・参考文献一覧（一部映像作品を含む）

はしがき

久米邦武編修・田中彰校訂『特命全権大使米欧回覧実記』全五冊、岩波文庫、一九七七〜一九八二年
田中彰『小国主義—日本の近代を読みなおす—』岩波新書、一九九九年
家永三郎『植木枝盛研究』岩波書店、一九六〇年（増訂版一九六六年）
中江兆民著、桑原武夫・島田虔次訳・校注『三酔人経綸問答』岩波文庫、一九六五年
松永昌三編『中江兆民評論集』岩波文庫、一九九三年
『田中正造全集』全一九巻・別巻一、岩波書店、一九七七〜一九八〇年
油井正臣『田中正造』岩波新書、一九八四年
小松裕『田中正造—未来を紡ぐ思想人』岩波現代文庫、二〇一三年
内村鑑三『後世への最大遺物　デンマルク国の話』岩波文庫、一九四六年
松沢弘陽編著『日本の名著38　内村鑑三』中央公論社、一九七一年
鈴木範久『内村鑑三』岩波新書、一九八四年
鈴木範久編『内村鑑三選集』全八巻・別巻一、岩波書店、一九九〇年
松尾尊兊編『石橋湛山評論集』岩波文庫、一九八四年
増田弘『石橋湛山研究—「小日本主義者」の国際認識』東洋経済新報社、一九九〇年
鹿野政直『日本の近代思想』岩波新書、二〇〇二年

NHK取材班編著『日本人は何を考えてきたのか』明治編・大正編・昭和編、NHK出版、二〇一二〜二〇一三年
色川大吉『近代国家の出発』(日本の歴史21) 中公文庫、一九七四年
色川大吉『自由民権』岩波新書、一九八一年

序章

『新成長戦略〜「元気な日本」復活のシナリオ』首相官邸ホームページ、二〇一〇年六月一八日
日本経済団体連合会『サンライズ・レポート』日本経済団体連合会ホームページ、二〇一〇年十二月六日
東日本大震災復興構想会議『復興への提言〜悲惨のなかの希望』内閣官房ホームページ、二〇一一年六月二五日
『日本再生戦略〜フロンティアを拓き、「共創の国」へ』内閣官房国家戦略室ホームページ、二〇一二年七月三一日
赤坂憲雄・小熊英二編著『「辺境」からはじまる―東京/東北論』明石書店、二〇一二年
岡田知弘『震災からの地域再生―人間の復興か惨事便乗型「構造改革」か』新日本出版社、二〇一二年
池田清『災害資本主義と「復興災害」―人間復興と地域生活再生のために―』水曜社、二〇一四年
荒川章二『豊かさへの渇望―一九五五年から現在―』(全集日本の歴史第16巻) 小学館、二〇〇九年
「老いる都市―都心に潜む限界集落」『日本経済新聞』二〇〇九年八月二日付記事
国立社会保障・人口問題研究所『日本の将来推計人口(平成二四年一月推計)』国立社会保障・人口問題研究所ホームページ、二〇一二年三月三〇日
「ニュータウン人口減深刻―国交省調査・推計」『朝日新聞』二〇一二年七月二一日付記事

第一章

金子貞吉『現代不況の実情とマネー経済』新日本出版社、二〇一三年
J.M.ケインズ『雇用・利子および貨幣の一般理論』東洋経済新報社、一九九五年
ポール・クルーグマン『恐慌の罠―なぜ政策を間違えつづけるのか』中央公論新社、二〇〇二年
クルーグマン『世界大不況からの脱出―なぜ恐慌型経済は広がったのか』早川書房、二〇〇九年
クルーグマン『そして日本経済が世界の希望になる』PHP新書、二〇一三年
新野幸次郎・置塩信雄『ケインズ経済学』三一書房、一九五七年
高橋伸彰・水野和夫『アベノミクスは何をもたらすか』岩波書店、二〇一三年
小貫雅男・伊藤恵子「序編　あらためて近代の淵源に立ち返って考える」『グローバル市場原理に抗する　静かなるレボリューション』御茶の水書房、二〇一三年
（1）一九世紀イギリスにおける恐慌と新たな時代への胎動
（2）一九世紀、思想と理論の到達点
（3）一九世紀に到達した未来社会論
五島茂訳『オウエン自叙伝』岩波文庫、一九六一年
ロバアト・オウエン『新社会観』岩波文庫、一九五四年
ロバート・オウエン『ラナーク州への報告』未来社、一九七〇年
土方直史『ロバアト・オウエン』研究社、二〇〇三年
五島茂・坂本慶一編『オウエン、サンシモン、フーリエ』（世界の名著42）中央公論社、一九八〇年

マルクス『賃労働と資本』国民文庫、一九八六年
マルクス、エンゲルス『共産党宣言』国民文庫、一九八七年
マルクス『経済学批判』国民文庫、一九九七年
マルクス『資本論』（一）～（九）岩波文庫、一九七〇年
エンゲルス『自然弁証法』（1）（2）国民文庫、一九六五年
マルクス、訳・解説 手島正毅『資本主義的生産に先行する諸形態』国民文庫、一九七〇年
エンゲルス『空想から科学へ』国民文庫、一九八三年
マルクス、エンゲルス『ゴータ綱領批判』国民文庫、一九八三年
ウィリアム・モリス、訳・解説 松村達雄『ユートピアだより』岩波文庫、一九六八年
ウィリアム・モリス『民衆の芸術』岩波文庫、一九七七年
マックス・ベア『イギリス社会主義史』全四冊 岩波文庫、一九七五年
ゲルツェン『ロシアにおける革命思想の発達について』岩波文庫、一九七五年
A・チャヤーノフ『農民ユートピア国旅行記』晶文社、一九八四年
E・H・カー『ロシア革命』岩波現代文庫、二〇〇〇年
倉持俊一『ソ連現代史I ヨーロッパ地域』山川出版社、一九九六年
松田道雄『ロシアの革命』（世界の歴史22）河出書房新社、一九九〇年
奥田央『コルホーズの成立過程 ―ロシアにおける共同体の終焉―』岩波書店、一九九〇年
小貫雅男「モンゴル革命把握の前提 ―モンゴル近代史の位置づけと東アジア―」『歴史学研究410号（特集「ロシア周辺の

革命（Ⅱ）」）、青木書店、一九七四年

小貫雅男『遊牧社会の現代―モンゴル・ブルドの四季から―』青木書店、一九八五年

小貫雅男『モンゴル現代史』山川出版社、一九九三年

映像作品『四季・遊牧―ツェルゲルの人々―』小貫雅男・伊藤恵子共同制作（三部作全六巻・七時間四〇分）、大日、一九九八年

林直道『史的唯物論と経済学』（上）（下）大月書店、一九七一年

芝原拓自『所有と生産様式の歴史理論』青木書店、一九七二年

置塩信雄・伊藤誠『経済理論と現代資本主義』岩波書店、一九八七年

内田義彦『資本論の世界』岩波新書、一九六六年

藤田勇『社会主義社会論』東京大学出版会、一九八〇年

渓内謙『現代社会主義を考える―ロシア革命から21世紀へ―』岩波新書、一九八八年

伊藤誠『現代の社会主義』講談社学術文庫、一九九三年

和田春樹『歴史としての社会主義』岩波新書、一九九六年

第二章

川人博『過労自殺』岩波新書、一九九八年

宮本みち子『若者が〈社会的弱者〉に転落する』洋泉社新書、二〇〇二年

森岡孝二『働きすぎの時代』岩波新書、二〇〇五年

ＮＨＫスペシャル・ワーキングプア取材班編『ワーキングプア ―日本を蝕《むしば》む病―』ポプラ社、二〇〇七年
湯浅誠『反貧困 ―「すべり台社会」からの脱出』岩波新書、二〇〇八年
今野晴貴『ブラック企業 ―日本を食いつぶす妖怪』文春新書、二〇一二年
森岡孝二『過労死は何を告発しているか ―現代日本の企業と労働』岩波現代文庫、二〇一三年
森岡孝二『雇用身分社会』岩波新書、二〇一五年
岡村道雄『縄文の生活誌』講談社、二〇〇二年
佐々木潤之介『大名と百姓』（日本の歴史15）中公文庫、一九七四年
竹内啓一編著『日本人のふるさと ―高度成長以前の原風景―』岩波書店、一九九五年
吉川洋『高度成長 ―日本を変えた六〇〇〇日』（20世紀の日本６）読売新聞社、一九九七年
田代洋一『日本に農業はいらないか』大月書店、一九八七年
大野晃『山村環境社会学序説 ―現代山村の限界集落化と流域共同管理―』農山漁村文化協会、二〇〇五年

第三章

エンゲルス『家族、私有財産および国家の起源』国民文庫、一九八九年
Ｊ・Ｓ・ミル『女性の解放』岩波文庫、一九七七年
ベーベル『婦人論』（上）（下）岩波文庫、一九八一年
水田珠枝『女性解放思想の歩み』岩波新書、二〇〇〇年
アドルフ・ポルトマン『人間はどこまで動物か』岩波新書、一九六一年

時実利彦『人間であること』岩波新書、一九七〇年
三木成夫『胎児の世界』中公新書、一九八三年
松沢哲郎『進化の隣人ヒトとチンパンジー』岩波新書、二〇〇二年
山極寿一『「サル化」する人間社会』集英社、二〇一四年
山極寿一『家族進化論』東京大学出版会、二〇一二年
尾木直樹『子どもの危機をどう見るか』岩波新書、二〇〇〇年

第四章・第五章

永原慶二『日本封建社会論』東京大学出版会、一九五五年
永原慶二『歴史学叙説』東京大学出版会、一九八三年
中村政則『労働者と農民 ―日本近代をささえた人々―』小学館ライブラリー、一九九八年
松好貞夫『村の記録』岩波新書、一九五六年
保母武彦『内発的発展論と日本の農山村』岩波書店、一九九六年
石井圭一「フランス農村にみる零細コミューンの存立とその仕組み」『農林水産政策研究所レビュー』11号、二〇〇四年
大野晃『限界集落と地域再生』高知新聞社、二〇〇八年
蔦谷栄一『協同組合の時代と農協の役割』家の光協会、二〇一〇年
蔦谷栄一『共生と提携のコミュニティ農業へ』創森社、二〇一三年

国連世界食料保障委員会専門家ハイレベル・パネル著、家族農業研究会・(株) 農林中金総合研究所共訳『人口・食料・資源・環境　家族農業が世界の未来を拓く —食料保障のための小規模農業への投資—』農山漁村文化協会、二〇一四年
原弘平「2014 国際農業年 —今問われる『家族農業』の価値」『農林金融』二〇一四年一月号、農林中金総合研究所
長坂寿久『オランダモデル —制度疲労なき成熟社会—』日本経済新聞社、二〇〇〇年
熊沢誠『女性労働と企業社会』岩波新書、二〇〇〇年
熊沢誠『リストラとワークシェアリング』岩波新書、二〇〇三年
塩見直紀『半農半Xという生き方』ソニー・マガジンズ、二〇〇三年
河野直践「〈半日農業論〉の研究 —その系譜と現段階」『茨城大学人文学部紀要』第45号、二〇〇八年
河野直践『人間復権の食・農・協同』創森社、二〇〇九年
ビル・トッテン『「年収6割でも週休4日」という生き方』小学館、二〇〇九年
田中洋子「ドイツにおける時間政策の展開」『日本労働研究雑誌』第619号、二〇一二年
岩田進午『土のはなし』大月書店、一九八五年
尾形仂校注『蕪村俳句集』岩波文庫、一九八九年
記録映像番組『ふるさとの伝承』(各回40分)、NHK教育テレビ、一九九五～一九九九年放送
農文協各県編集委員会編『日本の食生活全集』(全五〇巻) 農山漁村文化協会、一九八四～一九九三年
河井智康『日本の漁業』岩波新書、一九九四年
稲本正『森の博物館』小学館、一九九四年
稲本正編『森を創る森と語る』岩波書店、二〇〇二年

西口親雄『森林への招待』八坂書房、一九九六年
山岸清隆『森林環境の経済学』新日本出版社、二〇〇一年
浜田久美子『森の力—育む、癒す、地域をつくる』岩波新書、二〇〇八年
吉田桂二『民家に学ぶ家づくり』平凡社新書、二〇〇一年
江上徹「近代末期の地平から家族と住まいの一〇〇年を省みる」『住まいの一〇〇年』日本生活学会編、ドメス出版、二〇〇二年
増井和夫『アグロフォレストリーの発想』農林統計協会、一九九五年
小林俊夫「山羊とむかえる21世紀」『第4回全国山羊サミットinみなみ信州 発表要旨集』日本緬羊協会・全国山羊ネットワーク・みなみ信州農業協同組合生産部畜産課、二〇〇一年
日本放送出版協会 制作『国産ナチュラルチーズ図鑑 —生産地別・ナチュラルチーズガイド』中央酪農会議・全国牛乳普及協会・都道府県牛乳普及協会、二〇〇〇年
スー・ハベル『ミツバチと暮らす四季』晶文社、一九九九年

第六章

松村善四郎・中川雄一郎『協同組合の思想と理論』日本経済評論社、一九八五年
大塚久雄『共同体の基礎理論』岩波現代文庫、二〇〇〇年
河原温『中世ヨーロッパの都市世界』(世界史リブレット23) 山川出版社、一九九六年
祖田修『都市と農村の結合』大明堂、一九九七年

祖田修『市民農園のすすめ』岩波ブックレットNo.274、一九九二年
金岡良太郎『エコバンク』北斗出版、一九九六年
加藤敏春『エコマネー』日本経済評論社、一九九八年
藤井良広『金融NPO—新しいお金の流れをつくる』岩波新書、二〇〇七年
井上有弘「欧州ソーシャル・バンクの現状と信用金庫への示唆」『金融調査情報』19—11、信金中央金庫総合研究所、二〇〇八年三月
大江正章『地域の力—食・農・まちづくり』岩波新書、二〇〇八年
田中洋子・広井良典「拡大成長の呪縛をどう断ち切るか—地球資源・人的資源の決定的限界に向き合う」『世界』二〇一四年三月号（特集「『脱成長』への構想」）、岩波書店

第七章

石牟礼道子『苦海浄土—わが水俣病』講談社、一九六九年、『苦海浄土第二部—神々の村』藤原書店、二〇〇六年、『苦海浄土第三部—天の魚』筑摩書房、一九七四年
石牟礼道子『椿の海の記』朝日新聞社、一九七六年
ETV特集『花を奉る—石牟礼道子の世界—』、NHK教育テレビ、二〇一二年二月二六日放送
原田正純「解説　水俣病の五十年」、新装版『苦界浄土—わが水俣病』講談社文庫、二〇〇四年に所収
NHKスペシャル『戦後五〇年　その時日本は　第4回チッソ・水俣　工場技術者たちの告白』NHK総合テレビ、一九九五年七月一日放送

田中角栄『日本列島改造論』日刊工業新聞社、一九七二年
本多勝一『そして我が祖国・日本』朝日文庫、一九八三年
吉川洋『高度成長—日本を変えた六〇〇〇日』（20世紀の日本6）読売新聞社、一九九七年
大門正克・岡田知弘ほか編『高度成長の時代2　過熱と揺らぎ』大月書店、二〇一〇年
坂本雅子「『新成長戦略』は日本をどこに導くか—アジア戦略、『インフラ・ビジネス』を検証する」『経済』二〇一〇年十二月号、新日本出版社
谷口正次『メタル・ウォーズ』東洋経済新報社、二〇〇八年
伊藤恵子「脱近代的新階層の台頭と資本の自然遡行的分散過程」『立命館経済学』第61巻第5号、立命館大学経済学会、二〇一三年一月

第八章

西川富雄『環境哲学への招待—生きている自然を哲学する』こぶし書房、二〇〇二年
川又淳司『進化人間学の技術論—森を忘れない人間の物語—』文理閣、二〇〇六年
現代技術史研究会編『徹底検証　21世紀の全技術』藤原書店、二〇一〇年
池内了『科学と人間の不協和音』角川書店、二〇一二年
山田慶兒『制作する行為としての技術』朝日新聞社、一九九一年
常松洋『大衆消費社会の登場』（世界史リブレット48）山川出版社、一九九七年
E・F・シューマッハ著、小島慶三・酒井懋訳『スモール・イズ・ビューティフル—人間中心の経済学—』講談社学術文

庫、一九八六年
サティシュ・クマール著、尾関修・尾関沢人訳『君あり、故に我あり―依存の宣言―』講談社学術文庫、二〇〇五年
ヘレナ・ノーバーグ・ホッジ著、『懐かしい未来』翻訳委員会訳『ラダック　懐かしい未来』山と渓谷社、二〇〇三年
ヘレナ・ノーバーグ・ホッジ、辻信一『いよいよローカルの時代～ヘレナさんの「幸せの経済学」～』大月書店、二〇〇九年
大友詔雄「原子力技術の根本問題と自然エネルギーの可能性」（上）（下）『経済』二〇一二年七月号・八月号、新日本出版社
尾関周二「脱原発・持続可能社会と文明の転換―〈農〉を基礎にしたエコロジー文明へ」『季論21』二〇一二年冬号、本の泉社
伊藤恵子「脱近代的新階層の台頭と資本の自然遡行的分散過程」『立命館経済学』第61巻第5号、立命館大学経済学会、二〇一三年一月

第九章

気象庁編『地球温暖化の実態と見通し（IPCC第二次報告書）』大蔵省印刷局、一九九六年
IPCC編、環境庁地球環境部監修『IPCC地球温暖化第二次レポート』中央法規出版、一九九六年
IPCC編、気象庁・環境省・経済産業省監修『IPCC地球温暖化第三次レポート―気候変化二〇〇一―』中央法規出版、二〇〇二年
文部科学省・経済産業省・気象庁・環境省　仮訳『IPCC第四次評価報告書　統合報告書　政策決定者向け要約』

環境省ホームページ、二〇〇七年十一月三〇日
気象庁訳『IPCC第四次評価報告書　第一作業部会報告書　政策決定者向け要約』気象庁ホームページ、二〇〇七年三月二〇日
環境省仮訳『IPCC第四次評価報告書に対する第二作業部会からの提案 ―気候変動二〇〇七：影響、適応、及び脆弱性―政策決定者向け要約』環境省ホームページ、二〇〇七年四月八日
（財）地球産業文化研究所仮訳『IPCC第四次評価報告書　第三作業部会報告書 ―気候変動二〇〇七：気候変動の緩和―政策決定者向け要約』（財）地球産業文化研究所ホームページ、二〇〇七年五月一四日
気候ネットワーク編『よくわかる地球温暖化問題　改訂版』中央法規出版、二〇〇七年
「特集　地球温暖化問題をどう受け止めるか」『日本の科学者』二〇〇七年十二月号、日本科学者会議
「地球温暖化」『Newton』別冊、二〇〇八年
宇沢弘文『地球温暖化を考える』岩波新書、一九九五年
気候ネットワーク編『地球温暖化防止の市民戦略』中央法規出版、二〇〇五年
和田武・田浦健朗編著『市民・地域が進める地球温暖化防止』学芸出版社、二〇〇七年
諸富徹・鮎川ゆりか編著『脱炭素社会と排出量取引』日本評論社、二〇〇七年
朝日新聞特別取材班『エコ・ウオーズ ―低炭素社会への挑戦―』朝日新聞出版、二〇一〇年
小貫雅男「【提言】あらためて戦後六五年の歴史の中で甲良の未来を考える ―四〇年先の二〇五〇年を見すえて―」『甲良町新総合計画二〇一〇～二〇二〇』滋賀県甲良町、二〇一〇年四月
岡庭一雄・岡田知弘「住民自治を生かした地域経済の発展」『経済』二〇一四年十一月号（特集「地域再生の対抗軸」）、

新日本出版社
中山徹「人口減少社会に向けた国土計画のあり方」『経済』二〇一四年十一月号（特集「地域再生の対抗軸」）、新日本出版社
小熊英二『社会を変えるには』講談社現代新書、二〇一二年
熊沢誠『労働組合運動とはなにか―絆のある働き方をもとめて』岩波書店、二〇一三年

第十章

E・F・シューマッハ著、小島慶三・酒井懋訳『スモール・イズ・ビューティフル―人間中心の経済学―』講談社学術文庫、一九八六年
E・F・シューマッハ著、酒井懋訳『スモール・イズ・ビューティフル再論』講談社学術文庫、二〇〇〇年
広井良典『日本の社会保障』岩波新書、一九九九年
神野直彦『地域再生の経済学―豊かさを問い直す』中公新書、二〇〇二年
宮本太郎『生活保障―排除しない社会へ』岩波新書、二〇〇九年
二宮厚美・福祉国家構想研究会編『新福祉国家構想1　誰でも安心できる医療保障へ―皆保険50年目の岐路』大月書店、二〇一一年
世取山洋介・福祉国家構想研究会編『新福祉国家構想2　公教育の無償性を実現する―教育財政論の再構築』大月書店、二〇一二年
後藤道夫・布川日佐史・福祉国家構想研究会編『新福祉国家構想3　失業・半失業者が暮らせる制度の構築―雇用崩

壊からの脱却』大月書店、二〇一三年
二宮厚美・福祉国家構想研究会編『新福祉国家構想4　福祉国家型財政への転換―危機を打開する真の道筋』大月書店、二〇一三年

第十一章

藤岡惇『グローバリゼーションと戦争―宇宙と核の覇権めざすアメリカ』大月書店、二〇〇四年
藤岡惇「米国戦略との一体化は宇宙戦争と新型核戦争を招く」『季論21』二〇一五年秋号（特集「軍学共同の現在」）、本の泉社
栗田禎子「『集団的自衛権』問題の正体―『集団的帝国主義』の時代の日本型ファシズム―」『歴史学研究』927号（二〇一五年一月号）、青木書店、二〇一五年
藤田進「第二次世界大戦後中東を貫く米軍介入とアラブの民衆の苦悩」『季論21』二〇一五年秋号、本の泉社
「特集　軍学共同の新展開―問題点を洗い出す」『日本の科学者』二〇一六年七月号、日本科学者会議
池内了『科学者と戦争』岩波新書、二〇一六年
M・K・ガンディー『真の独立への道』岩波文庫、二〇〇一年
サティシュ・クマール著、尾関修・尾関沢人訳『君あり、故に我あり―依存の宣言―』講談社学術文庫、二〇〇五年
石井一也『身の丈の経済論―ガンディー思想とその系譜』法政大学出版局、二〇一四年
阿波根昌鴻『米軍と農民―沖縄県伊江島―』岩波新書、一九七三年
阿波根昌鴻『命こそ宝―沖縄反戦の心―』岩波新書、一九九二年

記録映画『教えられなかった戦争・沖縄編 ―阿波根昌鴻・伊江島のたたかい―』監督 高岩仁、企画・制作・著作 映像文化協会、一九九八年
ドラマ『足尾から来た女』（前編・後編）脚本 池端俊策、演出 田中正、NHK総合テレビ、二〇一四年一月一八日・一月二五日放送
藤岡惇「デンマークに学ぶ非暴力的な社会変革の道」『立命館経済学』第62巻第5・6号、立命館大学経済学会、二〇一四年三月

第十二章

ドネラ・H・メドウズ他『成長の限界 ―ローマクラブ「人類の危機」レポート―』ダイヤモンド社、一九七二年
レイチェル・カーソン『沈黙の春』新潮社、一九八七年
N・ジョージェスク - レーゲン『エントロピー法則と経済過程』みすず書房、一九九三年
環境庁編『環境白書（総説）―二一世紀にむけた循環型社会の構築のために―』一九九八年
ダーウィン『種の起源』全三冊 岩波文庫、一九七一年
川上紳一『生命と地球の共進化』日本放送出版協会、二〇〇〇年
丸山茂徳・磯崎行雄『生命と地球の歴史』岩波新書、二〇〇一年
黒岩常祥『ミトコンドリアはどこからきたか』日本放送出版協会、二〇〇〇年
木村資生『生物進化を考える』岩波新書、一九八八年
中村桂子『生命誌の世界』日本放送出版協会、二〇〇〇年

スチュアート・カウフマン著、米沢登美子監訳『自己組織化と進化の論理』日本経済新聞社、一九九九年
アーヴィン・ラズロー『システム哲学入門』紀伊國屋書店、一九八〇年
アーヴィン・ラズロー『創造する真空《コスモス》—最先端物理学が明かす〈第五の場〉—』日本教文社、一九九九年
スティーヴン・W・ホーキング『ホーキングの最新宇宙論』日本放送出版協会、一九九〇年
スティーヴン・W・ホーキング、レナード・ムロディナウ『ホーキング、宇宙のすべてを語る』ランダムハウス講談社、二〇〇五年
サイモン・シン『ビッグバン宇宙論』（上）（下）新潮社、二〇〇六年
アリス・カラプリス編『アインシュタインは語る』大月書店、一九九七年
南部陽一郎『クォーク 第2版 —素粒子物理はどこまで進んできたか—』講談社、一九九八年
ケネス・W・フォード『不思議な量子』日本評論社、二〇〇五年
相原博昭『素粒子の物理』東京大学出版会、二〇〇六年
村山斉『宇宙は何でできているか』幻冬舎、二〇一〇年
大栗博司『重力とは何か —アインシュタインから超弦理論へ、宇宙の謎に迫る—』幻冬舎新書、二〇一二年
池内了『これだけは知っておきたい物理学の原理と法則』ＰＨＰ研究所、二〇一一年

むすびにかえて

安藤昌益「稿本 自然真営道」『安藤昌益全集』（第一巻～第七巻）、農山漁村文化協会、一九八二～一九八三年
寺尾五郎「総合解説 —安藤昌益の存在と思想、および現代とのかかわり」『安藤昌益全集』（第一巻）農山漁村文化協会、

一九八二年
安永寿延編著、山田福男写真『写真集 人間安藤昌益』農山漁村文化協会、一九九二年
若尾政希『安藤昌益からみえる日本近世』東京大学出版会、二〇〇四年
石渡博明『安藤昌益の世界―独創的思想はいかに生れたか』草思社、二〇〇七年
川村晃生「安藤昌益の夢―三つのユートピア―」『ユートピアの文学世界』慶應義塾大学出版会、二〇〇八年
石渡博明・児島博紀・添田善雄編著『現代《いま》に生きる安藤昌益』御茶の水書房、二〇一二年
並松信久・王秀文・三浦忠司『現代に生きる日本の農業思想―安藤昌益から新渡戸稲造まで―』(シリーズ・いま日本の「農」を問う12)ミネルヴァ書房、二〇一六年

あとがき

くさばよしみ編『世界でいちばん貧しい大統領のスピーチ』汐文社、二〇一四年
くさばよしみ編『世界でいちばん貧しい大統領からきみへ』汐文社、二〇一五年
アンドレス・ダンサ、エルネスト・トゥルボヴィッツ著、大橋美帆訳『悪役―世界でいちばん貧しい大統領の本音―』汐文社、二〇一五年
アンドレス・ダンサ、エルネスト・トゥルボヴィッツ著、大橋美帆訳『ホセ・ムヒカ 世界でいちばん貧しい大統領』角川文庫

著者紹介

小貫 雅男（おぬき・まさお）
1935年中国東北（旧満州）、内モンゴル・鄭家屯生まれ。大阪外国語大学モンゴル語学科卒業、京都大学大学院文学研究科修士課程修了。大阪外国語大学教授、滋賀県立大学教授を経て、現在、滋賀県立大学名誉教授、里山研究庵Ｎｏｍａｄ主宰。専門は、モンゴル近現代史、遊牧地域論、地域未来学。著書に『モンゴル現代史』（山川出版社)、『森と海を結ぶ菜園家族 —21世紀の未来社会論—』（伊藤との共著、人文書院)、『静かなるレボリューション —自然循環型共生社会への道—』（伊藤との共著、御茶の水書房）など、映像作品に『四季・遊牧 —ツェルゲルの人々—』三部作・全6巻（伊藤との共同制作、大日）がある。

伊藤 恵子（いとう・けいこ）
1971年岐阜県生まれ。大阪外国語大学モンゴル語学科卒業、同大学大学院外国語学研究科修士課程修了。滋賀県立大学人間文化学部非常勤講師を経て、現在、里山研究庵Ｎｏｍａｄ研究員、大阪大学外国語学部および立命館大学経済学部非常勤講師。専門は、モンゴル遊牧地域論、日本の地域社会論。主論文に「遊牧民家族と地域社会 —砂漠・山岳の村ツェルゲルの場合—」（『人間文化』3号)、「脱近代的新階層の台頭と資本の自然遡行的分散過程」（『立命館経済学』第61巻第5号)、著書に、『菜園家族物語 —子どもに伝える未来への夢—』（小貫との共著、日本経済評論社)、『菜園家族21—分かちあいの世界へ—』(小貫との共著、コモンズ) などがある。

菜園家族の思想　甦る小国主義日本

2016年10月31日　第1刷発行

発行者　竹村正治
発行所　株式会社　かもがわ出版
〒602-8119　京都市上京区堀川通出水西入
TEL 075-432-2868 FAX 075-432-2869
振替　01010-5-12436
ホームページ　http://www.kamogawa.co.jp
印刷所　シナノ書籍印刷株式会社

ISBN978-4-7803-0875-4　C0036